CB029325

A Criação Científica

Coleção Estudos
Dirigida por J. Guinsburg

Equipe de realização – Tradução: Gita K. Guinsburg; Revisão: Mary Amazonas Leite de
Barros; Produção: Ricardo W. Neves e Raquel Fernandes Abranches.

Abraham A. Moles

A CRIAÇÃO CIENTÍFICA

 PERSPECTIVA

Título do original francês
La création scientifique

Copyright © by Editions René Kister, Paris

Dados Internacionais de Catalogação na Publicação (CIP)
(Câmara Brasileira do Livro, SP, Brasil)

Moles, Abraham Antoine
    A criação científica / Abraham A. Moles ; [tradução
Gita K. Guinsburg]. -- São Paulo : Perspectiva, 2010. --
(Coleção estudos ; 3 / dirigida por J. Guinsburg)

    Título original: La création scientifique.
    2ª reimpr. da 3. ed. de 1998.
    Bibliografia.
    ISBN 978-85-273-0154-1

    1. Ciência - Filosofia 2. Habilidade criativa
3. Pesquisa I. Guinsburg, J.. II. Título. III. Série.

07-3618   CDD-501

        Índices para catálogo sistemático:
            1. Ciências : Filosofia 501

3ª edição – 2ª reimpressão

Direitos reservados em língua portuguesa à
EDITORA PERSPECTIVA S.A.

Av. Brigadeiro Luís Antônio, 3025
01401-000 São Paulo SP Brasil
Telefax: (011) 3885-8388
www.editoraperspectiva.com.br

2010

Prefácio à Edição Brasileira

O livro que temos o prazer de apresentar aos nossos leitores de língua portuguesa foi publicado primeiramente em 1956 e a versão que ora damos foi consideravelmente melhorada com respeito ao trabalho original. Achamos que, graças aos cuidados da Editora Perspectiva, que se interessou por este livro, esta nova edição é superior à edição francesa correspondente.

Na época em que foi publicada, *A Criação Científica* se inseria numa perspectiva epistemológica bem diferente daquela que hoje é aceita. A própria idéia de estudar o processo da criação intelectual sob o ângulo filosófico e científico parecia como que aventuroso no meio francês, fortemente imbuído de um pensamento extremamente logicizante, distanciado tanto do pragmatismo americano quanto da fenomenologia alemã.

Sem dúvida, uma nova corrente de pensamento começava a se desenhar: os estudos de Bachelard sobre o novo espírito científico em particular acusavam efetivamente a racionalidade do ato científico por oposição a seu produto, mas deixavam de tirar daí as conseqüências no domínio prático. Poder-se-ia citar a esse respeito a conhecida fórmula de Spearman: "The problem of creativity has been traditionnally solved by denyng that it exists". Após esta época, os trabalhos de Wallas, Hadamard, os estudos de Arnold Dubois-Reymond diferenciando o "Inventat", isto é, o conteúdo ideal da novidade em face da "Invenção", a coisa inventada, encontraram ressonância nos países de língua latina, em particular como conseqüência do desenvolvimento tecnológico que faz, como disse um político, da "criação da inovação técnica o próprio objeto da política econômica".

O próprio termo *criatividade,* proposto por Moreno desde 1924, considerado como uma dessas inovações "franglesas" que o purismo acadêmico mantém sob suspeita, penetrou agora em todos os meios industriais; pode-se dizer que este trabalho que, de início, se apresentava como obra de filosofia das ciências, corresponde a todo um ramo de aplicações na Pesquisa como chave desta renovação do quadro da vida por meio do pensamento científico que parece ser efetivamente o destino da sociedade industrial avançada.

Muitas sugestões ou tomadas de posição que se verificam neste livro, deram ensejo depois a numerosos desenvolvimentos, alguns de parte do próprio autor, muitos outros de parte de agrupamentos industriais, de associações universitárias e mesmo de serviços de pesquisa privados. Desta maneira tomou corpo a idéia de uma Filosofia aplicada, proposta como conclusão, enquanto conexão entre gênese teórica e o pensamento prático como uma das disciplinas mentais do mundo de amanhã.

O conceito de *criatividade* — do qual demos nesta obra uma definição precisa: "Aptidão do espírito para reorganizar os elementos do campo de percepção de um modo original e suscetível de ensejar operações num campo fenomenal qualquer" — tornou-se um *mot à la mode,* um modismo, em francês como em inglês, e deu lugar, como seria de esperar, a seu contingente de falsas interpretações.

A noção de *matriz de descoberta,* proposta pela primeira vez neste livro, possibilitou numerosas aplicações e firmas de desenvolvimento consagram parte de sua atividade a pô-la em execução, combinando-a algumas vezes com os métodos desenvolvidos independentemente por F. Zwicky.

Enfim, a idéia de *infralógica,* isto é, de regularidade observável nas operações do pensamento, regularidade suscetível de permitir, em certos casos, resultados utilizáveis, casos que são de todo modo mais numerosos do que deixaria prever um simples jogo de cara e coroa, deu lugar, sob diversas formas, a desenvolvimentos variadíssimos. Nós próprios estimulamos um certo número de grupos de pesquisa metodológica, que estabeleceram a conexão entre uma das idéias importantes deste trabalho, a de uma coletânea sistemática mais ou menos racionalmente ordenada de *métodos do espírito criador* e a prática da pesquisa nos laboratórios ou na indústria.

Todo um campo de desenvolvimento abriu-se, portanto, em alguns anos e a noção de estudo do pensamento criador já foi introduzido no ensino universitário.

Dois aspectos do referido desenvolvimento merecem ser sublinhados.

De um lado, o fato, já convenientemente enunciado por P. Valéry, mas que permaneceu durante muito tempo mal aceito pelos psicólogos até os trabalhos de Cox, Terman, Guilford e Marquis, que não há e parece que não pode haver uma distinção fundamental entre "criação científica" e "criação artística". O espírito humano é *um* só e os processos de criação se aplicam indistintamente, *in statu nascendi,* aos materiais do pensamento racional ou da forma estética. As diferenciações que o espírito opera versam sobre os conteúdos, sobre as regras de aceitação do produto acabado e não sobre os métodos de reunião, combinação, ou variação dos átomos do pensamento.

É portanto *a posteriori,* no campo dos fenômenos, na natureza das leis de coerção, que regem a acolhida ou a rejeição dos produtos do pensamento criador, que começam a se situar as diferenças entre criações artística e científica que vão-se afastar cada vez mais: a primeira recorre a uma lógica "universal" que deve assegurar aquilo que se pode chamar uma *ordem à grande distância,* na qual todos os elementos do pensamento, qualquer que seja a distância que os separe uns dos outros, são integralmente consistentes e não-contraditórios e, ao contrário, os sistemas "estéticos", nos quais a "distância de ordem", aquela na qual a presença ou ausência de um elemento reage sobre a presença ou ausência deste ou daquele elemento outro, que aceitam mais facilmente uma validade à curta distância (narração, literatura, poesia, pintura não-figurativa, música), sem que o espírito humano se veja particularmente embaraçado, em oposição com os precedentes.

Um segundo aspecto, ligado aliás ao anterior, provém da idéia de que toda criação sempre se reduz de alguma maneira à criação de um "texto" no sentido de Max Bense, isto é, de uma seqüência estruturada de elementos particulares e que, por conseqüência, está sob a jurisdição do conjunto das pesquisas empreendidas atualmente sob o nome de inteligência artificial na fabricação de novidades suficientemente coerentes e suficientemente não-contraditórias para constituírem formas utilizáveis suscetíveis de revezar a imaginação desfalecente.

No estado atual dos nossos conhecimentos, não pode certamente existir máquinas de inventar no sentido estrito:

o teorema de Gödel, as observações pertinentes de Tauber e de Bar Hillel demonstram a impossibilidade lógica disto, posto que os axiomas da aritmética não são nem enunciáveis, nem sempre finitos em número. Mas o próprio termo invenção deve ser compreendido pelo psicólogo e pelo filósofo — e é a atitude adotada no presente livro — num sentido bem mais geral que o matemático quer compreendê-lo. Implica a produção de um certo conjunto de novidades em uma forma, mais aceita, e a prática cotidiana na pesquisa industrial o sublinha, a idéia de *modificação* mais ou menos sistemática em torno de um tema, a idéia de uma *problemática* resultante da combinação metódica de séries de elementos uns com os outros, mesmo com o risco de constatar ulteriormente que estas combinações são desprovidas de objeto ou de sentido, a idéia, enfim, de *post-editing,* isto é, de revisão pela inteligência humana de produtos ilógicos e incoerentes obtidos pelo jogo mecânico de um certo número de elementos de conformidade com um certo número discreto de métodos obtidos da análise e da observação psicológica do espírito humano.

Isto significa que, se não pode existir para o matemático a máquina de inventar, pode existir para o centro da pesquisa sobre inteligência artificial elementos suficientemente importantes para autorizar uma pesquisa neste caminho, de conformidade com a célebre observação de Leibniz: "Há algo mais belo que as mais belas descobertas, é o conhecimento da maneira pelas quais são feitas".

Paris, S. Paulo, 1971.

Sumário

A Criação Científica

Introdução: Posição Adotada

Acerca de todas as ciências, artes, técnicas e habilidades manuais, admite-se que um esforço complexo de aprendizagem e exercício é necessário para dominá-las. Em compensação no concernente à filosofia, parece reinar o preconceito segundo o qual – embora não baste ter olhos, dedos, couro e instrumentos para fazer calçados – cada um sabe imediatamente filosofar e julgar a filosofia pelo simples fato de ter um estalão de medida em sua razão natural. Como se não tivesse igualmente com seu pé, a medida de seu sapato! Parece que o segredo da filosofia é situado na falta de conhecimentos e de estudos e esta parece começar onde os outros findam.

HEGEL

§ 1. – EVOLUÇÃO DAS RELAÇÕES ENTRE CIÊNCIA E FILOSOFIA

Em sua origem, o conhecimento científico não se desprendia da filosofia. Um e outro estavam compreendidos no termo "filosofia natural", que conheceu fortunas variadas conforme as civilizações. Nem Platão nem Bacon separavam o "amor à sabedoria" da posição do homem no Universo e do estudo estrutural deste.

A evolução histórica, que conduziu à criação da ciência experimental no Renascimento, provocou divergência acentuada entre ciência e "filosofia", assumindo esta última palavra um sentido cada vez mais extenso e englobando até a ética individual e social e as partes mais subjetivas da reflexão do homem sobre si mesmo.

Esta divergência não cessou de acentuar-se com o triunfo construtivo da ciência moderna: no começo do século XX, esta, concebida como um corpo de doutrinas operacional e explicativo, pretendia afirmar absolutamente a existência de um só mundo: aquele que ela estudava, independentemente de todos os sistemas filosóficos.

Parece que a época 1880-1905 representa o aspecto mais sintomático desse estado de espírito do qual cumpre dizer aliás que estava longe de ser o dos mais eminentes cientistas, Poincaré por exemplo. De Broglie denuncia ess atitude nos seguintes termos:

> Existe para os estudiosos e em particular para os teóricos um certo perigo em querer ignorar o esforço dos filósofos e nomeadamente seu trabalho de crítica... pois não submetem a nenhuma crítica suas idéias preconcebidas.

O cientificismo erguia-se como adversário da filosofia considerando que toda reflexão do homem sobre seu lugar no mundo é devaneio inútil e impotente, pois a atitude científica resolve todos os problemas e, se ela não os resolve hoje, deve resolvê-los amanhã:

> "Assim muitos cientistas modernos adotaram, quase sem se aperceber disso, uma certa metafísica de caráter materialista e mecanicista e a consideraram como a própria expressão da verdade científica. Um dos grandes serviços prestados ao pensamento contemporâneo pela recente evolução da Física é o de ter arruinado esta metafísica simplista." (ibid.)

Na realidade, o procedimento científico elementar, trabalhando sobre fenômenos visíveis a nossos olhos, recorria a conceitos filosóficos tão simples e tão inteiriços que não havia homem algo cultivado que não dispusesse deles. As pressuposições feitas pela Ciência no seu início em um mundo que permanecia à escala do homem, e até o advento da microfísica e da amplificação dos fenômenos vibratórios, coincidiam com as noções filosóficas que o mundo visível inspirara aos primeiros filósofos; elas formavam a bagagem intelectual de todo homem culto da Renascença: o deslocamento ainda não tivera ocasião de manifestar-se.

A evolução da ciência, particularmente desde 1920, levou-a a rever essa concepção, efetiva senão explicitamente. O encontro de barreiras devidas à natureza das coisas, o aparecimento de um dogmatismo, tal como o exprime o princípio da incerteza, conduziu muitos homens de ciência a rever insensivelmente e às vezes inconscientemente a própria concepção da natureza da explicação. Diante desse desvanecimento do mundo uno, concreto, sólido, os pesquisadores se viram levados, quase coagidos, a examinar os postulados do determinismo e sua crença na possibilidade de desvelar o mundo real cedeu lugar a uma concepção mais idealista das relações entre mundo das sensações e mundo construído pela teoria científica. Criaram assim uma teoria científica com pretensão a desenvolver-se de maneira autônoma porém praticamente tributária dos conceitos mais avançados da cultura global na qual evoluíam.

Esse retorno em ofensiva de um idealismo na ciência é um dos caracteres essenciais da evolução do pensamento moderno e um dos elementos de comparação entre pensamento filosófico e pensamento científico.

Por outro lado, o termo "filosofia", reservatório não faz tanto tempo de todas as idéias imprecisas e de todas as ciências em gestação, depurou-se graças aos esforços dos especialistas à medida que essas ciências, constituindo sua independência e seus métodos, dela se separaram. Para muitos filósofos e lógicos, o papel da filosofia reduziu-se ao de uma *ética do pensamento,* ao de uma ciência das ciências, que é preciso distinguir essencialmente da lógica matemática, desenvolvimento à parte.

Há pois de fato uma aproximação entre pensamento filosófico e pensamento científico que convergem de novo. O cientista deu-se conta, não somente de que o desenvolvimento mais recente da ciência não trazia nenhum apoio ao materialismo mecanicista tradicional que, sob o nome de cientificismo, lhe parecera a secreção natural da experiência científica, mas, ainda de que esse deslocamento não favorecia de modo algum a unicidade de uma concepção filosófica qualquer que se veria por isso consagrada. Diante dessa multiplicidade nascente, esboça-se um retorno para uma troca de idéias com o filósofo, o que deve levar a uma certa colaboração com ele na construção da imagem do mundo.

Foi o desenvolvimento da teoria da Relatividade e da Microfísica, o enunciado do princípio da incerteza de Heisenberg e do princípio de complementaridade de Bohr que encetaram de maneira nítida essa reunião da ciência e da metafísica e, na literatura, insistiu-se sobretudo nos caminhos assim delineados.

A história recente conduziu ao alargamento desse ponto de contato esboçando três tipos de verdades científicas que definissem três grupos de ciências em estágios diferentes de desenvolvimento:

a) *a ciência do certo* considera a certeza como um dos dados imediatos e visa construir um mundo exato, exaustivo, que foi por longo tempo o protótipo da ciência acabada. Os modelos desta ciência muitas vezes tida por acabada são a geometria, a mecânica e, em certa medida, o eletromagnetismo. A ilusão do século dezenove foi a de imaginar que o mundo pudesse ser assim descrito adequadamente na sua totalidade, pois esses termos não admitem o papel do acaso e da incerteza a não ser sob o aspecto de uma contingência prática com a qual a física teórica não precisa preocupar-se, salvo a título de aproximação provisória;

b) *a ciência do provável*, construída sobre o aspecto estatístico do mundo deliberadamente aceito e reconhecido como essencial. Foi esta invasão do pensamento moderno pelo aleatório, concebido como comportamento último do mundo material, que construiu sucessivamente a termodinâmica estatística (segundo princípio, leis da radiação etc...), a microfísica e as novas estatísticas. Esta faz "emergir" as formas do mundo de regularidades estatísticas em grande escala. Ela coloca o princípio de leis diferentes segundo a escala dos fenômenos e de uma causalidade frouxa que se dilui pouco a pouco na incerteza à medida que descemos na escala dimensional. Mais ainda, ataca o conceito de causa para substituí-lo pelo de correlação e vê na rede de formas estabelecidas pelas correlações a imagem última do mundo real. Ela pretende ser a imagem real do mundo físico e englobar em sua síntese a ciência do certo como caso particular. Ela efetua com seus retoques ao determinismo e à noção de lei, uma volta às lógicas polivalentes que é, de fato, um atentado à metafísica baseado no valor verdade.

Nesse mundo, o papel do homem não aparece de maneira alguma: ele é, por sua vez, um sistema físico-químico e, a este título, encontrará o lugar que lhe consignará a biologia físico-química: o observador é normalizado, intercambiável, substituível por aparelhos e, para resumir, desempenha um papel assaz abstrato em um mundo que se reduz essencialmente a uma dialética matéria/energia;

c) *a ciência do percebido*, enfim, parte da hipótese de que "o mundo é minha representação" (Schopenhauer); ela constata que o Universo — científico ou não — só existe como ambiente do homem e pretende considerar este último a outro título que o de sistema químico--físico.

Éste retorno à sentença de Protágoras, "O homem é medida de todas as coisas" foi iniciado timidamente pela psicologia experimental e os domínios conexos denominados "ciências do homem", cujo extraordinário desenvolvimento forma um dos acontecimentos marcantes da história das ciências nos últimos anos. Fez com que pretendessem desempenhar o papel de ciências normativas nisto suplantando a física teórica. Mas não encontrou sua expressão lógica e autoritária a não ser na recentíssima *ciência das comunicações* cujo papel deve, ao que parece, tornar-se considerável para o desenvolvimento do pensamento filosófico. Esta pretende situar ao lado da *dialética matéria/energia,* concebida pela ciência do provável como a regra última do Universo, uma *dialética banal/original, previsível/imprevisível,* cuja *medida* é o indivíduo testemunha enquanto detentor de um "código de conhecimento". Ela quer pois substituir o homem no mundo introduzindo certo número de noções novas (conceito de intenção, conceito de forma oposto ao de fundo), que se tornaram banais em psicologia mas cujo alcance ela estenderá consideravelmente.

A passagem sucessiva em menos de cinqüenta anos da ciência do certo à ciência do provável e, a seguir, bem recentemente, à ciência do percebido, resume uma evolução do espírito científico que ultrapassa largamente o quadro da própria ciência. Não foi a ciência sozinha que provocou essa mudança de ponto de vista — ainda, vaga, aliás — mas toda uma ambiência de idéias, de reflexões perspectivas que pertencem à época inteira e mais particularmente ao pensamento filosófico encarregado de exprimir essa época.

Será uma de nossas metas distinguir essa nova ligação dos pensamentos filosófico e científico revelando uma filosofia criadora, fonte de preconceitos, origem dos mecanismos do pensamento. Interessar-nos-emos mais particularmente pelo *ato científico,* pela construção da Imagem do Mundo, do que pelo estudo dogmático desse mundo tal como no-lo revela a Física Moderna. Significa dizer que o eixo de nosso trabalho residirá nos mecanismos da criação científica — sendo o termo "ciência" tomado aqui em sua acepção mais larga — que abordaremos sob um ângulo psicológico, portanto puramente *externo* ao *fato científico* que não nos interessará *per se.* Procuraremos então a *substância* do ato do cientista, exercitando-nos em uma tomada de consciência fenomenológica deste que nos conduzirá a uma verdadeira *metodologia heurística* muito distante da "lógica" propriamente dita, mas que reveste, no funcionamento do espírito criador, aspectos discursivos que denominaremos *sistemas infralógicos.*

É através do uso feito pelo espírito criador dёsses métodos de descoberta em uma variedade de situações, que estabeleceremos a ponte entre pensamento filosófico e científico, mostrando o papel criador da filosofia.

§ 2. — ESPÍRITO GERAL DESTE ESTUDO

Neste trabalho, adotaremos sistemática e as vezes dogmaticamente uma atitude positiva, entendendo por isso que reputaremos justificado apresentar sucessivamente doutrinas amiúde divergentes, e até opostas, procurando simplesmente o domínio no qual cada uma sc aplica. É evidente, com efeito, que se se considera como estabelecido que a filosofia não é uma tagarelice sobre o mundo, na qual não importa o que pode ser dito sobre não importa o quê, deve haver para cada doutrina filosófica um *campo de aplicação,* um *domínio de validade* e se nos afigura que uma das causas do descrédito da filosofia junto aos cientistas decorre — fora a ignorância às vezes estupeficante destes com respeito ao pensamento filosófico formalizado — da negligência de muitos grandes filósofos na determinação desse campo de validade, dando a compreender que seu sistema tinha alcance universal, isto é, englobava a totalidade do mundo sensível em uma visão exclusiva onde todos os fatos apresentam igual importância e se explicam igualmente bem.

B. Russell diz nomeàdamente:

"A maioria das filosofias foram até o presente construídas de um só bloco de maneira que, se não eram inteiramente corretas, eram inteiramente falsas e não podiam servir de base a pesquisas ulteriores. Foi principalmente por causa deste fato que a filosofia, ao contrário da ciência, não fez progresso até o presente, pois cada filósofo original precisava recomeçar a tarefa desde o começo sem ter possibilidade de aceitar o que quer que seja de definido na obra de seus predecessores. Uma filosofia científica será feita de peças e pedaços e ensaios diversos como as outras ciências: será sobretudo capaz de inventar hipóteses que, mesmo se não forem inteiramente verdadeiras, permanecerão ainda assim frutuosas após as necessárias correções. Esta possibilidade de aproximações sucessivas da verdade é mais que tudo a fonte dos triunfos da ciência e se se pudesse transferi-la para a filosofia, se asseguraria um progresso metodológico cuja importância é impossível exagerar."

O problema da representação filosófica do mundo tem na realidade muitas analogias com o problema do mapa geográfico, no qual se quer dar de uma terra esférica não desenvolvível uma representação exata em uma rede plana de quadriculado ortogonal, único sistema em que o espírito humano se sente à vontade: é pela maneira de contornar por aproximação esta impossibilidade de princípio que se definem os diferentes sistemas de projeção.

O filósofo, por sua vez, pretende dar uma imagem do mundo através do sistema de pensamento, um "logos", e ainda que este se apresente como exaustivo, provocará uma deformação de nossa visão tanto maior quanto mais nos distanciarmos do "pólo original" da projeção assim feita, do mesmo modo que os planisférios de Mercator destorcem a importância e a forma das regiões polares de maneira indefinidamente crescente.

É amiúde lamentável e prejudica muito a utilização prática da filosofia o fato de os autores de sistemas não terem efetuado nenhum esforço a fim de precisar o domínio de validade próprio a estes, ou pelo menos sua função de erro específico quando mudamos de ponto de vista e nos distanciamos progressivamente da situação original em que estavam colocados. Falta à época atual uma "doutrina de emprego" dos diferentes sistemas de pensamento filosófico, do mesmo modo como existe em geografia um sistema de projeção mais indicado do que os outros para cada aplicação particular (mapas celestes, mapas de um país, de uma cidade).

Propor uma doutrina assim é uma tarefa que excede nossas forças e o campo de visão deste estudo, mas raciocinaremos no curso do presente trabalho como se ela devesse existir, considerando a filosofia como um *todo* construtivo.

Adotaremos pois, seguindo nisso os reparos de Darwin e Bachelard, uma atitude polêmica, abandonando a pretensão de apresentar um sistema irrefutável que leva em conta todos os pontos de vista possíveis e portanto todos os argumentos possíveis. Em outros termos, não pretenderemos de maneira nenhuma dizer toda a verdade, contentando-nos em nada dizer senão a verdade e apresentaremos um "ponto de vista", uma "tese" estimando com J. Rostand que é preciso colocar como ativo de uma teoria tudo quanto foi preciso fazer a fim de destruí-la — ou completá-la e integrá-la em uma teoria mais ampla.

O "ponto de vista" que adotamos aqui corresponde essencialmente à ciência do percebido, é uma representação perspectiva na qual o "pólo" de projeção é o indivíduo. Na analogia geográfica que mencionamos mais acima, corresponderia a esses mapas em anamorfose logarítmica que começam a ser usados para as plantas de cidades ou arredores de aeroportos, os quais aplicam a lei psicológica de Fechner à cartografia, dando às distâncias uma importância decrescente com o centro da cidade. Essa distorção sistemática — mas conhecida — impõe espontaneamente à atenção esse ponto de vista, esse pólo de projeção.

Parece com efeito que a evolução da ciência rumo ao percebido, marcada pela promoção da psicologia ao papel de ciência normativa, característica em tecnologia como teremos ocasião de ver no transcurso do presente trabalho, assim como o advento da ciência das comunicações, seguem precisamente neste sentido de evolução, estabelecendo o interesse dessa tentativa, orientada para a criação científica.

§ 3. — PLANO DA OBRA

As considerações acima especificam o programa de nosso estudo.

Tendo analisado sumariamente algumas linhas diretrizes do pensamento filosófico moderno em suas relações com o devir científico (capítulo I), distinguiremos, em uma oposição dialética, o *universo dos conhecimentos* já adquiridos, de seus *modos de criação* que são objeto próprio de nosso estudo. Especificaremos primeiro sumariamente o aspecto psicológico desse Universo científico, dessa imagem do mundo teórico cujo valor essencial é a *noção de evidência* (capítulo II). Se o objetivo do edifício científico acabado é o de criar essa evidência como um acordo do ser com o Universo, o da descoberta científica é muito mais gratuito e encontra sua fonte na atividade mental espontânea. Por isso colocaremos de maneira precisa a contradição entre ciência acabada, "enformada", segundo normas perfeitamente catalogadas, e pensamento bruto, criador de conceitos (Capítulo 3).

Examinaremos então o mecanismo da criação científica de um ponto de vista semântico e psicológico, procurando colocar em evidência, em um repertório explícito, os *métodos heurísticos* que se encontram na origem da descoberta e isto de uma maneira puramente extrínseca, contrastando com o aspecto lógico da descoberta sobre o qual, a nosso ver, se insistiu por demais até agora (capítulos 4, 5 e 6).

O inventário assim feito dos métodos heurísticos nos levará a pesquisar as leis reais de funcionamento do espírito humano que nos aparecerão, como já sublinharam diversos autores de maneira incidente (Miller), extremamente diferentes das leis da lógica tradicional, espécie de "regra do jogo" externa e formal, sem fundamento psicológico sólido. A existência dessas leis de funcionamento do espírito, em lugar do arbítrio puro e do acaso, redunda em afirmar a existência de modos de pensamento "infralógicos" que nos esforçaremos por resumir em breve apanhado (Capítulo 7).

O processo heurístico aparece então como o percurso de uma *rede ramificada* comportando uma multiplicidade de caminhos para ir de um ponto a outro que explicam o fato tão freqüente da redescoberta independente por dois cientistas distintos; o modo de orientação e de percurso das referidas redes, dependendo da estrutura de caráter do pesquisador, determina "estilos científicos" função de seu caráter (Capítulo 8).

Se o procedimento elementar permanece, ao nível da consciência, pura gratuidade, ele não o é mais ao nível do subconsciente, onde intervém a psico-sociologia sob a forma de *arquétipos* e *tendências*, produtos do social revelados no individual. No processo de criação, o acordo (ou o desacordo) entre o percurso efetuado e toda a bagagem do subconsciente constituído pelos arquétipos, determina um sentimento estético interno que desempenha um papel essencial na descoberta, substituto daquele do "valor verdade" utilizado pelo edifício da ciência acabada como critério de solidez (Capítulo 9).

Essa estética ($\alpha\iota\sigma\theta\eta\sigma\iota\varsigma$ = sentido) interna encontra sua expressão mais explícita na concepção filosófica do mundo que o cientista como o artista possuem. É o que nos explica a influência do pensamento filosófico na criação científica, mais especialmente em nossa época, e a estreita correlação de ambos (Capítulo 10).

§ 4. — MÉTODO ADOTADO: MATERIAIS

Este será o plano geral do presente trabalho. Apoiar-se-á em numerosíssimos exemplos colhidos no processo do devir científico tal como ele se exprime no laboratório e nos contatos pessoais com os pesquisadores, e nos trabalhos elaborados tais como nós os conhecemos sob a forma acabada da publicação científica.

Como o que nos interessa essencialmente aqui é o processo de criação em seu aspecto imediato, nossos exemplos serão, o mais das vezes, tomados na produção corrente da ciência atual mais que na parte já histórica das grandes descobertas e isto por duas razões: de uma parte não há quase diferença originalmente entre os processos intelectuais de uma "grande" e de uma "pequena" descoberta; de outra parte, queremos apreender o instante criador em sua perspectiva psicológica *real;* ora a maioria dos passos importantes da ciência passada são, quer desconhecidos, quer mascarados por anedotas amiúde falsas, em todo caso incontroláveis. Por isso convém desconfiar delas para estabelecer mecanismos reais e não utilizá-las senão a título de esquemas sintomáticos de um estado de espírito.

Em compensação, não faremos em geral nenhuma distinção entre ciência pura e aplicada, entre trabalho teórico, descoberta, invenção, aperfeiçoamento tecnológico de qualquer espécie que seja, estimando que, no seu princípio, seus mecanismos intelectuais são rigorosamente os mesmos e que o atrativo das aplicações ou do rendimento industrial pode desempenhar aí no máximo um papel de *motor* bastante fora de nosso interesse.

A imagem do mundo não está contida senão por fragmentos no cérebro dos cientistas, ela não se apresenta em sua totalidade a não ser no *conjunto* dos signos impressos, dos livros, das memórias e das coletâneas de documentos. São estes que, na acepção material da palavra, constituem o *mundo teórico,* resultado permanente da ciência e são a estes que faremos alusão ao falar da ciência acabada que repousa na letra.

No espírito do cientista, não há imagem clara a não ser de uma porção do mundo e os contornos desta porção tornam-se, por sua vez, imprecisos por lhe incumbir a tarefa permanente de juntar a substância de sua pesquisa ao edifício que acrescenta em seu próprio espírito a esta imagem, um embaralhado de hipóteses, de suposições, de crenças a estabelecer, onde as fronteiras entre o sólido e o frouxo são indefiníveis.

Por isso a referência ao ponto de vista não escrito do cientista relativamente à sua ciência só é legítima no estudo, aqui nosso objeto, da criação científica e de seu progresso, devendo-se atribuir *a maior importância* a essa distinção pragmática.

Nesse edifício sempre em construção que é o conjunto dos escritos da ciência, cabe além disso distinguir toda uma série de etapas assaz reveladoras do andamento ao mesmo tempo social e industrial do progresso científico e profundamente diferentes do antigo procedimento em que a ciência, passatempo de ociosos distintos, nitidamente separada da técnica, revestia, até em seus resultados, uma gratuidade que se extingue pouco a pouco. Em nossos dias, a pesquisa em todos os domínios tem um caráter de rentabilidade muito mais pronunciado, dando ao pesquisador uma atividade coletiva e de caráter competitivo.

Eis um exemplo:

X guiado pela idéia de que deveria ser possível pôr as moléculas de ar diretamente em movimento vibratório sem recorrer ao intermediário mecânico formado pelos pistões etc... procura ionizar essas moléculas para aplicar-lhes um movimento alternativo em um campo elétrico. Uma vez que obteve um resultado positivo, publica uma curta nota na Academia de Ciências, com o alvo explícito de estabelecer sua prioridade no domínio, preocupação que era desconhecida pelo estudioso de 1830, e dois meses depois, seguro do valor de seu dispositivo, um breve artigo em uma revista técnica de utilizadores potenciais. Depois começa o ciclo das publicações que retoma cada vez o princípio essencial, especificando o ponto onde ele chegou: revista científica francesa, conferência ou comunicação a seus colegas desse domínio da física, resumo técnico e crítico feito por estes, novos progressos, estudo em uma revista técnica geral onde as aplicações começam a ser trazidas à luz. Surge o interesse: as revistas de divulgação se apoderam do fato e por isso mesmo levam o inventor e seus colaboradores a ajustar diversas questões teóricas deixadas de lado. Por via da vulgarização, o trabalho chega à grande imprensa que só vê os aspectos mais exteriores, reduz a três linhas o que requer três páginas de explicação etc... e desenvolve as aplicações de maneira às vezes futurista, que ultrapassa largamente as possibilidades reais. Ela enceta assim um ciclo perigoso em que os utilizadores vão exigir do novo processo muito mais do que ele pode dar no momento presente, arriscando-se, apressados demais, a ficarem decepcionados por isso, e transferir sua decepção para o próprio invento, em vez de atribuí-la à falta de maturidade de um processo ao qual não se deu bastante tempo para passar ao estágio industrial. Paralelamente a essa difusão local, as revistas científicas nacionais, lidas com atraso considerável pelo estrangeiro, atraem pedidos de informações que chegam ao inventor. Para satisfazê-los, faz uma comunicação cuidadosamente ponderada, em uma publicação estrangeira, dando resultados obtidos um ano antes, reservando-se pois, perante laboratórios tão bem ou melhor equipados que ele mesmo, certa margem de segurança na pesquisa, preocupação que jamais está de todo ausente em todo trabalho científico, suscetível de aplicações industriais imediatas.

Vê-se aqui nesse verdadeiro *mecanismo* de difusão onde cada órgão, cada publicação, cada passo, desempenha um papel preciso, quantas preocupações alheias à ciência pura e outrora ignoradas podem condicionar o trabalho de pesquisa. Na realidade, as instituições, os métodos, os homens, dobraram-se às necessidades da descoberta e de sua difusão em um papel muito diverso do que lhes foi consignado originalmente, constituindo verdadeira "cidade científica" (Bachelard), com seus funcionários, seus serviços públicos, seus regulamentos etc...

Existe sobretudo uma auto-reação entre a difusão e a descoberta que não havia outrora. Criou-se uma espécie de engrenagem, cujos motores são o êxito, intelectual, industrial ou financeiro, aliás pouco distintos em princípio uns dos outros, pois um mecanismo muito aproximado reaparece nos trabalhos teóricos onde o único motor é uma paixão intelectual.

Ocorre aí uma inter-reação entre ciência e psico-sociologia do cientista que era necessário sublinhar desde o começo, pois ela reage ao mais alto grau sobre a *ciência que se faz*: é um *sistema dinâmico* que vamos estudar.

1. A Démarche Científica e as Linhas Diretrizes do Pensamento Filosófico Moderno

> *Nós não podemos compreender senão um Universo moldado por nós mesmos.*
>
> NIETZSCHE

Se a evolução do pensamento filosófico está em estreita correlação com a transformação das perspectivas características da ciência atual, seria imprudente afirmar que esta é a causa daquela e procuraremos mostrar no curso do presente trabalho que o mecanismo mesmo da criação científica repousa estreitamente sobre a "atmosfera intelectual" da época. A melhor hipótese é a de uma espécie de *osmose* entre pensamentos filosófico e científico, que assinalam uma tendência já forte para se confundirem. Tentaremos pois primeiramente expor, em suas relações com a ciência, o aspecto positivo da presente evolução do pensamento filosófico naquilo que tem de geral, de independente das questões de doutrina.

§ 1. – CRÍTICA DO DETERMINISMO

Ao fim do século XIX reinava de maneira quase exclusiva no meio científico a doutrina materialista de um Universo real, concreto, do qual nossos sentidos nos forneciam uma imagem deformada, confusa e fragmentária, sendo o papel da ciência essencialmente o de rasgar as cortinas sucessivas que dissimulavam esse universo real. Ela o conseguia, sabendo que ele era regido por leis da lógica formal e pelo postulado de um determinismo universal cuja melhor expressão se mantém ainda na mais que célebre fórmula de Laplace, que convém todavia relembrar aqui, em vista de sua extraordinária importância heurística:

"Uma inteligência que por um instante dado conhecesse todas as forças de que a natureza é animada e a situação respectiva dos seres que a compõem, se além disso ela fôsse bastante larga para submeter esses dados à análise, abrangeria em uma mesma fórmula os movimentos dos maiores corpos do Universo e os do mais ligeiro átomo; nada seria incerto para ela e o futuro, assim, como o passado estaria presente a seus olhos. Todos os esforços do espírito humano na pesquisa da verdade tendem a aproximá-la incessantemente da inteligência que acabamos de conceber."

Em notação mais moderna, diremos que o conhecimento das *posições* e das *velocidades* de todos os átomos ($\alpha\tau o\mu o$) do Universo deveria bastar a um ser suscetível de calcular suas interações para deduzir deste instante toda a evolução do Universo em seu pormenor. A extraordinária clareza dessa fórmula de Laplace, que foi a causa de seu êxito, conduzia a ciência em seu conjunto a considerar-se, senão como esse ser "assintótico" rumo ao qual deve evoluir o espírito humano, pelo menos como a prefiguração sempre imperfeita que melhor podia dar a idéia dele, e o reino dessa definição do determinismo durou até a recente crise da Física ocasionada pelos quanta e pelo princípio da incerteza. Este, estabelecendo que, no conjunto dessas coordenadas, a metade apenas é conhecível com precisão indefinida ou, mais geralmente, que a precisão de nosso conhecimento do Universo é limitada pela grandeza da constante de Planck, afirma de fato haver um "jogo" no determinismo e em conseqüência um limite nas interações das partes do Universo umas sobre as outras, sendo a "fronteira" precisamente um distanciamento tal que a influência de cada ser elementar sobre outro desce abaixo de um "limiar de sensibilidade", medido pela constante de Planck. Ela introduz como corolário desse fato e *no princípio* a noção — bem conhecida em certos domínios da Física — de *"ruído de fundo"* como limite para a apreensão dos fenômenos materiais, por qualquer sistema que seja, ruído "de fundo" constituído pela soma provável dos resíduos *erráticos* dos fenômenos longínquos, soma indeterminável com precisão ilimitada, e que vem formar o cenário sobre o qual se salientam com um contraste mínimo os fenômenos *observáveis*. Assim, desse "jogo" dos fenômenos na escala elementar, desse cimento fluido entre os tijolos da construção, resulta uma limitação no espaço e no tempo numa escala *superior* à escala inicial em que se coloca o princípio de incerteza do determinismo dos fenômenos: quando levanto um braço, não incomodo a lua, pois o conjunto dos movimentos dos pequenos corpos da superfície terrestre cria uma espécie de agitação estatística cujo valor quadrático *médio* permanece acima das influências observáveis, qualquer que seja a precisão das observações.

Se esta restrição de importância parece um ponto doravante firmado, tudo indica que ainda não se chamou suficientemente a atenção para o fato de que este ser infinitamente inteligente, de que Laplace fala, é contraditório nos termos da lógica formal. Com efeito, qualquer que possa ser a estrutura do referido ser infinitamente inteligente, fosse esta a mais extraordinária de todas as máquinas de calcular, deveria ele, por definição, explorar, em um instante dado, as seis variáveis que definem cada átomo elementar de todo o Universo, fosse apenas certificando-se de que certo número possui valores idênticos, para armazená-los em uma *memória* qualquer, pois nenhuma "codificação" dos resultados pode efetuar-se, salvo após uma exploração que deve ser no caso instantânea, e ele deveria efetuar o cálculo de todas as suas interações fazendo-as intervir simultaneamente. A lógica elementar exigiria, portanto, a intervenção, no sistema de cálculo, de um número de elementos superior — ou pelo menos igual — ao dos elementos explorados, pois é preciso no mínimo um elemento, portanto um átomo, compreendido no sentido etimológico, para representar a posição de um átomo. Em outros termos, a única solução do problema seria que os átomos representativos coincidissem com aqueles mesmos do Universo descrito, supondo assim uma "autoconsciência universal", o que resulta em divagações gratuitas sobre a consciência do Universo, desprovidas de seriedade. A simples lógica formal proíbe pois imaginar semelhante ser.

Que nos importa, ademais, conceber um ser indefinidamente capaz de síntese, um deus matemático que abrangesse em si mesmo as posições e as velocidades de todos os átomos do Universo — mesmo a menos da incerteza de Heisenberg — se este deus nos é gratuito e incomunicável, porquanto teria de nos alçar às dimensões de sua própria inteligência para que pudesse transmitir-nos uma mensagem qualquer? Não pode tratar-se no caso senão de um modo de ver do espírito, de um *mito da razão* cujo verdadeiro valor é o de inflamar a imaginação do cientista ou do filósofo — portanto, de ordem estética. O que nos importa de fato é a única imagem do mundo suscetível de ser contida no espírito humano e nenhuma outra. Essa imagem não pode ser senão um esquema de aproximação, selecionando o espírito no mundo da percepção uma diminuta quantidade de informação que lhe chega e construindo com esta um esquema ao mesmo tempo *inteligível* e *limitado*. Assim, o conceito de determinismo absoluto, tal como foi formulado por Laplace, perdeu na ciência atual o papel de catalisador da pesquisa que desempenhou durante mais de um século.

§ 2. — RESSURGIMENTO DO IDEALISMO

O recuo do determinismo formal foi naturalmente acompanhado de um declínio do interesse pelo Número concebido como *valor único*, expressão última da verdade científica. Relativamente menos e menos cientistas se interessam por essa metrologia de alta precisão, busca da quinta decimal, que constituía o triunfo do físico de há quarenta anos, para orientar-se, seja para determinações quantitativas mais grosseiras, porém mais necessárias, seja para o aspecto *inteligível* e coordenador do mundo dado pela ciência teórica, o que, de fato senão de direito, é indício de abandono de um certo materialismo quantitativo que enxerga na precisão ilimitada um fim em si: o papel do físico que era outrora o de medir o Universo tornou-se, bem mais, inteiramente diverso, o de "compreender o Universo", isto é, o de o "prender", de o "apreender". Sua tarefa essencial parece ser então a de fornecer uma boa representação dêle, uma imagem inteligível, amiúde muito distante aliás desse modelo mecânico que contentava Lorde Kelvin. "A Ciência suscita um mundo por um impulso racional, ela constrói o mundo à imagem da razão." (Bachelard.)

Além disso, o florescimento das ciências humanas procurou pôr sob o jugo da razão e por isso mesmo da medida um imenso domínio que escapava à apreensão racional, mas essa medida, desde seu princípio (psicologia experimental ou sociometria, por exemplo), não pretende de modo algum a precisão indefinida e conhece, em sua criação mesma, seus limites em um jogo de variações *individuais* imprevisíveis. Nascidas em um quadro estatístico (Galton, Pearson), as ciências humanas prosperaram sobre a evidência da dialética indivíduo/coletivo e a conquista do pensamento científico pelo aleatório, encetada logicamente através dos trabalhos já antigos de W. Gibbs, lhes é devida na maior parte.

Foi nesse campo racional que a evolução da filosofia se produziu. Criticando a concepção kantiana da coisa em si que faz da ciência uma teoria da revelação discursiva do real, como o "mito do real", denunciado por Hegel, ela denuncia as imagens tradicionais do progresso científico: dilaceramento dos véus de aparências que nos separam do "mundo real", explorações sucessivas de peças de um edifício etc... — como inadequadas e adota explicitamente em relação ao conhecimento do mundo, uma atitude inspirada pela fenomenologia de Hegel: o cientista está no mundo mas também em oposição a ele, quer conquistá-lo pelo pensamento e a ciência nasce do desejo de transformar o mundo em função do homem.

O homem é reintroduzido neste mundo onde, na concepção antiga, desempenhava um papel absolutamente passivo de objeto testemunha, pois essa visão global, exaustiva, só é construída através de olhos do sábio e não pode destacar-se da estrutura mental deste. "De fato, nosso problema é adaptar o mundo a nossas percepções e não nossas percepções ao mundo", diz Bachelard.

O conhecimento científico estabeleceu-se então por uma luta, por uma oposição do indivíduo ao mundo exterior, e por uma série de contradições dialéticas entre o que *está* estabelecido, formando a imagem do *Universo aqui* e *hoje,* e o que o cientista *vai* estabelecer, opondo-se ao que é. Ele ultrapassa assim o ponto de vista existente, com o risco de combater em um estágio ulterior o que ele — ou um outro — já estabeleceu, para completar uma nova etapa no encerramento da imagem do mundo em uma rede racional: todo o real é a cada instante o racional, logo tem direito a um lugar no universo teórico. O mundo científico não nos é presente senão por sua racionalidade: é a tese de Brunschvicg "que a ciência moderna não se coloca no ser absoluto mas se move no pensamento", que encontra numerosos ecos. "Assim, a história do Egito é antes de tudo a da Egiptologia: o real não está de todo feito anteriormente à nossa investigação" (Aron). De um ponto de vista estritamente operacional somos reconduzidos à fórmula de Hamelin: "o que existe das coisas, são as idéias que o espírito delas possui", "o mundo é uma criação matemática do espírito científico" (Bachelard).

§ 3. — PRINCÍPIO DE CONTRADIÇÃO E FILOSOFIA DO NÃO

Para o cientista, a verdadeira mola da sua apreensão do mundo é portanto, menos que a *crença* gratuita *em um mundo real* que ele desvelaria, a *contradição* que emerge espontaneamente do exame "objetivo" — o que, observa Aron, não significa "imparcial" mas "universal". Esta apreensão far-se-á por intermédio de *dipolos dialéticos* que assumirão o lugar dos conceitos unitários da filosofia tradicional.

A superação dessas oposições dialéticas na criação de tais sucessões de dipolos, constitui o modo efetivo de redução do mundo das sensações ao mundo teórico que é o Universo da Ciência na fenomenologia hegeliana como na concepção de Brunschvicg. A "descoberta do fato" unitário, isolado e artificial, dará lugar à colocação em evidência de tais *dipolos dialéticos* na imagem de nossas sensações e a ciência teórica terá por tarefa edificar menos uma física unitária do que um ajustamento lógico das contradições.

São inúmeros os exemplos de tais dipolos dialéticos que se impõem manifestamente à atenção na ciência mais recente:

> Um dos mais típicos é o dipolo ordem/desordem, que figurou na origem da interpretação probabilista do segundo teorema da termodinâmica, correspondendo a noção de entropia à medida da desordem e descrevendo-se a evolução do Universo como uma degradação (teorema de Carnot), ou como uma luta (papel da Vida, Schroedinger) da ordem contra a desordem. É o conceito de desordem elementar nos cristais (buracos ou descontinuidades no edifício cristalino) que regeu a teoria dos semicondutores eletrônicos (Shockley) ou da ruptura dos sólidos (Smekal, Joffé, de Andrade etc...).

Seria fácil "colocar em forma dialética" a evolução de todos os capítulos da ciência como: o par ondas/corpúsculos (papel do princípio de complementaridade); a dialética matéria/energia em física nuclear; a oposição figura/fundo em psicologia da percepção; as relações sinal/ruído em física da mensagem etc...

O conceito fundamental de *oposição ao mundo racional presente* para construir o mundo imediatamente futuro reagiu sobre a mentalidade do homem de ciência. Este, até cerca de 1920, via na ciência uma filosofia do "como se". Newton dizia prudentemente: "Tudo se passa *como se* os corpos sofressem uma atração recíproca proporcional à sua massa e inversamente proporcional ao quadrado de sua distância", recusando-se nesse "como se" a tomar partido quanto à estrutura real do Universo. O idealismo contemporâneo, vendo o Universo real tão-somente através das construções racionais, aqui precisamente a lei numérica $F = kmm'/d^2$, deixa de lado como *despida de interesse* essa restrição dogmaticamente supérflua, mas, concebendo cada verdade estabelecida como elo de uma cadeia ilimitada de contradições, o cientista discernirá em sua própria atitude uma verdadeira *filosofia do NÃO* segundo a expressão de Bachelard que salienta notavelmente o papel e o valor da atitude polêmica como *démarche* de nosso progresso racional como regra da ética do pensamento.

Daí a observação feita por Bachelard em *O Novo Espírito Científico*, que convém conservar preciosamente e cultivar na ciência a ambigüidade fundamental entre experiência e raciocínio de onde jorram as oposições dialéticas em lugar de empenhar-se em combatê-la à força de idéias claras — tarefa pertencente propriamente à enciclopédia ou ao redator de manuais de ensino, mas não ao pesquisador: "a observação científica é sempre polêmica". Em outros termos, não estando o edifício acabado, não há interesse em recobrir com estuque dos silogismos as falhas, as lacunas, os defeitos da construção, mas ao contrário deixá-los bem em evidência para atrair a atenção sobre eles e incitar a preenchê-los. Raymond Aron disse igualmente: "a vida não tem como essência e como objetivo a reconciliação total, mas uma ação incessantemente renovada, um esforço jamais rematado", e encontraremos aqui o germe de uma classe de "métodos heurísticos" que serão estudados mais adiante em pormenor (Capítulos 6 e 7).

§ 4. — A CIÊNCIA APLICADA E A REINTRODUÇÃO DO HOMEM NO UNIVERSO

A evolução da ciência que se efetuara durante o século dezenove de maneira senão distante, ao menos "desligada" da aplicação industrial, sofreu importantíssima influência: a ciência aplicada, melhor ainda, a *técnica* que parte para a conquista do mundo material a fim de sujeitá-lo ao homem, aplica a um objeto os mesmos métodos de princípio e não se separa portanto na sua *démarche* da ciência pura. Na criação científica, *não há* diferença entre ciência pura e ciência aplicada. Ora, o desenvolvimento de objetivos novos — aliás recentes — provoca mudanças na forma dessa evolução em cujo primeiro plano cumpre colocar o indivíduo humano.

O primeiro aspecto em que a ciência aplicada modificou nosso conceito científico do mundo, é a noção de *complexidade*. Sem dúvida, o mundo natural revelado ao cientista se lhe aparece complexo desde que ele desprende de um imediato que não é percepção simples e inteira salvo como fruto de um longo hábito (análise de Husserl), mas em "ciência pura", o estudioso se isolou sistematicamente no estudo do fenômeno *simples,* artificialmente destacado da complexidade do real, e único suscetível de ser julgado pelo método cartesiano em sua pureza. Existe aí um amor à simplicidade, uma virtude do simples que reflete o temperamento do pesquisador: boa parte das experiências da física ou da química tem por fim abstrair do mundo real um "belo" fenômeno bem simples, bem puro, que será estudado à vontade. A análise hegeliana que coloca tão fortemente em evidência a complexidade do real exerceu ainda pouco efeito sobre a ciência pura.

Em compensação, a técnica descobriu rapidamente e
construiu a complexidade, primeiro como soma de elementos
simples inteligíveis, depois como um todo e, tomando confiança em si, fixou-se ousadamente na organização de sistemas complexos aos quais ela desde o início recusou o direito à falha. Foi pelo canal das aplicações técnicas que a
ciência foi obrigada a descer da torre de marfim dos fenômenos puros e a encontrar a *complexidade* como um dos elementos do mundo moderno, primeiro nas estruturas elabora-
das pelo homem, depois na Natureza onde ela estava todavia
tão evidentemente inscrita. Pouco a pouco, armou-se para fa-
zer-lhe frente; o cálculo matricial, as máquinas de calcular, a
centralização de informações, a multiplicação dos colaboradores técnicos qualificados, as grandes bibliografias, fichários
e repertórios, os modos de controles globais, as aproximações
sucessivas etc... figuram dentre os instrumentos que a ciência criou a fim de enfrentar a complexidade de organismos
como os radares, a televisão, as grandes redes de intercone-
xão, os circuitos telefônicos, a fisiologia humana.

Parece no entanto que o cérebro humano não fez quase
progresso de base na pesquisa do complexo enquanto tal e
que existe aí um problema incompletamente resolvido sobre o
qual a filosofia nada nos traz até o presente a não ser vagas
indicações sobre o valor e o papel da síntese. Não há ainda
Filosofia da Complexidade e a falta de um tal instrumento
intelectual adequado começa a fazer-se sentir.

A entrada do *homem* como "sujeito" na ciência efetuou-
-se há muito pouco tempo com o desenvolvimento de uma
indústria de *objetos de consumo corrente* baseada nas aplicações científicas. Esta é bem mais recente do que se imagina; a Técnica do século XIX era a das comunicações, da
metalurgia, das manufaturas, que — como seu nome indica
— fabricavam com máquinas objetos que antes eram fabricados a mão etc... mas importava muito pouco ao consumidor
que o objeto tradicional saísse da máquina ou das mãos do
operário; só o operário tomava contato com meios de produção largamente inumanos (as grandes máquinas).

O contato íntimo e generalizado do homem e da máquina data de algumas décadas quando a própria máquina dispõe
de uma "herança" de quase dois séculos na grande indústria.
Por isso não é de espantar que ela tenha refletido primeiro os
caracteres procedentes dos que a conceberam, os quais não
eram homens, porém *engenheiros* formados por uma tradição
já longa de racionalismo mecânico. Em suma, o engenheiro
de 1920 concebia um telefone — destinado ao homem — se-

gundo o mesmo modo de raciocínio com que concebia uma laminadora — à qual o homem era destinado — e o referido telefone refletia, por exemplo na preponderância da geometria sobre seu aspecto externo, os caracteres "hereditários" da laminadora concebida, por sua vez, como um ser racional destinado a desempenhar uma *função* em um ciclo de produção, a seu turno racional.

O objeto industrial exigia portanto do "usuário" — que haveria de multiplicar-se rapidamente até tornar-se o homem moderno — uma *adaptação* às normais racionais que — com muita freqüência — não tinham nenhum caráter de necessidade funcional tanto para o homem quanto para a máquina. Assim, o mundo humano tomava contato através da tecnologia com um mundo "científico" (ou que pretendia sê-lo) dotado de suas próprias normas.

Não foi senão aplicando os inventos à *criação* de novos objetos industriais, automóvel, telefone, rádio etc..., que a vida do homem se viu modificada em sua estrutura através do contato com um novo mundo racional e que ele precisou *viver em simbiose com a máquina*: esse desenvolvimento não data de quarenta anos.

Os exemplos dessa mudança de ponto de vista no domínio da morfologia dos objetos industriais são numerosos: escolheremos um em um domíno algo mais complexo que mostra como se desenrola atualmente a penetração, primeiro da ciência aplicada, depois da ciência pura, pela psicologia, exemplo que evidenciará um dos traços mais notáveis da evolução atual da ciência aplicada.

Desde que a Eletrônica teve permissão de realizar as primeiras transmissões através do espaço e do tempo da palavra ou da música: aquilo que denominamos "canal sonoro" (radiodifusão, música gravada etc...) os técnicos, formados exclusivamente nas disciplinas das ciências exatas e da física, preocuparam-se com melhorar sua "qualidade" e a *démarche* de pensamento que adotaram é assaz curiosa quando a destacamos de sua ambiência tecnológica. Começaram por fornecer uma definição dogmática da "qualidade" decretando — sem prova alguma — que a perfeiçao duma transmissão importava em reproduzir exatamente na orelha do ouvinte o sinal sonoro emitido diante do microfone, tomando portanto no caso uma condição *suficiente*, no sentido matemático do termo, por uma condição *necessária* (e que nao era absolutamente necessária). Forjaram portanto com base nessa condição um conceito arbitrário, mas racionalmente cômodo, o de "alta fidelidade", que iria reger como dogma quase religioso toda a técnica das comunicações pelo canal sonoro. Durante cerca de vinte anos, uma considerável soma de esforços foi consagrada à realização do mencionado dogma que os físicos interpretaram, ainda mais rigidamente, por uma expressão matemática precisa: a constância da resposta em função da freqüência do som em toda a gama audível — baseada na aplicação do importante teorema de Fourier relativo à decomposição das séries periódicas.

Só depois de haverem constatado o malogro parcial do esforço para a melhoria da "qualidade" do canal sonoro — esforço que aliás não foi perdido para outros domínios da ciência das comunicações — viram-se os técnicos compelidos a alargar um pouco seu ponto de vista e introduziram outras grandezas, em particular a de "dinâmica" a fim de definir a "alta fidelidade"; mas, sem consideração pela experiência cotidiana de milhões de ouvintes — infelizmente incompetentes — nenhum deles colocou a "questão prévia" de definir racionalmente o que convinha denominar "qualidade" de um canal sonoro. Só muito recentemente diversos trabalhos, baseados na teoria da informação, mostraram que o papel que aí assumiam as perturbações erráticas era *essencial* e que o dogma da "resposta em freqüência constante = alta fidelidade" era errôneo na medida em que confundia condição matematicamente suficiente e condição psicologicamente necessária. Tinham simplesmente esquecido que o "receptor" do canal sonoro era um ser humano dotado de propriedades específicas do qual o psicólogo poderia ter dito imediatamente — se o consultassem — que o hábito a um meio dado, oposto à reação, a um estímulo inesperado sempre renovado (perturbação brusca) é uma característica essencial.

A ciência das comunicações evolui cada vez mais no sentido de uma adaptação entre o indivíduo humano e o sistema mecânico a ele destinado, mas é notável que se fizesse mister um prazo de uma vintena de anos para que semelhante evidência se impusesse. Há na posição de partida aqui denunciada um exemplo típico de uma ciência incompletamente aplicada a impor ao ser humano leis cartesianas que lhe são estranhas, simplesmente porque as pessoas que a fazem, formadas nas disciplinas exatas e ignorando as ciências humanas, vêem o mundo encerrado em uma rede abusivamente racional; precipitam o devir humano e edificam um mundo de máquinas sob o império de uma "necessidade" que inserem em uma estrutura que desejam coerente a todo preço, ainda que seja de maneira artificial.

A técnica mais recente evolui precisamente para reagir contra esse retardo de adaptação da ciência ao homem. Não é possível separar no mundo moderno ciência aplicada, técnica e ciência pura, pois uma reage demasiado estreitamente sobre a outra e o movimento da técnica para a humanização, ligado à extraordinária expansão das ciências humanas — por exemplo, da psicologia experimental — é uma das características essenciais do pensamento moderno: é pela técnica que se faz a ligação entre ciências teóricas e ciências do homem.

O programa das grandes escolas de engenheiros que, melhor do que qualquer outro signo, é um panorama da ciência estabelecida mais recente, é típica neste sentido da invasão das ciências humanas na formação de um discípulo das ciências exatas mais tradicionais: se o matemático profissional tem ainda pouquíssimas relações com o sociólogo ou com o fisiólogo, o engenheiro de telecomunicações vê-se na necessidade de conhecer simultaneamente as funções de Bessel, as grandes *enquêtes* da sociologia econômica e a anatomia do ouvido.

§ 5. — EVOLUÇÃO E CLASSIFICAÇÃO DAS CIÊNCIAS NA PERSPECTIVA DA PESQUISA

É pois pela técnica que se produz a osmose entre os ramos distintos do saber mais do que pelo apelo que uma ciência faz à outra, pois a especialização, necessária mas abusiva, dos pesquisadores os torna em geral incapazes de saber com quais recursos podem reciprocamente contar.

Essa osmose deve, segundo parece, causar uma dissolução das fronteiras da "especialidade" ainda tão perfeitamente talhadas há trinta anos, conduzindo a um campo contínuo de conhecimento onde, não só os nomes das ciências se misturam uns com os outros (Psicofisiologia, biofísica etc...) mas onde as interconexões entre ciências afastadas (psicologia e estatística, biologia e matemática etc...) dispõem as diversas ciências, não mais em um leque contínuo de conhecimentos, lembrança da classificação de A. Comte, mas em uma representação polidimensional de *núcleos de conhecimentos* ou de *técnicas mentais* interconectadas por múltiplos liames.

Assim, a teoria da linguagem, impelida pelas necessidades da ciência aplicada, é levada a apelar simultaneamente para os núcleos de técnicas mentais do cálculo das probabilidades, da filologia das línguas antigas, da sociologia, da fonética e da física da mensagem: a representação adequada dessas ligações discordantes seria impossível em uma classificação linear.

Parece portanto que, sob a influência das aplicações, o mais poderoso agente da fecundidade científica, o estilo do edifício que a pesquisa erige esteja em vias de mudar notavelmente.

Tal evolução encontra-se apenas em seu começo: muitas ciências, como a química ou a física, pretendem construir-se seguindo uma linha de pensamento autônomo, sem relação com as outras. Entretanto, é notável que noções tais como "população", "recenseamento", "individualidade dos corpúsculos", "perda desta individualidade e multidão" etc... introduzidas por Langevin e tomadas às ciências humanas pelo canal da estatística se tornem cada vez mais freqüentes nos tratados teóricos.

Em química, o estudo dos seres de razão que são os átomos, de sua filiação, de suas famílias, de seu agrupamento

em moléculas e de sua sociabilidade (afinidade química) que
constitui o essencial das preocupações dos químicos, participa
de conceitos extremamente distantes das "receitas" dos alquimistas, ou mesmo das leis de proporções definidas de Dalton-
Proust. A pesquisa química tende a constituir-se como ramo da física molecular que manipula seres racionais obedien-
tes a leis simples que fazem pensar em uma sociologia molecular de preferência à espécie de botânica dos corpos que a
química do último século representava. Parece que a economia política, a lei da oferta e procura, a sociometria de
Moreno possuem, quanto às *démarches* mentais do pesquisador, parentescos estreitos com a química que quase não
apareciam há cinqüenta anos.

É fácil convencer-se disso lançando os olhos sucessivamente sobre as figuras de um livro de biologia matemática,
como o de Kostitzin, sobre um tratado de Física molecular
ou sobre um estudo de sociometria dos microgrupos, em que
as mesmas figuras aí reaparecem, ilustrando os mesmos conceitos: influência, reatividade, estruturação, que parecem per-
tencer a um fundo comum a todas as ciências, uma ciência
teórica das associações, ramo do corpo geral das funções racionais e que rompe as classificações antigas, em particular a
de Comte, para substituí-las por uma Física do objeto qualquer
(Gonseth) acompanhada de uma técnica de aplicação. Descartes em suas "Primeiras regras para a direção do espírito"
já punha fortemente em relevo a unicidade do método científico através dos ramos do saber:

> "Todas as ciências reunidas não são outra coisa senão a inteli-
> gência humana que permanece sempre uma, sempre a mesma, por
> variados que sejam os objetos aos quais se aplica e que não recebe
> deste fato maiores mudanças do que as trazidas à luz do sol pela
> variedade dos objetos que ela ilumina."

Toda *atividade* científica tem dois aspectos: o dos métodos racionais, dos *algoritmos,* lógicos ou matemáticos em
um estágio bastante avançado, aos quais recorre, e o das
técnicas de manipulação da matéria com as quais ela está
em contato. Somos levados a encarar, ao lado da classificação dos conhecimentos que formam o edifício rematado da
ciência, uma classificação *operacional* das atividades científicas para o uso do pesquisador, cujas preocupações são
diferentes.

Esta deveria ser a duas dimensões a fim de responder a
esses dois aspectos não sobreponíveis da atividade do homem da ciência:

Uma (classe horizontal) é a dos métodos racionais, baseada no algoritmo lógico utilizado: classificação, teoria do campo, cálculo aritmético, estatísticas etc... Estes serão lançados em colunas sucessivas, em uma ordem inspirada por uma classificação linear das ciências, a de A. Comte por exemplo (cf. Cap. VII), isto é, segundo as formas racionais.

A outra (classe vertical) é a das técnicas experimentais: técnica do vácuo, técnica das ultrapressões, técnicas metrológicas, técnicas das correntes fracas, repartidas segundo as grandes divisões eficazes da *tecnologia*.

Em semelhante classificação, todo "departamento" do trabalho científico colocar-se-á portanto em uma casa na intersecção de uma linha e uma coluna de um quadro retangular.

Técnicas \ *Algoritmos mentais*	*Teoria dos dipolos*	*Integral de Fourier*					
Técnicas binárias							
Técnicas de amplificação	Encefalografia						
Técnicas de •registro	Sismologia						

Exemplo: a *eletroencefalografia* (que a ciência acabada classifica na Fisiologia nervosa) depende, do ponto de vista das técnicas de aplicação, da física das correntes fracas: do ponto de vista teórico, ela depende dos fenômenos de elevado grau de periodicidade e está sujeita à jurisdição de algoritmos tais como a integral de Fourier. Ela se encontrará na mesma classe que a sismologia que depende para a ciência acabada da Física do Globo e da Geologia. Isto significa dizer que um pesquisador, sem alterar nem sua formação, nem seus hábitos mentais, poderá passar quase imediatamente da eletroencefalografia à Física do Globo, o que a experiência verifica. Ele reencontrará aí instantaneamente noções familiares (epicentro, foco, micro-sismos, pré-ondas etc...) e apreenderá sem dificuldade o aspecto propriamente fisiológico ou propriamente geológico que achará expostos (ciência acabada) nos tratados.

Outro exemplo: a *química biológica* comporta um aspecto teórico que pertence à ciência das associações, colocando-a na mesma coluna que a sociometria dos microgrupos (algoritmos estruturais) e um aspecto experimental que a liga à linha das soluções de fraca concentração, que é também a da química da água do mar, dependendo esta em compensação dos algoritmos da teoria iônica e tratando das leis de reações exponenciais (Guldberg e Waage).

Assim somos levados:

a) a estabelecer uma distinção de princípio, *essencial,* entre:

— *ciência acabada,* edifício científico, visão do mundo das relações etc.

— *ciência que se faz,* pesquisa e criação científica, método do pesquisador;

b) a rejeitar, visto que nem sua estrutura, nem seus métodos, nem sua meta, são semelhantes, servindo uma para criar a outra, as classificações estabelecidas pela ciência acabada, e a apresentar uma classificação da pesquisa científica que comporte duas dimensões:

— técnicas experimentais,

— algoritmos mentais.

Esta distinção subsistirá ao longo desta exposição toda que se prenderá sobretudo à ciência que se faz, aquela onde a filosofia desempenha por essência um papel criador, depreendendo da primeira apenas as regras de estrutura essenciais.

§ 6. — MARCHA DO PENSAMENTO CRIADOR
E GRATUIDADE
A FILOSOFIA DO POR QUE NÃO?

A percepção, através da complexidade dos dados científicos, da unicidade fundamental dos modos de pensamento que sublinhamos acima constitui verdadeiro ressurgimento da atitude idealista expressa por Brunschvicg. Trata-se, com efeito, mais das "idéias puras" do que dos algoritmos lógicos ou matemáticos tão gerais quanto a classificação, ou a teoria das estruturas. Constituem as formas — permanentes através da diversidade das disciplinas — do pensamento racional e se aplicam em conseqüência a todos os domínios indistintamente, dependendo sua escolha apenas do avanço deste e do tipo de dipolos dialéticos que o exame aí revela.

Esta transmutação de valores que é o novo espírito científico reage sobre a própria posição do pesquisador diante do edifício em que colabora. Os algoritmos da razão são com efeito seus modos de apreensão essenciais, mas cada pesquisador, por sua formação, por seu sentido estético pessoal, possui uma feição de espírito que o torna mais familiar a alguns desses algoritmos que ele tenderá a preferir sistematicamente. Em contrapartida, encontra-se, quanto ao domínio de aplicação destes, em certa *disponibilidade* perante os fatos, que suscita um sentimento de *gratuidade*, fato novo na história das ciências.

Enquanto que antigamente o cientista tinha a impressão de se achar em um *caminho* que definia a cada instante o passo ulterior e possuía por este fato um caráter coercitivo, agora parece que, devido à transcendência dos modos do pensamento racional fora da distribuição dos domínios próprios, não há mais *caminho,* não há senão *meios de transporte* variados que o homem de ciência escolherá de conformidade, senão com suas preferências, ao menos com suas aptidões. Ele se acha desde logo colocado diante de uma multiplicidade de caminhos divergentes, até opostos, diante de uma seqüência de *encruzilhadas* que sugerem a imagem dos labirintos em rede emalhada (mesh) que os especialistas da psicologia animal fazem seus pacientes percorrerem, como muito mais adequada, ao andamento da ciência atual do que a de um caminho único, reto ou tortuoso. Nesse labirinto todos os caminhos escolhidos conduzem a alguma parte e se recortam indefinidamente uns aos outros (Fig. 1 — 1).

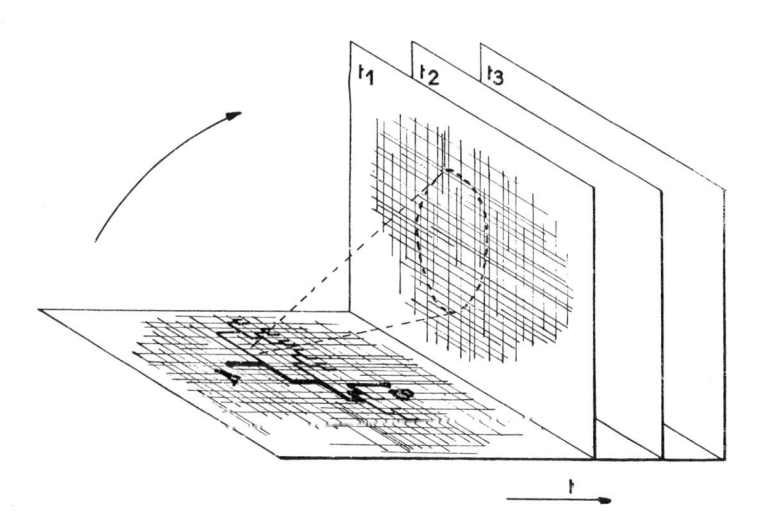

Fig. 1 — 1: A rede emalhada do conhecimento. No plano horizontal desenvolve-se uma rede emalhada, espécie de labirinto virtual onde o pesquisador percorre um trajeto que ele atualiza. Se possui dessa rede horizontal uma visão limitada, tem em compensação uma vista extensiva da rede emalhada dos conhecimentos firmados representada por um plano vertical e cujos nós mais visíveis são os grandes teoremas e fórmulas.

A conseqüência imediata é a redescoberta da *escolha* pelo pesquisador, escolha muito mais extensa do que imaginava o século anterior que via na descoberta da verdade uma coação exterior proveniente de uma estrutura externa ao pesquisador e criadora de uma sujeição de seu pensamento a um caminho existente fora dele.

Impregnado do novo espírito científico, o pesquisador, mais do que descobrir "a verdade", constrói o edifício, a representação de seu domínio próprio: o mundo é realmente sua representação. Não é entretanto arbitrário, mas são as necessidades *internas* do pensamento do pesquisador que definem o seu estilo; a estrutura da evidência independe do domínio ao qual se aplica (Husserl).

Em suma, *nós não construímos o que nos apraz, mas escolhemos o que nos apraz construir.*

A *démarche* intelectual do cientista aproxima-se então notavelmente da do artista, ela se baseia na *gratuidade* que é ao mesmo tempo disponibilidade perante o fato (segundo a doutrina hegeliana) e liberdade de ação. É o conceito da *filosofia do Por que não?* de Bachelard, "filosofia" que é tomada aqui no sentido de ética do pensamento. Cumpre notar que seja precisamente a da escola estética do realismo que vemos emergir na mesma época na ciência, o que nos fornecerá um guia precioso para desenredar as complexas relações entre criação científica, as quais parecem participar, como veremos mais tarde, de um mesmo andamento do espírito, reflexo por sua vez da atmosfera de uma época.

§ 7. — DÉMARCHE GERAL DO PENSAMENTO CRIADOR

Assim o pesquisador se afasta do procedimento hegeliano clássico. Colocado diante da totalidade do mundo dos fenômenos, suscita a *emergência* de uma *démarche* autônoma, largamente arbitrária, um dipolo dialético que ele põe em contraste com um *fundo* formado pela complexidade do fenômeno, reforça mediante o artifício da "experiência" a oposição figura/fundo assim estabelecida e projeta sobre esse dipolo dialético uma estrutura lógica, uma rede doutrinal de algoritmos racionais que a encerra e a sustenta, rede que fornecerá, segundo o estado de avanço do domínio em que trabalha, "mostrações" ou "demonstrações", e só se ligará em seguida à rede de conjunto do universo teórico assumindo seu lugar naquilo que denominaremos *ciência estabelecida* por oposição à *ciência em vias de fazer-se* que nos interessará a seguir.

Este processo de criação que implica, ultrapassando-as, as regras fundamentais da lógica hegeliana, renova-se indefinidamente, sendo cada etapa marcada por uma reposição na ordem de discussão do ponto de vista adotado e eventualmente uma bifurcação deste. O pesquisador progride por rodeios, por vezes fortemente erráticos, onde cruza freqüentemente com outro pesquisador que seguiu uma marcha diferente na mesma região da rede (processo de redescoberta). É por uma mudança de plano, a passagem ao plano da lógica formal que é a "formalização", que o pesquisador, quando da *publicação,* integra seu trabalho no edifício.

Tentemos dar uma imagem simplista deste processo: seja portanto o edifício da ciência estabelecida, em um instante dado, 1, 2, ..., t, representado na Figura I — sobre planos verticais P_1, P_2, ..., P_t por uma rede emalhada dotada de nós importantes (princípios das grandes teorias) e nós mais finos (fatos estabelecidos), cujo conjunto forma os domínios D_1, D_2, ..., D_n das "disciplinas", e sejam um ou vários pesquisadores se deslocando em um plano horizontal P sobre uma rede emalhada de bifurcação que desenhamos em pontilhado, pois não é apreensível *a priori,* uma vez que pertence ao incógnito. As peregrinações dos pesquisadores no labirinto da descoberta — cada qual com seu andamento próprio correspondente a seu estilo individual — serão representadas pelo traçado em linha cheia (explorado portanto real) sobre a rede pontilhada do plano P_0 e seus cruzamentos serão os casos de redescoberta.

É a passagem desse plano horizontal da pesquisa ao plano vertical da "ciência estabelecida" que representa a operação de formalizar considerada tão importante sob o nome de demonstração ou mostração e liga "ciência feita" à "ciência que se faz".

Seria fácil complicar esse esquema para colocar aí em evidência a partida de pesquisadores variados em diferentes etapas da rede já estabelecida, mas não convém atribuir a uma imagem mais importância do que a de um procedimento de racionalização e mostração.

Em um instante dado, todo pesquisador tem uma visão extensiva de seu domínio pelo menos, e de alguns outros, em geral adjacentes, nos planos verticais da ciência estabelecida. Ele tem mais do que uma visão limitada do plano horizontal no qual evolui, aderindo estreitamente a seu próprio andamento. É essa visão do pesquisador que constitui sua "situação no campo de conhecimento".

O posicionamento não é mais do que a "experiência para ver" de Claude Bernard, mas este pôr em situação excede largamente a artificialidade desta, da qual conserva apenas a gratuidade. A extensão imensa do campo das técnicas faz com que o pesquisador, por menos que se encontre em contato com a ciência aplicada, o que é geralmente o caso, ou mesmo com as aplicações de seu domínio científico na vida corrente, se ache situada quase permanentemente em um campo de percepção científica. Uma vez criada a idéia inicial, abre-se uma malha elementar do raciocínio que cega seu espírito para a extensão imensa das possibilidades: ele *escolheu* — isto é, renunciou. Mas o que nos interessa sobretudo: o conceito inicial, nasce, amiúde ao estágio da quase inconsciência, de *variações elementares* levadas à experiência imediata de uma disponibilidade em uma situação, variações muito comparáveis à "redução eidética" da fenomenologia de Husserl.

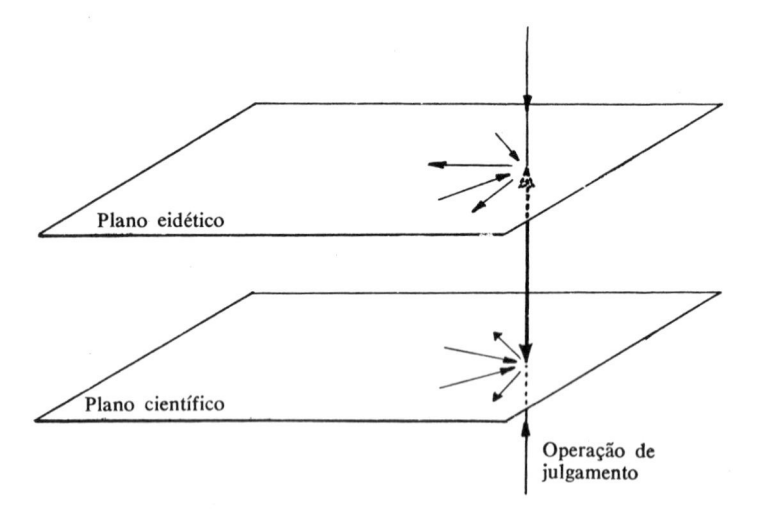

Fig. 1 — 2: É no plano da visão eidética que o pesquisador encontra o objeto da percepção. É no plano científico que ele o torna explícito e o assimila mentalmente. Ele oscila nessa operação, de um a outro plano, conforme a *démarche* do "julgamento".

Se a posição do fenomenólogo pretende "pôr entre parêntesis" o mundo físico e psicofísico em que vivemos, em uma palavra, todas as manifestações da cultura, e se por conseqüência ela se coloca fora do campo científico, não está de maneira alguma excluindo que a partida do campo de experiência transcendental não possa influenciar o homem de ciência nesse olhar sobre o mundo que é o ponto de partida de sua atividade racional (Berger).

Ora, esse ponto de partida está, esperamos mostrá-lo, na origem do pensamento científico assim como de todo outro tipo de pensamento. Mude-se o referido ponto de partida, mude sua perspectiva e o "sistema", que o pesquisador faz profissão de desenvolver a partir de sua experiência interna sobre a qual projeta um racionalismo, mudará também.

Se isso parece evidente na psicologia do indivíduo, teremos ocasião de ver, concentrando nossa atenção sobre as perspectivas de partida na origem da pesquisa, que estas são largamente *independentes* do domínio de uma ciência particular: o objeto científico, ainda que fosse um elétron, é *também um objeto*, sendo o papel da formação do pesquisador justamente o de lhe dar tanto caráter quanto à folha de papel. A passagem do plano científico ao plano eidético não é unilateral mas oscilatório (Fig. I — 2) e teremos de fazer uso da atitude fenomenológica no que ela tem de mais simples.

§ 8. — CONCLUSÃO

1) Em sua recente evolução, a filosofia científica refuta como inadequada e paradoxal a definição do determinismo de Laplace e se contenta com um determinismo aproximativo válido em grande escala. Ela distingue portanto as leis causais segundo a escala do fenômeno: "É a escala que cria o fenômeno" (Guye).

2) O papel da ciência se acha modificado, não é mais o de prever a marcha do universo em sua minúcia, mas o de construir um *modelo inteligível* que sirva à apreensão da Natureza pelo homem.

3) Rejeitando como enganador o mundo das sensações, o pensamento científico manifesta um retorno parcial do materialismo a um idealismo objetivo, dando a primazia aos conceitos abstratos, à conquista do real pelo poder da idéia (Platão).

4) Uma importância cada vez maior é concedida pelo pensamento criador aos *dipolos dialéticos* que tendem a suprir os fatos unitários e que são destacados pela inteligência do fundo de *complexidade* dos fenômenos.

5) A atitude do cientista no progresso científico participa de uma ética da negação, de uma filosofia do NÃO, que sublinha o valor do método polêmico.

6) A ciência aplicada é um elemento fundamental do progresso científico moderno, ela nos faz descobrir a complexidade essencial que o pensamento filosófico está bastante mal armado para apreender.

7) A influência da ciência aplicada, o desenvolvimento das ciências das comunicações reintroduzem o indivíduo humano e suas propriedades no quadro do pensamento científico.

8) Cumpre separar nitidamente quanto à estrutura, quanto aos métodos, quanto ao modo de classificação, a *ciência acabada* formalizada, constituída em uma rede ramificada de fatos ligados por procedimentos que serão o objeto de nosso próximo capítulo, da *ciência que se faz*: da pesquisa e de seus processos próprios.

9) Uma classificação das ciências acabadas não pode ser linear mas deve pôr em evidência ligações díspares entre disciplinas distantes em uma estrutura polidimensional.

10) Uma classificação das ciências no seu aspecto criador faz apelo a duas dimensões:

a) a dos algoritmos lógicos aos quais elas recorreram;

b) a das técnicas experimentais que fazem aparecer os fatos.

Uma tal classificação é por essência perpetuamente provisória.

11) A atitude do cientista ante a complexidade dos fenômenos é uma atitude de escolha: não constrói apenas o que lhe apraz, mas escolhe aquilo que lhe apraz construir.

12) Esta liberdade acrescida condiciona uma *gratuidade essencial* na *démarche* científica que participa da filosofia do Por que não?

13) Quando da criação científica, o pesquisador parte da rede ramificada constituída pela *démarche* criadora a partir de uma *situação*, de uma *perspectiva* no campo de visão da complexidade dos fenômenos que é essencial para a descoberta.

2. Estudo Psicológico do Raciocínio Científico

Não existem diversas ciências com fontes distintas de conhecimento, há apenas A Ciência. Todos os conhecimentos encontram nela o seu lugar e esses conhecimentos são todos da mesma natureza, sua diversidade aparente não é senão o efeito da diversidade das linguagens empregadas nos diferentes ramos do saber.

R. Carnap

§ 1. – CIÊNCIA FORMALIZADA E CIÊNCIA QUE SE FAZ

No presente capítulo, tomaremos a palavra "ciência" como mais particularmente sinônimo de Universo Científico: de imagem de um mundo teórico, deixando completamente de lado a questão de sua coincidência mais ou menos perfeita com o mundo das sensações imediatas ou com um universo "real" que só é apreendido através dessa imagem teórica. Embora jamais estejam presentes em totalidade em nosso campo de visão, pois este é demasiado restrito, nenhuma das partes desse universo teórico é em princípio contraditória com outra. É o produto de uma síntese que ultrapassou o estágio da contradição e representa o *adquirido*, o que o procedimento científico cria de definitivo, é portanto um conjunto de conhecimentos ligados, organizados, classificados de maneira inteligível por uma "física teórica no sentido mais geral do termo: uma teoria da natureza ($\varphi \upsilon \sigma \iota$) – não importa o que se possa pensar da realidade dessa natureza.

Oporemos nos capítulos que seguem o *adquirido* a seu modo de *aquisição*: o universo científico ao procedimento que o constrói, mas examinaremos em primeiro lugar a parte mais visível desse procedimento: o raciocínio científico construtivo que prepara debaixo de nossos olhos o edifício a partir dos materiais de nossa sensação e salientaremos o aspecto psicológico do mencionado raciocínio por contraste com a doutrina estabelecida, definitiva, formalizada, tal como a encontramos nas publicações científicas, nos tratados e nas bibliotecas. Especifiquemos por meio de exemplos:

1) A rotação da terra, os 707 decimais de π, o mapa celeste, o teor médio de glicose no sangue, pertencem ao Universo científico estabelecido definido mais acima, quaisquer que possam ser as revoluções de doutrina ou de pontos de vista sobre a estrutura do Universo e a explicação científica.

2) Em compensação, as decimais desconhecidas de π, a composição química de determinada nebulosa, o mecanismo de ação do cardiazol sobre o organismo etc... fazem parte do "conhecimento indicado" dessas espécies de "perguntas para a gente mesmo se fazer" que o conjunto dos homens de ciência tem em reserva e que é um dos principais alimentos psicológicos da ciência em devir, mas não o único: não pertence ao universo científico mais do que os problemas não colocados, portanto atualmente inexistentes, mas fornece os elementos da construção permanente desse edifício,

3) Os métodos de cálculo de π, os processos experimentais da espetroscopia solar, os processos da sismologia são os *raciocínios* que aqui nos interessam como doutrinas ou fragmentos de doutrinas.

Nunca é demais insistir na diferença entre a ciência *formalizada,* a dos tratados, dos cursos, das publicações, e a ciência *em vias de fazer-se,* os processos heurísticos do raciocínio e da criação intelectual. Não só a escala de valores é aí mudada (papel do rigor, por exemplo) mas o próprio mecanismo dos raciocínios, o sentido atribuído aos termos: verdade, dedução, crença etc... é aí diferente. Esta diferença é em geral silenciada, acreditando os cientistas que o público cultivado — isto é, muitas vezes entre seus colegas dos outros compartimentos de especialidade — tenha a forma acabada e peremptória do conhecimento formalizado e deixando entre profissionais as divergências, o papel das opiniões, as subestruturas provisórias, as guinadas da criação racional ou dos processos, dos quais nem sempre eles tem consciência nítida, que fazem brotar a descoberta, e aos quais consagraremos os capítulos seguintes.

Se o que nos interessa aqui precisamente é, bem menos do que a ciência acabada, os processos de criação do pensamento que se passam no espírito do cientista e que têm portanto um aspecto psicológico essencial, devemos estudar em primeiro lugar o mais aparente dos procedimentos da ciência, o da demonstração ou do estabelecimento do fato tal qual ele nos é fornecido em seu aspecto *externo,* sem penetrar no fato demonstrado ou estabelecido, mas insistindo nos valores psicológicos desse procedimento: na psicologia da demonstração.

§ 2. — ESTRUTURA DA DEMONSTRAÇÃO

O que é a demonstração? *Demonstrar um fato é cons-truir um sentimento de evidência* deste em um indivíduo receptor, comunicando-lhe uma mensagem cujos elementos formam uma série de evidências elementares.

Notar-se-á que essa definição aplica-se indistintamente às matemáticas e às ciências: ela inclui tanto a "demons-tração" de um teorema quanto a "mostração" pela experiência de um fato até então não evidente, operação que substitui o "gratuito" pelo "necessário" no sistema mental do receptor e que é costume denominar "estabelecer um fato". A este título, cabe rejeitar a distinção entre demonstração "teórica" e "experimental" e substituí-la por uma distinção entre demonstração que utiliza a lógica formal e as que utilizam outros sistemas "lógicos" conforme a natureza das evidências elementares.

Assim, os conceitos que servem para edificar a demonstração como evidência final são:

1) *as evidências elementares*: como "evidente" significa "que leva à convicção", *evidência* é sinônimo de *necessidade*. Esta necessidade pode resultar de ordens psicológicas variadas:

— coerção lógica elementar baseada na não-contradição de três termos *simultaneamente presentes* no campo da consciência;

— coerção sensorial: que decorre da contemplação de uma figura ou da percepção de um fenômeno físico;

— prova interna proveniente de uma crença intuitiva inclusa no indivíduo;

— valor extraído da tabela de valores do indivíduo receptor;

— objetos colocados *a priori*: o *dado* (definição por exemplo)

— etc...

"A evidência não é essencialmente revelação psicológica da verdade jungida a um julgamento" (Berger)... "a evidência é coisa totalmente outra, ela é um modo especial da relação intencional que liga o sujeito a seus pensamentos" (Husserl)... "ela é uma modalidade particular da posição de um objeto" (Husserl);

2) *as lógicas* — A operação elementar da demonstração é a de enganchar um elemento de evidência a um outro mediante um procedimento que pertence à linguagem,

diremos de um modo mais geral um "λογος", uma lógica: se as evidências são os tijolos do edifício, a lógica é
seu cimento. É de uso bastante generalizado restringir
a "lógica" à "lógica formal" ou pelo menos à "lógica baseada no princípio de não-contradição". Parece-nos preferível permanecer mais próximo da realidade imediata
da linguagem não excluindo do termo "lógica" qualquer
modo do "logos", aceitando assim não só a lógica de probabilidade do tipo estudado por Reichenbach mas ainda
os modos de pensamento os mais opostos à lógica formal,
tais como o modo contraditório, o de contigüidade etc...
(Cap. VII). O estudo ulterior dos mecanismos da descoberta nos permitirá precisar esses modos de construção
da maneira mais exaustiva; a lógica não passa de uma
técnica de aplicação da psicologia como sublinha Husserl,
ela não pode pretender regulamentar a ciência, pois ela
vem depois e não antes da ciência;

3) *o conceito de construção* — Toda demonstração é *construção*, não basta reunir elementos como podem fazer
até os chimpanzés ao assentar tijolos com argamassa.
É preciso que haja construção com vistas a um fim
(intenção), fim que aparece quando se examina a demonstração em seu conjunto e que justifica a frase:
"Vou demonstrar que..." Uma construção é uma *forma* de pensamento e uma boa construção é uma boa forma no sentido da *Gestalttheorie* assim como de Rorschach. Se não há construções, não há demonstração,
mas simples afirmação de evidências díspares, espécie
de peregrinação errática em um campo de verdades elementares.

Esse conceito de construção implica o de *complexidade*
que não parece ter sido suficientemente realçado pelos
lógicos: "Essas longas cadeias de raciocínios, todos
simples e fáceis...", dizia Descartes, no Discurso do
Método. Ora, se cada elo da cadeia — cada tijolo do
edifício, é fácil de pôr no lugar, é preciso realmente sublinhar que o próprio edifício não participa forçosamente da facilidade e da clareza de seus elementos. Há
aí um ponto essencial que condiciona o processo de
demonstração e seu valor.

O valor de uma demonstração é o da convicção realizada
no espírito do receptor; ela depende portanto:
a) da qualidade dos elementos de evidência empregados,
b) da solidez da construção feita.

Psicologicamente, esta última reside menos no rigor do processo — força constrangedora externa ao indivíduo receptor se este não é lógico por essência — do que na evidência da estrutura apresentada em seu conjunto. Reencontramos ainda a noção de evidência, faculdade essencial da percepção mental, mas aplicada aqui ao segundo grau: é a evidência de uma estrutura, é o conceito de boa forma bem visível (conspícuo).

"Como a evidência não acompanha todos os nossos conhecimentos, a marcha progressiva e discursiva deve suprir o caso e trazer por meio deste relé a evidência às proposições que antes pareciam desprovidas dela" (Berger).

A emergência de uma boa forma está condicionada finalmente por valores estéticos: simetria, progressão, convergência, simplicidade da forma, contraste etc... como no-lo sugere a arquitetura, e é fácil ver que o valor psicológico, isto é, comunicativo, de uma demonstração varia em razão direta de seu valor estético: basta para tanto pensar no reduzido valor de convicção e na reduzida simpatia que os estudantes dedicam ao raciocínio por absurdo, tipo mesmo da lógica constrangedora substitutiva da evidência convincente, reparo que nos deve causar inquietações quanto ao valor dos fundamentos da matemática onde o raciocínio por absurdo é um dos procedimentos mais freqüentes.

Demonstre-se, por exemplo a fórmula de Moivre:

$$(\cos \theta + j \operatorname{sen} \theta)^m = \cos m\, \theta + j \sin m\, \theta$$

Primeira demonstração:

$\rho(\cos \theta + j \operatorname{sen})$ representa um vetor $\overrightarrow{V}$ de argumento θ e módulo ρ, sabe-se (?) que o vetor V e um vetor do módulo ρ^n que fizemos girar de um ângulo $n\theta$.

Temos portanto:

$$\rho[(\cos \theta) + j \operatorname{sen} \theta]^n = \rho^n(\cos n\, \theta + j \operatorname{sen} n\theta)$$

de onde, se $\rho = 1$

$$(\cos \theta + j \operatorname{sen} \theta)^n = \cos n\, \theta + j \operatorname{sen} n\, \theta$$

Cabe observar que se introduziu aqui (nos cursos tradicionais) um módulo ρ que, para o fim aqui perseguido, é eliminado em seguida e portanto não nos interessa.

Segunda demonstração:

$$(e^j)^n = e^{j(n)}$$

ou:

$$e^{jx} = \cos x + j \operatorname{sen} x$$

de onde

$$(\cos \theta + j \operatorname{sen} \theta)^n = \cos n\, \theta + j \operatorname{sen} n\, \theta$$

Neste último caso, recorreu-se a uma propriedade elementar das potências e "traduziu-se" simplesmente a equivalência fundamental estabelecida entre exponencial imaginária e função trigonométrica que faz parte da bagagem de matérias estudadas (métodos de recodificação).

Nas duas demonstrações, não se fez mais do que finalmente, é claro, deslocar a dificuldade de abstração, mas aí está precisamente o essencial e é isto que torna a segunda demonstração um edifício mais simples e mais simétrico (na acepção própria da palavra: de uma parte e de outra do signo $=$ aplica-se a mesma operação mental de tradução).

§ 3. — LEIS PSICOLÓGICAS DA DEMONSTRAÇÃO

A transmissão dessa mensagem constituída de cadeias de evidências reunidas por uma lógica, com o intuito de parte do transmissor de construir a evidência de um fato desconhecido ou gratuito no espírito do receptor, obedece às leis gerais da comunicação de mensagens. Em particular, o papel do "repertório" de conhecimentos conhecidos *a priori* ao mesmo tempo pelo transmissor e receptor é essencial; é ele que constitui o conjunto das "evidências elementares" assim como é ele que estabelece a complexidade da estrutura necessária à inteligibilidade da demonstração, ou a certeza no estabelecimento do fato.

Ora, esse repertório de conhecimentos ou de conceitos elementares conhecidos varia de indivíduo para indivíduo. Devido ao fato de, na comunicação humana, intervirem dois indivíduos pelo menos: o transmissor e o receptor, é teoricamente necessário estabelecer uma *matriz dos conhecimentos comuns* $\|\alpha_{ji}\|$ entre o indivíduo i e o indivíduo j.

Essa matriz cujo princípio é bem conhecido se apresentará como um quadro que traz horizontalmente as categorias de indivíduos transmissores i, verticalmente as categorias de indivíduos receptores j e cada caso ij contém o conjunto dos conhecimentos comuns a i e a j. (Quadro abaixo.)

Por exemplo, a explicação, a mostração, a demonstração ou o comentário — o termo varia segundo o caso — que fará um técnico a outro técnico, um engenheiro a um jovem aluno no transcurso de uma visita, um especialista a outro especialista durante um congresso sobre, digamos, as lentes graduadas de faróis, se apoiarão cada qual sobre as bases de partida de conhecimentos comuns distintos, que é bastante fácil enumerar grosseiramente. Sabe-se que um dos vícios mais freqüentes de um curso, de uma série de livros ou de um comentário de visitas de fábrica ou construção (três modos vários de comunicação interpessoal) é a ignorância dos elementos conhecidos comuns àquele que transmite e àquele que recebe. Grande parte da atividade humana de vulga-

A Matriz de comunicação pedagógica

Transmissor / Receptor	aluno	técnico	estudante	professor do ensino secundário	engenheiro	catedrático universitário	especialista reconhecido no assunto
aluno							
técnico							
estudante							
professor do ensino secundário							
engenheiro especializado							
professor universitário							
especialista reconhecido no assunto							

rização, ou de documentação científica, repousa em um esforço permanente para evitar esses defeitos. Comparem-se por exemplo, em Bruhat, Rocard, Fallou, Faivre-Dupaigre, as demonstrações feitas da reversibilidade do dínamo, que diferem segundo o público ao qual se dirigem.

Praticamente, é certamente possível simplificar esse quadro matricial. Se, por exemplo, se pode admitir que as colunas e linhas do quadro se dispõem não em uma ordem arbitrária, mas em uma ordem de conhecimentos crescentes, sendo cada indivíduo de uma categoria considerado conhecedor do que o indivíduo da categoria precedente conhece, caso de fato muito raro, mas freqüentemente admitido, por exemplo, quando as categorias sucessivas representam os graus sucessivos de um ensinamento, existem relações de recorrência do tipo:

$$\alpha_{i+1 \ j} = \alpha_{ij} + p_{i+1}$$
$$\alpha_{i \ j+1} = \alpha_{ij} + p_{j+1}$$

Com efeito, essa matriz α_{ij} é arbitrariamente simplificada, no mais das vezes de maneira implícita, admitindo-se uma normalização dos quocientes intelectuais, amiúde especificada *a priori* pelas situações respectivas dos dois indivíduos em comunicação: um curso no Instituto Henri Poincaré não é feito para ouvintes que saem da escola primária. Sem dúvida, é possível simplificar ainda mais, admitindo-se que toda demonstração se endereça em princípio a indivíduos de quociente intelectual 100, mas é demasiadamente conhecida a falência operacional da noção de "homem médio", devido à multiplicidade dos fatores em jogo na inteligência, no saber ou no modo de percepção, para que possamos nos demorar nessa simplificação que não passa de uma *vue de l'esprit*, de uma idéia quimérica.

Exemplo: Para demonstrar a existência de um novo metal, o químico sentiu, por muito tempo, a necessidade de preparar uma quantidade visível e ponderável deste; foi o estágio essencial da "revelação" do novo corpo. A maioria dos elementos transuranianos foram estudados sobre quantidades infinitesimais, por processos (espectroscópicos e sobretudo propriedades radioativas) que se baseavam em uma propriedade que eles deviam possuir *a priori*, portanto admitindo sua existência como a hipótese mais cômoda para explicar o conjunto dos fatos. Existe aí demonstração verdadeira para o profissional. Durante muito tempo, para o grande público culto, esses elementos — sem que chegassem ao ponto de serem míticos, pois o público tem confiança inesgotável na autoridade das competências — permaneceram ornados de uma auréola de sonho, tinham um aspecto algo metafísico de seres de razão e a fotografia publicada em uma revista de grande tiragem de alguns miligramas de determinado elemento novo (o neptúnio) fez mais para impor um elemento transuraniano do que todo o conjunto de irrefutáveis deduções que lhe criavam a existência no círculo mágico da química nuclear.

Existe aí uma mentalidade que, por elementar que seja, já é superior àquela que recorre a "forças da natureza", não é tão diferente da atitude do grupo dos melhores estudantes de química aos quais o professor dá uma aula: "O tungstênio. Senhores, é um metal cinzento de densidade 19... ei-lo.", e que vêm, ao fim da aula, ver de perto, tocar, para se convencerem mais intimamente da verdade teórica. Essa mentalidade, que o estudante deverá ultrapassar no exercício de sua profissão de químico, constitui justamente a primeira etapa do conhecimento objetivo. Dir-se-á, por exemplo, que o estudante que deseja *tocar* a amostra de demonstração está menos capacitado para a físico-química ou para a análise espectroscópica que lhes servirão mais tarde para superar a simples percepção? A percepção não deixa de ser superior à ilusão ou à crença.

É freqüente que a demonstração ou o estabelecimento do fato sejam uma dessas "longas cadeias de raciocínio" de que fala Descartes, e cujo aspecto mais notável é a complexidade. Nesse caso, a teoria da informação nos ensina que a referida cadeia não é apreensível salvo em certas condições restritivas, pois ela põe em jogo no receptor — como no transmissor, aliás — a faculdade de *atenção,* faculdade que apresenta um limiar de saturação temporal, baixíssimo na maioria dos homens, que define a *capacidade de apreensão* do receptor, capacidade medida em princípio pelo consumo de informação original por unidade de tempo, e que não deve ser ultrapassada sob pena de desperdício dessa informação devida a uma saturação do receptor. Assim a reunião de elementos de evidência originais não pode impunemente exceder certo comprimento sem que o receptor perca essa sensação de evidência que é o essencial da demonstração, ele "perde o pé"; não "segue mais"; etc... expressões todas que traem a perda de atenção involuntária.

Daí resulta que, no raciocínio teórico (de lógica formal) ou experimental, não há demonstração "canônica": há tantas demonstrações quantas forem as categorias de "canais": transmissor — receptor. Cada um desses processos intelectuais é uma construção mais ou menos elaborada e a necessidade de se restringir a construções dotadas de um grau máximo de complexidade limita de fato o *campo de conhecimentos reais* para este ou aquele receptor, denominando-se "conhecimentos reais" do indivíduo aqueles que ele não deve ao princípio da autoridade — no caso, ao respeito das competências.

Essa análise psicológica sumária da demonstração coloca pois em relevo como essencial a mencionada noção de *evidência,* visto que demonstrar ou estabelecer cientificamente é, no fim de contas, construir a evidência de um fato a partir de evidências elementares. A Evidência *não é constrangida* como o desejaria a lógica formal, mas sendo um *acordo* do indivíduo com o Universo, é percepção, visão (e *videre*), é autônoma (*selbstverstaendlich,* coisa que se compreende por si mesma). "(A Evidência) não é intrusão na consciência de uma realidade que lhe seria totalmente estranha, seu correlativo não é a verdade, mas a objetividade" (Husserl). Ela faz passar do *dito* gratuito: " o ferro funde a 1450°C; não vejo nisso inconveniente", ao *fato* necessário: "se o ferro fundisse a 600°C e não a 1450°C a face inteira do mundo e, em particular, da metalurgia seria por isso alterada". Há integração coerente do fato científico na natureza das coisas e rejeição da gratuidade. "Podemos apreciar as evidências não mais de acordo com seu caráter mais ou menos adequado, mas de acordo com as garantias de certeza que elas nos oferecem. Desse ponto de vista sua perfeição será o serem apodíticas, isto é, excluírem de antemão toda dúvida imaginável como desprovida de sentido" (Husserl).

Nunca é demais insistir na delimitação do papel da demonstração, ou do estabelecimento do fato experimental no edifício científico. A demonstração é feita para *criar a evidência* e não para substituí-la, ela não existe por si mesma, ela é destituída de valor intrínseco. Pode-se dizer, segundo uma observação de Souriau, que a demonstração serve para *propagar* a evidência de um ponto a outro da rede cognitiva, para contaminar de evidência o "teorema" a partir de seus materiais.

Em sua notável obra de Matemática destinada a não-matemáticos que tiverem de *fazer uso dela,* Brillouin diz:

"A lógica faz a beleza da matemática e seu atrativo para os espíritos dedutivos, sensíveis à perfeição de um ordenamento metódico. Mas nem todos os cérebros são construídos segundo o mesmo modelo, felizmente, e muitos espíritos são rebeldes ao método lógico, raciocinam mais por intuição. Determinada proposição lhes parece evidente e para que, então, demonstrá-la! uma outra os desgosta, a demonstração de sua exatidão não os convencerá, pois a convicção não se encomenda, é um fato psicológico. Um exemplo, uma explicação, poderão dirimir a dúvida, lá onde uma dedução friamente lógica deixava o ouvinte insensível..."

A demonstração exerce na construção científica a mesma função que os pilares, as vigas e a ossatura do edifício que não têm interesse senão *para* suportar e pôr no lugar *alguma coisa,* sem o que o edifício ficaria desprovido de significação, e cujo papel é tanto melhor cumprido quanto se dissimulam, ou melhor, desaparecem, diante da substância do edifício.

Não sendo em si mesma senão um meio de acesso à evidência, de assimilação de uma "verdade", ou de uma "proposição", o objetivo próprio da demonstração, o signo de sua eficácia, será seu ulterior desaparecimento em face da proposição que ela contribuiu para estabelecer. O fato integrado na ciência pertence a um campo discursivo de evidências no qual a demonstração que serviu para pô-lo no lugar se elimina em um estágio suficientemente acabado, pois o fato permanece sustentado pelo conjunto de fatos conexos.

Isto é particularmente visível nas ciências físicas e químicas: a experiência heurística tal como se apresenta ao pesquisador é, ao contrário do que nos pretende fazer acreditar o dogmatismo científico, aleatória, difícil de efetuar, amiúde delicada e sutil, muitas vezes difícil de reproduzir, por exemplo por motivos financeiros (experiência de Michelson) ou por variação das condições de ensaio; basta lembrar os reparos pertinentes de Meyerson sobre a dificuldade das experiências de cursos que visam "demonstrar", isto é, mostrar a principiantes fatos "puros" que, por motivos pedagógicos ou outros, não se lhes quer fornecer em nome do princípio da autoridade.

Na realidade, o valor de uma experiência de pesquisa repousa bem mais freqüentemente do que se diz na autoridade reconhecida por seus pares do pesquisador que a realizou: "Z mostrou que..." e nenhum outro pesquisador refez desde então suas experiências, pois cada um tem suas ocupações e seus trabalhos próprios. O valor das experiências de Z fundamenta-se, pois, no fim de contas, durante um prazo considerável, amiúde muitos anos, no *crédito* que lhe concedem. Estando por definição na vanguarda do progresso, na orla da terra incógnita, essas experiências não podem participar da solidez dos conhecimentos estabelecidos e sua labilidade constitui muitas vezes o desespero dos pesquisadores sem por isso reagir notavelmente sobre a rede de idéias, semideduções, induções de probabilidades que levou seu autor a adquirir uma certeza que só lhe resta partilhar com o público científico, adotando o papel de um *advogado*. Ao contrário, o fato estabelecido integra-se sem a menor dificuldade na rede dos conhecimentos adjacentes, eles se sustentam um ao outro, e a "mostração" laboriosa, esta construção fora de prumo, se reduz pouco a pouco ao papel de experiência de curso para desaparecer completamente no momento em que a técnica e as aplicações se apoderaram do "fenômeno" para convertê-lo em um elemento de evidência: assim nenhuma experiência será fornecida por um eletricista a fim de "demonstrar" a lei de Ohm.

Bruhat (Tratado de Eletricidade), a propósito da lei de Ohm, diz: "Não indicaremos nenhuma lei experimental da lei de Ohm. É a lei fundamental que está na base de todas as mensurações elétricas e o fato de se poder efetuar essas medidas sem desembocar em contradições fornece uma verificação permanente da lei, que podemos considerar como extremamente precisa, dada a precisão das medidas elétricas";

A propósito dos fenômenos de indução (loc. cit., p. 350), retoma o mesmo ponto de vista: "Não indicaremos verificação experimental da lei fundamental da indução. Ela é constantemente utilizada para o cálculo dos geradores de eletricidade, assim como em um grande número de medidas das quais estudaremos algumas: esses cálculos e essas medidas fornecem uma verificação permanente da lei".

A aplicação técnica, prova da eficácia das leis do Universo teórico na modificação do Universo sensível, é a melhor demonstração possível dos fatos: elimina, como supérflua e de qualidade psicológica duvidosa, a demonstração propriamente dita no sentido heurístico ou no sentido didático e acentua a coerência universal teórica como valor fundamental.

§ 4. — PAPEL DA DEMONSTRAÇÃO NAS CIÊNCIAS TEÓRICAS

Poder-se-ia retomar, com restrições superficiais, a mesma análise em uma ciência de pura lógica formal como a geometria ou a álgebra. A separação efetuada por um certo modo de pensamento matemático entre "Teorema" e "demonstração" conserva muitas vezes um aspecto artificial que não reencontramos quase nas matemáticas "em ação", por exemplo em uma teoria física onde se apela mais freqüentemente para uma fórmula: "A fórmula de Green aplicada à equação (6)..." do que a um "teorema" formalizado. O corte na continuidade fluente do raciocínio lógico que faz o "teorema" escrito em itálico à testa de sua demonstração, significa discernir aí *nós* de importância desigual que na realidade se apresentam mais como etapas didáticas preciosas do que como elementos do real mais "importantes" que os outros; afinal, se a demonstração é uma cadeia, todos os seus elos devem ser igualmente importantes do ponto de vista da lógica formal, visto que a falência de um deles basta para rom-

Fig. II — 1: A imagem clássica da demonstração a assimila a uma cadeia cujos elos, se não são igualmente grandes, são igualmente importantes.

per a cadeia. Eis por que essa imagem de uma cadeia racional, tão amiúde empregada (Fig. II-1) nos parece infiel: trata-se bem mais de uma *rede emalhada* onde os "teoremas" formam os nós da rede (Fig. II-2), isto é, sítios onde, qualquer que seja o fio seguido, a gente passa com mais freqüência do que outros, pois fios distintos da dedução neles se entrecruzam; os teoremas são aí verdadeiras encruzilhadas do pensamento lógico e das etapas estruturais que emergem espontaneamente para a atenção na complexidade da rede.

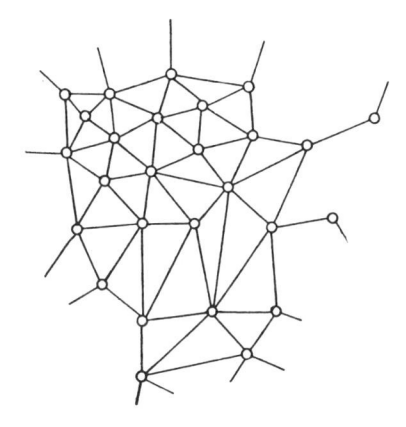

Fig. II — 2: Uma imagem mais adequada da demonstração é dada por uma rede emalhada multidimensional cujos nós são conceitos-encruzilhadas.

Eles podem constituir pontos de partida de um novo périplo: sua importância, em todo caso, se estabeleceu objetivamente. Aliás, o fato de um fio romper-se (uma demonstração falsa ou mal feita) não põe de modo algum em perigo o conjunto da trama nem o valor dos "teoremas", o que é efetivamente o caso.

Assim, a *demonstração* reveste um aspecto ocasional, de circunstância ("casual") de segunda ordem com respeito aos nós reais que formam o importante da construção lógica; ela é, aqui também, um modo de realização da evidência e é eliminada ou passa ao segundo plano de visão no edifício definitivo. As demonstrações dos casos de igualdade dos triângulos desaparecem no espírito do geômetra em face dos casos mesmos de igualdade, que acabam por ser conhecidos intuitivamente: serviram apenas para cultivar e desenvolver a "intuição de evidência" do caso de figura. Se se pede ao geômetra para demonstrar um deles para alguma aplicação pedagógica, ele *inventara* na hora uma demonstração qualquer, nem sempre rigorosa aliás, e cuja qualidade, como o dissemos mais acima, *se medirá por sua adequação* ao espírito e aos conhecimentos do indivíduo ao qual se dirige. Isto significa que a evidência estabelecida do fato se destacou das evidências elementares com as quais fora construída para adquirir uma *autonomia* que marca sua importância: em sua visão interior do campo discursivo, o lógico vê melhor os nós do que os fios que os ligam.

§ 5. — QUALIDADES INTRÍNSECAS DE UMA DEMONSTRAÇÃO PSICOLOGICAMENTE CONVINCENTE

As considerações que precedem e em particular o bosquejo do ponto de vista que consiste em considerar estabelecimento do fato, mostração ou demonstração como uma *mensagem* submetida às leis gerais da Teoria das Comunicações levam a enunciar algumas regras relativas ao que se pode considerar como *boa* ou *má* demonstração, *de um ponto de vista estritamente psicológico,* estando a lógica formal no caso fora do assunto.

Como seu papel é o de criar a evidência, é pela qualidade e solidez dessa evidência que se julgará seu valor. Uma boa demonstração será *curta,* partirá dos pontos *mais próximos* definitivamente estabelecidos na rede dos conhecimentos do receptor, sem considerar se o foram pela intuição, pela experiência ou pela lógica dedutiva. Como a qualidade dos elementos de evidência que ela empregará reage diretamente sobre o valor convincente do conjunto, a boa demonstração há de ser *muito estruturada,* isto é, sua estrutura será imediatamente perceptível, pois as sinuosidades de raciocínios, lemas e outros ramos adjacentes ou suportes demonstrativos exercem sempre o mais deplorável efeito sobre a convicção. Ela será portanto imediatamente assimilável e memorizável, ela se ligará diretamente por aplicação, contigüidade ou transposição da linguagem ou das formas de equações, a fatos conhecidos de outra parte para se integrar nesses em uma textura homogênea. Ela será enfim, *na medida em que isto não seja contraditório com o item acima,* a mais geral possível (papel das grandes teorias e dos teoremas da termodinâmica, o da densidade da energia, por exemplo). *Só quando preenchidas todas essas condições* é que ela manifestará o cuidado do rigor, tradicional por exemplo entre os matemáticos, e ao qual o princípio de autoridade supre facilmente no ensino: não há nada mais desorientador para o jovem estudante que a demonstração de fatos que ele considerava já evidentes e parece às vezes preferível deixar a preocupação com o rigor formal e o exame das bases desenvolver-se espontaneamente no indivíduo receptor.

Em sua forma mais perfeita, a demonstração está destinada a ser eliminada do campo de visão do receptor para dar lugar à evidência que ela criou; por isso o lugar deixado à demonstração é exagerado na maioria das obras científicas. B. Russell diz a propósito:

"As demonstrações não deveriam ser apresentadas com toda a sua plenitude pedante. Em Geometria, em lugar do aparelho penoso de falaciosas demonstrações de truísmos evidentes que constitui a estréia da geometria de Euclides, o leitor deveria ser em primeiro lugar autorizado a pressupor a verdade de tudo o que é evidente e se deveria ensinar-lhe a demonstração de teoremas ao mesmo tempo notáveis e fáceis de verificar por uma figura real (...) Assim, cria-se a fé e faz-se constatar que o raciocínio pode conduzir a conclusões notáveis e entretanto verificadas pelos fatos."

Esse esquema psicológico do conhecimento científico e de sua difusão é muito diferente daquele — mais ou menos subentendido — que nos sugere a própria ciência que se apresenta como acessível a todos, universal e universalmente verificável, perfeitamente inteligível etc... condições que, de fato, nunca são satisfeitas e representam simplesmente um alvo, um ideal de princípio, uma tendência que dá seu estilo e seu valor a esse modo de conhecimento. Ele minimiza o papel do conceito de "verdade" que passa do grau de valor absoluto àquele, mais modesto, da percepção que surge quando da confrontação do mundo teórico e do mundo das sensações. O acento é posto sobre a coerência universal, sobre a concordância dos elementos de convicção entre si, sobre as noções de ordem e de construção, em detrimento do conceito de verdade que não tem quase valor operacional sério. A introdução de uma "taxa de coerência", análoga à taxa de autocorrelação, entre duas proposições ou conjuntos de proposições pertencentes ao edifício científico apresentaria, no estado atual da ciência, um interesse superior ao do conceito de verdade. Essa taxa que seria próxima de 1 nas ciências físicas decresceria nas ciências biológicas, tornando-se muito reduzida, por exemplo, em sociologia ou economia política onde, no momento atual, duas teorias incoerentes ou mesmo contraditórias sobre a mesma questão podem ser igualmente proveitosas para o desenvolvimento desse ramo do saber e portanto subsistir lado a lado. Dir-se-á por isso que a sociologia é menos "verdadeira" que a física teórica? Há aí uma espécie de medida da evolução de uma ciência.

Seremos pois levados a retomar assim a idéia de W. James: a "verdade" é a cotação do valor de um conceito nessa Bolsa das ações científicas que a técnica representa, pois esta, em sua ação com vistas a modificar nossas sensações, coteja permanentemente a concordância do mundo teórico e do mundo das sensações. A verdade é a percepção dessa concordância e mede o valor do ato efetuado pela técnica segundo o esquema do universo teórico.

§ 6. — CONCLUSÃO

1), A ciência acabada, o Universo científico existente, apresenta-se à nossa visão interior sob o aspecto de uma rede emalhada de conhecimentos coerentes, fortemente estruturada, cujos fios são a "demonstração" ou a "mostração": o estabelecimento dos fatos.

2) Há grande diferença entre essa ciência acabada e seus modos de edificação, ao mesmo tempo diferença de coerência interna e diferença psicológica sobre a importância relativa da demonstração ou da experiência.

3) O *quantum* dessa estrutura é a *evidência* que brota do interior de nós mesmos como um acordar com o Universo e que não é jamais coerção externa, lógica ou outra coisa. É também o fim dessa estrutura: a evidência é o estágio último do conhecimento, o objetivo do conhecimento científico é o de integrar o real mais complexo na evidência.

4) A demonstração é a construção da evidência de um fato a partir de evidências elementares possuídas pelo receptor, ela se apresenta como uma mensagem de um indivíduo a outro e deve levar em conta seu repertório *comum* de conhecimentos.

5) A demonstração não tem valor por si mesma, ela é reabsorvida no campo discursivo quando desempenha seu papel e cria a evidência.

6) A verdade é o sentimento de concordância que nasce da confrontação do mundo teórico e do mundo das sensações ao instante em que se quer agir sobre este por meio daquele. Ela exprime o valor operacional do conceito assim colocado em ação.

7) A *coerência* interna que é a superação da contradição é a medida do estado de acabamento de uma ciência qualquer.

8) Enfim, o acento deve ser posto no valor psicológico da demonstração que está em estreita ligação com seu valor estético. Há sempre várias demonstrações intercambiáveis, só o pedagogo ou o lógico reconhecem nestas uma "melhor" — não é aliás a mesma em geral.

Esse estudo psicológico da ciência acabada nos permitirá abordar o da criação científica que é o objeto próprio da presente obra.

3. Estudo dos Mecanismos Reais da Criação Científica

Há uma coisa mais importante que as mais belas descobertas: é o conhecimento do método pelo qual são feitas.

LEIBNIZ

§ 1. – CRÍTICA DA LÓGICA FORMAL

Os capítulos anteriores estabeleceram a perspectiva pela qual abordaremos o problema da pesquisa científica. Eles nos mostraram que a ciência moderna é bem melhor apreendida como uma *criação ex nihilo intellectus* do que uma *descoberta* do mundo exterior.

Na medida em que é a inteligência que cria o mundo, torna-se mais natural *a priori*, a fim de conhecê-lo, analisar os processos criadores do espírito do que tentar depreender abstratamente as linhas gerais do edifício, tentativa sempre algo acadêmica – encarregando-se a ciência, em princípio, – de efetuar ela mesma todas as sínteses necessárias a um retrato atual desse edifício, isto é, a uma tomada de consciência do Universo existente. Retomando uma imagem que já nos serviu, diremos que aprendemos provavelmente mais quanto à maneira como o edifício é construído interrogando os arquitetos do que nos entregando a um estudo de estilística, a cada instante ultrapassada.

O estudo particular efetuado no capítulo anterior dos elementos psicológicos, cuja trama forma nosso conhecimento eidético do Universo, pôs em primeiro plano a diferença de princípio, quase a oposição, entre ciência acabada e ciência em feitura, sugerindo não haver razão *a priori* para que os processos de construção dessa rede de evidências, a ciência "formalizada" que se condensa nas publicações, nas exposições e nos manuais, coincidam, de alguma maneira, com as formas construídas. Trata-se aí de duas coisas distintas: o edifício e o modo de construção. As relações entre o plano do edifício e as técnicas da construção, se elas existem, não podem de maneira alguma ter o caráter de uma coincidência: não se trata da mesma coisa.

Em outros termos, como Störring o mostrou a propósito de raciocínios tão simples quanto os silogismos, *as leis dinâmicas do pensamento não são absolutamente as leis da lógica formal.* As leis da lógica, cadeias de evidências, raciocínio matemático nas ciências mais avançadas, são as que constituem o edifício da ciência estática do passado — por recente que ele seja. As leis da "ciência dinâmica" do progresso são inteiramente outras, não pertencem *a priori* à lógica, não há razão para que os mecanismos do espírito sejam aqueles mesmos que poderiam assimilar uma máquina e silogismos; não há razão, salvo revisão ulterior de nosso juízo, para supor que nosso espírito em seu mais complexo funcionamento seja assimilável à mais simples das máquinas de calcular.

Tomemos o silogismo de Dürkheim citado por Ch. Blondel: "Faremos da sociologia uma ciência como as outras. Ora, toda ciência é ciência de *coisas,* logo os fatos sociais são *coisas".* É evidente que esse soberbo silogismo não é nada mais senão um modo de apresentação destinado a arrastar o leitor para a convicção do próprio autor, mas que o valor permanente da frase reside na afirmação categórica "os fatos sociais são coisas"... e se não o são completamente, nós nos limitaremos em todo caso a considerá-los como tais: operaremos no real adotando um ponto de vista, uma hipótese de trabalho. Como a verdade de uma idéia contém sua importância (Comte), construiremos essa verdade ao mesmo tempo que a ciência sociológica.

Em suma, o silogismo racional não é aqui outra coisa senão um modo de apresentação discursivo.

§ 2. — O ATO DE JULGAMENTO

Sob esse ponto de vista, Arnold Reymond descreve o ato da criação intelectual discursiva concebido como seqüência de juízos a *priori,* pela oscilação cíclica do espírito entre tais juízos e a posição da realidade fenomenal, ciclos sucessivos que criam um encadeamento de fatos colocado em paralelo com o encadeamento dos juízos segundo o esquema abaixo.

Assim duas progressões entram em correspondência através das ligações verticais e A. Reymond observou, por exemplo, que a alienação mental pode exprimir-se por uma cesura dos termos verticais.

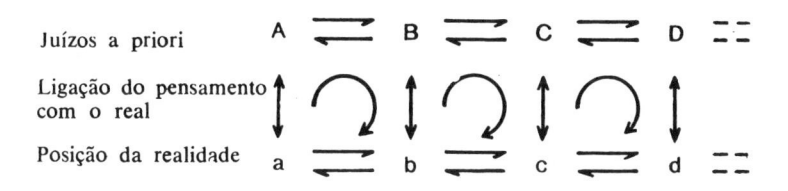

Juízos a priori

Ligação do pensamento
com o real

Posição da realidade

Esse esquema extraordinariamente claro do pensamento criador discursivo ao qual se aplica a regra de Descartes que nos convida, dentre "as longas cadeias de raciocínios inteiramente simples e fáceis..." a escolher para começar a mais fácil, ou a de Pascal "substituir o definido pela definição" apresenta as dificuldades inerentes ao recurso à noção de "real"; implica uma interpretação, logo um julgamento. Esse processo parece aceito pela maioria dos físicos. Hoyle em recente obra de divulgação diz:

"O método utilizado em todos os ramos da física é no fundo o mesmo, seja na gravitação de Newton, na teoria do eletromagnetismo de Maxwell, na teoria da relatividade ou nos quanta. Ele se decompõe em duas fases. A primeira consiste em adivinhar por uma espécie de inspiração alguma equação matemática (A, B, C do esquema precedente), a segunda consiste em associar (ligação vertical do esquema) os símbolos utilizados nas equações com quantidades físicas mensuráveis (a, b, c do esquema anterior). Então as relações que observamos entre as diferentes quantidades físicas (ligação a, b, etc...) podem ser obtidas teoricamente como solução das equações matemáticas (ligações A, B, etc...)".

O que nos interessa aqui é maneira como nascem tais julgamentos *a priori,* é esta dinâmica do espírito à qual Bachelard nos convida.

De onde vêm esses raciocínios, essas equações "adivinhadas" como fundamentais? Da imaginação do pesquisador por certo, mas isto nada resolve: mediante qual mecanismo emergem eles enquanto julgamentos do subconsciente científico? Por isso completaremos para o emprego que nos interessa no caso o esquema como segue:

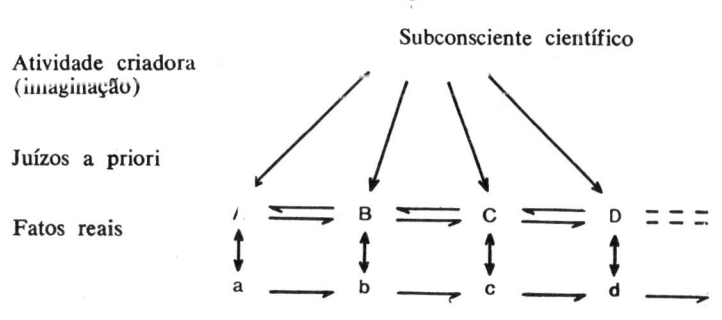

representando o subconsciente como uma espécie de reservatório de conceitos, com o encargo de ver ulteriormente como se encheu o mencionado reservatório.

§ 3. — A DINÂMICA DO PENSAMENTO

O aspecto essencialmente psicológico dessa "dinâmica do pensamento científico" a torna muito mais sutil, muito mais evanescente e aumenta tão consideravelmente a dificuldade de seu estudo que não é de espantar que haja permanecido no infantilismo.

À parte alguns reparos pertinentes de Hegel, William James, Spearman e os trabalhos mais recentes dos psicólogos do campo (Wertheimer, Maier), pouquíssimas tentativas foram feitas nesse sentido, mesmo para o aplanamento ou a classificação, estágios dos mais elementares de um conhecimento, e os raros cientistas que intentaram uma introspecção sobre seu próprio processamento mental na descoberta, muito mal preparados em geral por uma educação formalista e abusivamente silogística, não puderam, diante da dificuldade de reduzir esses processos lábeis à rigidez formal da lógica tradicional, senão concluir pela impossibilidade de tirar deles resultados positivos quaisquer (Hadamard).

Daí a concluir, como faz Homer Dubs, "que os métodos da investigação intelectual são desprovidos de lei" e que convém concentrar-se nos métodos de provas vai uma grande distância, sendo aliás a sua frase em si mesma contraditória: se não há leis, não há "método", mas jogo de fantasia pura, e parece abusivo disfarçar uma confissão de impotência em uma afirmação de inexistência. Precisamente os recentes progressos da ciência da linguagem, da psicologia em geral e da *Gestalttheorie* em particular, da psicanálise individual e social, parecem indicar uma revisão muito séria das idéias reinantes no domínio, preparando o esboço de uma doutrina.

Sem dúvida foi possível objetar que, não sendo a inteligência apenas um objeto a conhecer, mas ainda o meio de conhecê-lo (Brunschvicg), o conceito de uma ciência da ciência é em si mesma paradoxal, visto que, entrando nas ciências, deve obedecer às suas leis e em particular às da lógica formal. No entanto, existem domínios, doravante integrados na ciência, por exemplo a *Tiefpsychologie* ou o estudo dos ritos e dos costumes das civilizações primitivas, que seguem sistemas de implicação ou de dedução sem qualquer vínculo com a lógica e cujo principal elemento lógico está contido na linguagem com a qual são expressos, que faz aliás sentir muito amiúde sua cruel inadequação (Margaret Mead, Marcel Griaule). Por isso o paradoxo de uma "ciência da dinâmica científica" não é senão aparente. Pertence ao mesmo jogo de báscula dialética que o papel da evidência estudado no capítulo precedente, muito bem iluminado por Husserl: a lógica é prática, baseando-se na evidência, ela é uma técnica de aplicação da psicologia, mas a própria psicologia faz parte das ciências, é estudada como ciência e visa em um estágio assaz avançado a reduzir-se a uma construção de lógica matemática, isto é, aos elementos de evidência, é um jogo de báscula, que a fenomenologia deseja ultrapassar em uma tomada de consciência, mas que, no fim de contas, não atrapalha de maneira alguma a ciência cujo fundamento é, segundo Whitehead, o conceito de *organismo*.

§ 4. — A COMPLEXIDADE

Nunca seria demais insistir sobre a *complexidade* desse organismo, já assinalada no capítulo I como uma das características mais evidentes da ciência atual. Tal complexidade se manifesta superabundantemente no caráter artificial que acompanha muitas experiências ou raciocínios por demais simples, pois só artificialmente se pode extrair do real processamentos simples do espírito.

Parece residir aí uma das causas mais importantes de erros da filosofia científica que ignora deliberadamente a complexidade como um fato, por motivos variados: falta de relações diretas do filósofo com a técnica, necessidades da exposição a um público não-especializado, escolha de casos elementares que a realidade prática afogará em um conjunto de interação. Ora, quando um problema científico perdeu sua multiplicidade essencial, está a ponto de ser resolvido, encontra-se quase no estágio das matemáticas. No fundo, o antigo fato científico, este belo fato bem isolado sobre uma mesa de laboratório, essa espécie de "coisa em si", perde muito de seu valor na ciência ou na técnica atual onde a psicologia, sociologia etc... assumem um lugar cada vez mais importante e onde o cientista não é mais senhor das condições circundantes e dos parâmetros. Ele já se julga muito feliz quando consegue não ter mais que uma variável principal e conter as outras em limites razoáveis; seu trabalho já se acha muito avançado! Por isso a ciência "clássica", esta magnífica coleção de fatos estabelecidos, rotulados, repartidos em parágrafos ou em capítulos nos tratados, demonstráveis por uma experiência de curso, nos parece dar muitas vezes uma imagem bem artificial do real.

A potência limitada dos meios técnicos outrora disponíveis constituía fora de dúvida uma das causas principais dessa esquematização arbitrária do real em experiências simples cujo total dificilmente atingia uma integração qualquer; isso provocava, no ensino por exemplo, uma sensação de insuficiência que parece ter sido um dos elementos das laboriosas discussões filosóficas sobre as relações entre mundo teórico e mundo real, evocadas no capítulo I. Faz apenas algumas décadas que o conhecimento tomou deliberadamente esse aspecto de ciência total, integradora, que é sua razão de ser e remeteu para segundo plano as discussões sobre diferenças entre universo real e universo teórico.

A limitação, provisória, também ela, do poder do conceito precisa ser invocada a fim de explicar, diante de uma Natureza que zomba das dificuldades analíticas, as insuficiências da Matemática aplicada tão amargamente denunciadas pelo Físico ou pelo Engenheiro:

"As matemáticas partem para o mundo em busca de problemas simples para resolver." (Brunschvicg).

Há nessa pesquisa uma verdadeira deformação de espírito — um "matematismo" em que o cientista acaba por considerar — às vezes explicitamente — o mundo como pretexto para colocar problemas de matemática — sem deixar de pretender ser um físico — pois encontra nisso um conforto intelectual que a complexidade do real lhe recusa.

Enquanto teórico, vê-se nessa recusa do complexo ou do obscuro uma forma da atitude de gratuidade em que o matemático se recusa à coerção da natureza física para *escolher* problemas a seu alcance, ponto de vista cuja importância já assinalamos.

§ 5. — A GRATUIDADE

Assim, para o matemático, a gratuidade habita na *escolha dos problemas,* mas para o estudioso da natureza, a gratuidade se mantém ao contrário no *modo de solução* dos problemas que se impõem de fora. De toda maneira, o que nos importa aqui é que deparamos na base de um arbitrário. Se este se manifesta mui diferentemente em um ou em outro, é que a complexidade coercitiva do mundo dos fenômenos se opõe à simplicidade dos conceitos racionais que, saindo como "produtos fabricados" de um espírito humano, estão inteiramente preparados para serem manipulados por um outro espírito humano. Ao passo que o matemático só resolve problemas bem colocados, o físico se especializa na resolução de problemas mal colocados e o estágio principal dessa resolução será a *verificação pelo real,* que forma a marca essencial do espírito da Física.

Essa tarefa de seleção do real, de esquematização e caracterização é uma volta para dentro de si mesmo efetuada pelo cientista forçado a perguntar-se "O que é que me interessa?" e a fazer um *esquema caricatural* do fenômeno respeitando ou mesmo exagerando todos os traços essenciais mas cujo estilo será, em larga medida, arbitrário, função unicamente da pessoa do pesquisador. É nesse *estilo* que reside a gratuidade da solução trazida pelo investigador, do itinerário que ele proporá através dos silogismos. Determinado pesquisador se cingirá a quantificar fenômenos ou a integrá-los em um quadro de equações para tornar a passá-los ao matemático, outro fará variar nele os parâmetros mais acessíveis ou efetuará um primeiro desembaraço dos fatores mediante um método de correlação, um terceiro tomará de um fato físico o aspecto estatístico, outro ainda, o aspecto de experiência reprodutível em laboratório etc...

Exemplo: Um problema de ciência aplicada é levantado pela técnica de exploração de veículos a trole: ao desgaste localizado de fios de contacto que determina sua ruptura e substituição quando 96% do comprimento da linha permanecem em bom estado. Um problema econômico-científico apresenta-se: um economista pode estudá-lo por meio da estatística e das noções de política financeira da empresa (modo e prazo de recuperação do cobre). Outro pesquisador se esforçará por evidenciar o fenômeno físico medindo a pressão dos troles de contacto sobre os fios e suas variações locais em função da velocidade, do estado dos fios etc... Outro, de espírito teórico, verá aí a oportunidade para um problema de vibrações de vigas em apoios semi-rígidos e tentará resolver completamente o referido problema de mecânica não-linear. Um outro enfim se absterá pura e simplesmente de tomar partido sobre as causas e o mecanismo do fenômeno e procurará, por sua vez, um aspecto metalúrgico, esforçando-se por precisar objetivamente os motivos pelos quais uma região determinada dos condutores é suscetível de ser submetida ao desgaste e por remediá-lo aumentando localmente a dureza dessas regiões por um tratamento superficial apropriado. Vê-se, aqui ao mesmo tempo, a multiplicidade das questões que um problema prático é capaz de suscitar, a diversidade dos pontos de vista que engendra em pesquisadores de mentalidade diversa, a *gratuidade* enfim, pois quase todos esses estudos são passíveis de adiantar substancialmente ou até de resolver o problema técnico colocado, nenhum há de ser inútil para a técnica, todos hão de fazer progredir as ciências.

O exemplo acima nos indica a importância que poderá assumir o caráter do pesquisador, importância que reencontraremos no Capítulo 8.

§ 6. — A ATITUDE CRIADORA

Tudo isso nos conduz a uma pesquisa dos modos criadores do pensamento científico, a um inventário dos elementos que intervêm no julgamento tal como no-lo apresenta A. Reymond, devendo o conjunto constituir uma espécie de "psicanálise da invenção", no sentido de Bachelard.

Tentemos em primeiro lugar para tanto colocar nosso espírito em uma situação análoga à do pesquisador, recriar em nós essa atitude do cientista utilizando os dados depreendidos nos capítulos anteriores.. Situemo-nos pois em um clima de gratuidade essencial e de disponibilidade do espírito, no centro de um campo perspectivo dos fenômenos ou dos conceitos que constitui a quitação de partida. Esse "ponto origem" é o "assunto", o "tema", da pesquisa.

Propelido pelo motor de uma *atividade intelectual* que tomaremos provisoriamente como dado de experiência (cf. cap. 8, 9), e que se pode chamar seja *curiosidade,* seja *desejo de pôr ordem* no mundo, seja *sensualidade do racional,* o pesquisador tentará, com uma *mentalidade lúdica,* reunir conceitos uns com os outros, por ligações onde a lógica formal tem pouco, ou nada, a ver com o *status nascendi* em que nos colocamos por hipótese. Personalidades tão diversas como Poincaré, Nietzsche etc... sublinharam essa *mentalidade lúdica* que torna o cientista parecido a uma criança pequena diante do mundo e constitui o elemento determinante do espanto renovado, da curiosidade, da espontaneidade.

Aliás, a *gratuidade* da construção científica, ao menos em sua origem, nunca será bastante acentuada: quer se trate de ciência pura ou de aplicações, trata-se sempre de problemas *gratuitos,* pois a coerção intelectual só pode emergir quando o rumo já é dado a "forma" posta em construção, o esquema já começado. Salvo talvez em matemática onde a escolha é justamente a maior, porém a mais explícita, essa forma, esse esquema, essa direção, não existem originalmente, pois são precisamente elas que pretendemos ver emergir: é a gratuidade que condiciona o nascimento da mentalidade lúdica.

Assim irá emergir uma *forma mental* amiúde frágil, mas fácil de renovar, constituída pela ligação de um número de conceitos muito restrito (3-4-6), pois a capacidade do espírito humano tem limites estreitos, lá onde não dispõe ainda de marcos de apoio ou de escoras "logicizadas". Essa *forma,* retida por uma memória extremamente fugaz, será examinada, julgada, rejeitada ou modificada constantemente e ganhará pouco a pouco densidade, *solidez* ao se carregar de razão: ela merecerá nesse momento o título de *pensamento*, sem a menor preocupação nem com a verdade nem com a verificação — que não é senão uma crise de crescimento do Pensamento (Leroy), mas numerosos perigos a ameaçam: na primeira fila dos quais a razão, a precisão e talvez mesmo uma clareza demasiado esterilizante. Leroy o disse de maneira excelente:

> "A invenção se realiza no enevoado, no obscuro, no ininteligível, quase no contraditório. É nessas regiões de crepúsculo e sonho que nasce a certeza. Um cuidado malfadado de rigor e precisão esteriliza mais seguramente do que não importa qual falta de método."

Sem dúvida cumpre juntar a essa expressão a crítica de Lalande: "As obscuridades são fecundas, mas pelo trabalho que provocam a fim de dissipá-las", ao mesmo tempo observando bem que, no processo de formação da imagem conceitual, trata-se já de um estágio ulterior.

Valéry diz do mesmo modo: "É preciso ter alguma desconfiança com respeito a livros e exposições muito precisos; o que está fixado nos engana e o que é feito para ser olhado muda de aparência, se enobrece".

Sobre esses "pensamentos fragmentários" reunidos por liames "metalógicos" é que se vai formar o esquema de julgamento proposto por Reymond, que já é um processo em cadeia a levantar seus elos no reservatório obscuro da imaginação científica.

§ 7. — DEFINIÇÃO DE CRIATIVIDADE

A *Criatividade* é a aptidão de criar ao mesmo tempo o problema e sua solução, em todo caso a de cerrar formas constituídas de elementos disparatados, fragmentos de pensamento, átomos de raciocínio, que denominaremos: *Semantemas*. Aqui retomamos o quadro da teoria da Informação definindo a Criatividade como: *a aptidão particular do espírito no sentido de rearranjar os elementos do "Campo de consciência" de um modo original e suscetível de permitir operações em um "campo fenomenal" qualquer.*

Semelhante definição implica:

1.º A existência de elementos do "Campo de consciência", semantemas ou átomos de significação: signos que nos vêm de nossa cultura, dos conhecimentos fornecidos pela documentação, conceitos abstratos, fragmentos de imagens, tudo o que nos propõe a percepção consciente, com a documentação.

2.º De um "Campo de consciência" onde se apresentam tais formas prévias, em um certo agregado que constitui nossas percepções, podendo ensejar certo deslocamento do signo com respeito ao "Campo". Souriau dizia: "Para inventar, é preciso pensar à margem".

3.º De um "Campo fenomenal" que é um "espaço de configuração" de grandezas físicas, de objetos exteriores, de caracteres mensuráveis ou apreciáveis. O laboratório é um exemplo disso, o campo óptico do telescópio ou do microscópio é outro; trata-se, de maneira geral, do mundo no qual nossos rearranjos dos átomos de percepção, se forem originais, devem não obstante dar lugar a operações exteriores *reais,* o que restringe o jogo fértil das imagens. (Critério do operacionalismo de Bridgmann.)

4.º Finalmente, esses rearranjos devem ser *originais,* é o critério da "novidade", e a recente Teoria da Informação fornece, ao menos em princípio, a possibilidade de uma medida, em base estatística, da originalidade das Mensagens, portanto da originalidade do Texto que resumirá ulteriormente a Invenção *se,* no mínimo, soubermos apreciar a freqüência subjetiva dos elementos que vão compor a Mensagem, isto é, dos Semantemas, em uma cultura dada.

Isso mostra o interesse que há em conhecer melhor tais Semantemas, estes átomos de significação, e de efetuar na cultura de cada dia, no conjunto dos conhecimentos, censos e análises do conteúdo em base estatística: tratar-se-ia aí de uma verdadeira "demografia das idéias". O conceito de semantemas, de átomos, de elementos do sentido é pois essencial. Distinguido originalmente pelos lingüistas, ele pode ser no domínio das ciências do espírito o equivalente da teoria atômica no domínio das ciências da matéria.

Foram os trabalhos sobre a documentação automática e a classificação analítica que o puseram claramente em evidência no conjunto da cultura adquirida: a idéia de "triângulo", de "radical" em química, de "equação diferencial", de "instituição social", de "integral", de "retângulo", de "arco gótico", de "arco romano", de "cornija", de "multidão", de "mass media", de "claro-escuro" são exemplos variados colhidos na matemática, arquitetura, psicologia, arte etc. Os semantemas não coincidem com as palavras, mas com funções mentais elementares amiúde recobertas por palavras ou expressões, mas das quais o espírito às vezes não tem consciência muito clara embora manipulando-as. Constituem o "mobiliário" do cérebro do pesquisador e portanto são o produto de sua educação, de sua cultura, de seus conhecimentos, de seu aprendizado das situações, são a soma do que recebeu.

§ 8. — PAPEL DA LINGUAGEM

Esses pensamentos, brutos, fantasistas, permanecem entretanto estreitamente condicionados, *modelados*, pela linguagem que é ao mesmo tempo reservatório de conceitos imaginários e dos modos, ainda que apenas gramaticais, de agregação. "O pensamento não pode ser mais preciso do que a linguagem do qual ele se serve." (Miller, p. 299.)

A gramática nos aparece então como uma *infralógica*, como o primeiro impacto da razão e da sociedade sobre o pensamento mais íntimo e mais individual. Assim a linguagem é criadora autônoma, primeiro através da concretização das palavras que conduz a uma seleção de conceitos na multidão das imagens que emergem confusamente do espírito, em seguida através da modelagem gramatical que ela provoca, primeiro ordenamento que reflete o impacto da vida social sobre o pensamento individual. A linguagem é realmente aqui *criadora de intuição*. Toda idéia se desenvolve em um texto verbal pela simples aproximação de algumas palavras segundo as leis elementares da gramática; ela assume forma e sua orientação ulterior se vê por isso, devido a esse fato mesmo, determinada. É o verbo que vai traduzir por exemplo a "percepção de causalidade" apresentada por Michotte para lhe dar corpo e tirá-la do inconsciente.

Tal mecanismo se traduz na teoria da linguagem pela noção de "probabilidade dos poligramas". Sejam p_1 p_2 ... p_j as probabilidades unitárias de extração ao acaso de uma palavra 1, 2, ... j, ... n em um repertório verbal; essas probabilidades são, no ato do pensamento, fixadas pelo impacto do fenômeno sobre o campo de conhecimento do pesquisador: sua distribuição para cada palavra é uma imagem racional do que se produz no espírito daquele. Tomemo-los aqui como dados e assimilemos o ato de pensar à extração de uma série de palavras que devem formar uma frase: a extração da palavra subseqüente à primeira far-se-á, não mais segundo as probabilidades p_1, ... p_n, mas segundo as probabilidades de digramas: p_{10}... p_{ij}... p_{mn}; isto significa que o primeiro sorteio modificou as distribuições de probabilidades do segundo, que está ligado estatisticamente ao primeiro. A terceira palavra será extraída de acordo com as probabilidades "de trigramas" p_{ijk}... $p_{ijk...1}$ etc... ainda diferentes (Fig. III-1) e assistimos com a restrição progressiva das

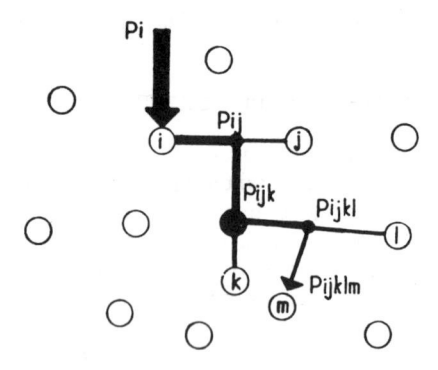

Fig. III — 1: Constituição de uma frase de 5 elementos signi-
ficativos (palavras) reunidos ao acaso, a primeira operação é a
seleção p_i do símbolo i segundo a probabilidade p_i; a extração da
palavra seguinte j é determinada parcialmente pela escolha já efetuada
da palavra i, ela tem portanto uma probabilidade de digrama P_{ii}.
De p_{ij} a extração do símbolo k se faz segundo as probabilidades
de trigrama p_{ijk} até o último p_{ijklm} da frase. As probabilidades de
associação crescem bastante depressa após um certo grau (clichês e
idéias feitas)

$$p_{ijklm} — M (p_{ijkl}) — L (p_{ijk}) — K (p_{ii}) — J (p_i)$$

com provavelmente:

$$p_{ijklm} < p_{ijkl} < p_{ijk} < p_{ii} < p_i$$

e:

$$p (ijkl) \; m > p_{ijkl} \qquad p (ijk) \; l > p_{ijk}$$
$$p (ij) \; k > p_{ij} \qquad p (i) \; j > p_i$$

probabilidades de escolha, reduzindo a influência do contexto, à criação de uma *forma verbal* que implica ela mesma
em seu desenvolvimento ulterior: em outros termos, há uma
certa autocorrelação na seqüência das palavras. Um pensamento em formação é uma reunião de palavras *pejadas* que se
completam por si mesmas orientando-se para uma "boa forma". Essa escolha de seqüências de palavras está a cada
instante ligada ao conteúdo latente do pensamento e elas se
determinam reciprocamente, o que assinala a diferença com
o "milagre dos macacos datilógrafos" de Borel que não leva-
va em conta essa noção de freqüência de ocorrência expressa
pelas probabilidades ligadas (processo estatístico de Markoff)
(p. 7).

    Essas probabilidades de poligramas, que regem a for-
mação das expressões verbais, não são constantes; elas possuem valores médios que resultam da estrutura da língua, mas
diferem segundo o indivíduo, segundo sua cultura (influência
da imagem do mundo teórico assimilado por este) e segundo

sua experiência do momento; por isso não se deve considerar o mecanismo descrito senão como um modo de apreensão do pensamento ´verbal. Tal modo de apresentação sublima claramente o papel dos valores *médios* de probabilidade dos poligramas, segundo a influência da linguagem — ser social — sobre o pensamento individual mesmo o mais *criador*: é por um desvio probabilístico na escolha das palavras reunidas que o pensamento manifesta sua originalidade, mas esse desvio conserva por sua vez, obrigatoriamente, vestígio de sua fonte social.

Esse modo de tradução do pensamento aqui aplicado ao pensamento verbal deve estender-se a toda reunião de símbolos mentais. Em particular, aplicar-se-á *in statu nascendi* ao pensamento simbólico, por exemplo matemático, onde a coerção lógica intervirá em um estágio muito mais precoce, e ao pensamento por imagens reunidas que é costume qualificar de *imaginação*. Denominaremos mais precisamente "imaginação" a capacidade do espírito de criar rapidamente *formas numerosas,* sejam elas verbais, visuais ou simbólicas, e de eliminá-las tão depressa quanto elas são destruídas pela razão a fim de substituí-las por outras em um fluxo contínuo: a imaginação nos aparece então como um *processo estocástico*.

Observar-se-á que no estágio inicial do pensamento bruto aqui descrito, não se coloca, absolutamente, a questão da "verdade" dessas imagens verbais, visuais ou simbólicas, constituídas por reuniões que obedecem a uma estatística ordenada. Ela só intervém, com efeito, no curso do processo do julgamento, no controle permanente da coerência da cadeia $A \rightleftarrows B \leftrightarrows C$ etc. Assim "ter imaginação" é ser capaz de fabricar grande número de conceitos, quase instantaneamente destruídos por uma verificação sumária; a imaginação criadora será suscetível de medir imediatamente na família de imagens que desfilam no espírito aquelas que, sendo originais, merecem um exame mais profundo, merecem o título de *pensamento*.

Para ser criadora, uma assembléia de palavras prenhes deve trazer originalidade, isto é, afastar-se precisamente da probabilidade máxima de ocorrência: reincidimos aqui na teoria geral da informação concebida como dialética banal/original. Decorre daí o valor dos *leit motiv,* das fórmulas incisivas e das alianças de palavras novas (*key words*) que os teóricos da linguagem têm amiúde acentuado. Decorre também daí a condenação do "bom senso", do "senso comum", feita de modo tão unânime pela maioria dos criadores em todos os domínios. Whitehead no campo científico especifica:

"Quando as afirmações iniciais são vagas e soltas, a cada estado ulterior do pensamento o bom senso deve inserir-se para limitar a aplicação e explicitar o significado. Porém, no pensamento criador, o senso comum é um mau mestre. *Seu único critério de julgamento é que as idéias novas se assemelham às antigas.* Em outras palavras, atua a fim de destruir a originalidade."

Ora, a uma situação nova deve corresponder uma formulação nova e esta é poderosamente auxiliada pela reformulação segundo outros símbolos (Processos de recodificação de Wertheimer) que os reintegra em uma outra ordem, temporal, espacial ou imaginária, e põem em evidência outras conexões. "O princípio de recodificação é um dos instrumentos mais potentes da ciência" (Miller): trata-se da "reestruturação" dos psicólogos de campo. É o que faz o teórico ao traduzir em termos matemáticos um problema físico ou de um modo mais simples ainda é o que faz o classificador ao estabelecer uma correspondência entre um ser animado e uma divisão de uma classe zoológica; trata-se também do que faz o tradutor modificando um mesmo texto de uma língua para outra, descobrindo nele idéias novas, não sendo absolutamente impossível que algumas dessas passassem despercebidas ao próprio autor, prisioneiro de seu próprio sistema de símbolos literários. Nietzsche o assinala claramente: "A estrutura gramatical de um grupo de línguas torna todas as coisas fáceis para toda uma categoria de sistemas (filosóficos), barrando ao mesmo tempo o caminho a muitas outras".

Daí o interesse heurístico desta transformação que nos sugere que, mesmo na ciência mais abstrata, a abordagem filológica não é *a priori* desprezível. Finalmente, o exame assim desenvolvido do *status nascendi* do pensamento nos leva a sublinhar o papel da linguagem criadora comum à ciência, à arte e à literatura, e a conceber uma comunidade de princípio de todas as formas de atos criadores intelectuais, deixando para segundo plano a variedade dos domínios de aplicação.

É nos métodos destinados a sugerir o esboço do pensamento e na sua aplicação sistemática que tornaremos a encontrar mais precisamente a atitude científica. Tal "metodologia heurística" será o objeto do próximo capítulo.

§ 9. — CONCLUSÃO

1) A diferença enunciada no capítulo I entre ciência *formalizada*: ciência acabada, que encontramos nos textos, e *criação científica é profunda* e *irredutível.*

2) A lógica formal, o racionalismo e o valor verdade desempenham na criação um papel extremamente restrito.

3) A criação científica objetiva encontrar um modo de construção por encadeamento de juízos *a priori* postos em correlação com as sucessivas confrontações com o real visível.

4) Estes juízos *a priori,* as idéias, originam-se de um *status nascendi* do pensamento criador cujos mecanismos são quase independentes do domínio intelectual onde se exercem: ciência, arte ou literatura. Seu estudo deve constituir uma *psicanálise da criação.*

5) Estas idéias são assembléias de conceitos modelados pelas linguagens verbal, visual ou simbólica, e pelas "gramáticas" correspondentes. Irrompem em uma multiplicidade ilimitada nos momentos criadores do espírito, constituindo esta riqueza a faculdade da "imaginação criadora" cujo motor é uma atividade intelectual espontânea.

6) Chamaremos de "infralógicas" os modos de reunião de conceitos verbais, visuais ou simbólicos, as gramáticas das idéias; estes são pejados, isto é, orientam o pensamento na sua elaboração para uma "boa forma". Tais infralógicas constituem o primeiro contato do pensamento com uma coerção racional.

7) A criação de pensamentos conceituais se efetua em um clima de gratuidade essencial, liberada de todas as contigências de razão, de lógica, ou de verdade, em uma *mentalidade lúdica* que é sempre aquela do cientista na origem, mesmo quando se tratam de aplicações técnicas.

8) Finalmente, o estudo do *status nascendi* do pensamento neste reservatório de conceitos e imagens comporta três partes principais:

a) como edificamos os conceitos gratuitos (metodologia heurística);

b) como reunimos os conceitos entre si em um encadeamento (infralógicas);

c) como estabelecemos seu valor, e verificamos seu acordo com o que já sabíamos.

Este será o programa dos próximos capítulos: o de tentar responder às questões a) e b), pois o capítulo precedente nos forneceu algumas indicações sobre a verificação da coerência dos conceitos novos com os conceitos estabelecidos.

4. Os Métodos Heurísticos
(Primeira parte)

Não é da natureza da razão considerar as coisas como contingentes mas como necessárias.

SPINOZA, *Ética.*

Nosso objetivo, nos capítulos subseqüentes, será o de evidenciar os "processos" pelos quais o pesquisador, colocado em certa disponibilidade frente ao campo dos fenômenos, esforça-se por criar aí uma perspectiva, um começo de caminho que está propenso a seguir sob os impulsos motores que lhe são próprios.

§ 1. – LATÊNCIA DA REFLEXÃO E EXPERIÊNCIA PARA VER NO QUE DÁ

Numerosos pesquisadores já assinalaram a existência de um tempo de latência na origem do trabalho científico e certa vacuidade do espírito perante o fenômeno, mas poucos salientaram a maneira pela qual é possível escapar disto. Stuart Mill, com os seus quatro métodos indutivos, esquematização bastante arbitrária da fluência essencial da experimentação, encetou a metodologia científica. Já insistimos o bastante nos capítulos anteriores sobre a falta de determinação precisa da criação intelectual para que seja necessário acentuar o artifício de tais métodos, ultrapassados por todos os lados pela prodigalidade dos modos do espírito. Mill, sobretudo, via o "problema científico" como algo muito mais determinado do que o é na realidade, portanto em um estágio ulterior do pensamento, no momento em que este já obedece às leis de uma lógica qualquer, isto é, quando encontrou o seu caminho.

A "experiência para ver no que dá", de Claude Bernard, já se aproxima mais das condições reais do trabalho científico e é um dos meios de focalizar a imaginação em um problema concreto. É todavia apenas um dos numerosos modos do espírito ante a complexidade do mundo. William James, no seu tratado de Psicologia, forneceu preciosas indicações acerca do funcionamento do espírito durante a criação das idéias no seu capítulo sobre o raciocínio (associação por semelhança etc. ...), cuja aplicação se impõe ao raciocínio científico que, no *status nascendi*, não difere, já o vimos, de qualquer outra seqüência do pensamento.

Entre os pensadores recentes, Valéry é o que melhor colocou a questão. Na sua "Introdução ao Método de Leonardo da Vinci" afirma:

> Muito erro, que corrompe os juízos que versam sobre as obras humanas, se deve a um esquecimento singular quanto à sua geração. Daí proveio uma espécie de coqueteria recíproca que leva em geral a calar, a ponto de escondê-las demasiado, as origens de uma obra. Receamos que sejam imutáveis, chegamos até a temer que sejam naturais. E, embora pouquíssimos autores tenham a coragem de dizer como formaram a sua obra, creio não haver muitos que se tenham aventurado a sabê-lo.
>
> Uma tal pesquisa (...) leva a descobrir a relatividade sob a aparente perfeição. Ela é necessária para que ninguém creia que os espíritos sejam tão profundamente diferentes quanto seus produtos os fazem parecer. Certos trabalhos das ciências, por exemplo, e os de matemática em particular, apresentam tal limpidez de construção que não se diria ser obra de alguém. Esta disposição (...) fez supor uma distância tão grande entre certos estudos como as ciências e as artes, que os espíritos originários foram destas inteiramente separados na opinião, e na medida exata que os resultados de seus trabalhos pareciam estar. Estes contudo diferem apenas segundo as variações de um fundo comum por aquilo que dele conservarão e negligenciarão ao formar suas linguagens e seus símbolos. É preciso pois ter certa desconfiança de livros e exposições muito puras. O que é feito para ser olhado muda de aspecto, se enobrece. É como novidades não resolvidas, ainda à mercê de um momento, que as operações do espírito poderão servir-nos, antes que as tenhamos denominado divertimento ou lei, teorema ou objeto de arte, e que elas se hajam distanciado, de sua semelhança, consumando-se.

A evolução recente da ciência teórica ou aplicada em um organismo social, de funções definidas, a inserção do pesquisador numa cidade científica cuja atividade reconhecida é o motivo de existência, possuindo leis, tradições, arquivos e serviços públicos, leva a retomar a questão na sua totalidade.

§ 2. — ASPECTO SOCIAL DA PESQUISA

Examinada a dificuldade do problema, nos será mais simples abordar a pesquisa científica não sob o aspecto da descoberta transcendente cujos processos desencorajaram a maioria dos psicólogos e daqueles mesmos entre os quais estes se desenrolam, mas na sua prática cotidiana, tal qual se apresenta ao pesquisador científico — que não é forçosamente um "gênio" mas que dá justamente ao *trabalho* cotidiano a maior importância.

Trata-se do único exemplo importante da atividade social fundada na gratuidade — e é por esta razão que teve tantas dificuldades em lograr seu reconhecimento como função útil no Estado. Sem dúvida, há dois séculos, nenhum industrial, com maior razão ainda, nenhum governo, alimentaria a idéia de pagar empregados ou funcionários com o fim expresso de combinar aparelhos, idéias ou palavras, se bem que bom número de Estados achasse natural sustentar artistas como os compositores de música cuja mola essencial da ação é também a gratuidade.

Há pois uma rotina da pesquisa, uma rotina da gratuidade, e parece mais promissor dedicar-lhes a nossa atenção do que às grandes descobertas, cuja gênese transcende a curiosidade tanto do filósofo como do psicólogo: as "pequenas" idéias são mais instrutivas, pois são mais familares que as grandes, e veremos aliás que tal distinção qualificativa entre idéias "grandes" e "pequenas" quase não tem sentido fora do campo das aplicações. Caberá, pois, conceber, pelo estudo da moeda corrente da mais cotidiana pesquisa científica, uma espécie de álgebra, ou melhor, de coletânea de regras algébricas na qual, sem dar valor definido às idéias manipuladas, víssemos emergir destas os processos de manipulação? Caberá, em outros termos, apresentar uma metodologia heurística?

§ 3. — FONTES E LIMITAÇÕES DA METODOLOGIA HEURÍSTICA

É desde o início evidente que neste domínio não se deve contar com a exaustão: as vias do pensamento são múltiplas, lábeis, e seria presunçoso pretender inventariá-las.

Aliás, o que dificulta distingui-las é que, exatamente pelas próprias regras da produção científica, elas são evanescentes porque o trabalho enformado a publicação — difere, em essência, da própria pesquisa, como já insistimos a respeito nos capítulos 2 e 3. Desta nada subsiste em princípio exceto o que pertence à lógica formal, isto é, uma quantidade desprezível. Deveremos pois nos volver não para o lado do edifício científico das publicações, dos livros e das exposições, mas para a familiaridade pessoal com o laboratório e a prática cotidiana da pesquisa em domínios suficien-

temente variados, para uma certa *introspecção* controlada
por estas conversas nos laboratórios que, afirma R. Oppenheimer, constituem *"half the work of the physicist"* (a metade do trabalho do físico). São elas que permitem controlar
fàcilmente a universalidade dos processos acima descritos,
aliás amiúde inconscientes entre muitos dos pesquisadores,
mais preocupados com o resultado do que com a álgebra das
idéias que os conduziu a ele.

É logicamente impossível, numa coleção, por definição
lacunar, introduzir uma classificação satisfatória. Por isso
os poucos *métodos heurísticos* que aqui examinaremos serão
apresentados em uma ordem bastante superficial e nos esforçaremos por passar daquelas que se adaptam mais à ciência
teórica àquelas que são o mais deliberadamente experimentais
ou empíricas. Em todo caso, o certo é que esta ordem não
pode corresponder a uma classificação lógica das ciências, que
vale apenas para a ciência acabada, mas de preferência para
uma classificação estritamente operacional em função do *grau
de avanço* de uma ciência dada, noção forçosamente vaga.

§ 4. — MÉTODO DE APLICAÇÃO DE UMA TEORIA

Trata-se de um *método* no sentido comum do termo,
mesmo que nada tenha de muito original em seu espírito.
Consiste apenas em aplicar uma teoria já conhecida, no domínio de aplicação para o qual foi elaborada, pura e simplesmente a uma parte tal deste domínio nunca estudada, quer
porque não tenha parecido assaz importante, quer porque tenha parecido muito fastidiosa ao autor da teoria geral.

Este método, do mesmo tipo que o exercício escolar ou
do dever de análise matemática, não corre evidentemente *a
priori* o risco de levar a surpresas desagradáveis. Constitui
grande parte dos trabalhos simples de matemática aplicada
onde o pesquisador conscencioso se esforçará por resolver,
aplicando métodos conhecidos, determinada equação diferencial que ninguém antes dele resolvera. Naturalmente, aqui,
o valor do "método" é bem reduzido: valerá apenas pela importância de seus resultados, ou pelo trabalho que deu, pois
representa algumas vezes uma espécie de façanha esportiva,
um verdadeiro prêmio à paciência para algebrista que calcula bem.

Aquele que faz, por exemplo, o cálculo completo de um
sistema de três circuitos, L, R, C, com constantes localizadas,
acoplados pelas indutâncias mútuas M_{12}, M_{23}, M_{31}, recorrendo
unicamente às capacidades do algebrista que estão longe de
ser negligenciáveis, realiza um trabalho considerável, útil na

prática, que, por conseguinte, não assume o caráter de palavra cruzada que algumas vezes temos gana de atribuir a trabalhos deste gênero. Contudo é certo que, no caso, o valor heurístico dá lugar a outras capacidades intelectuais, e se mencionamos este método em primeiro lugar, foi mais devido à coerência de exposição que pelo seu interesse psicológico. Esboçado o caminho de antemão, dado o modo de percurso, e colocados alguns limites experimentais, o que mais desejar além de uma grande paciência?

Aqui a "personalidade" se manifesta na escolha do domínio, se quisermos evitar um caráter por demais especulativo do trabalho acabado. Como a ciência matemática original procura em geral abrir caminhos novos mais do que percorrer os já traçados, a matemática aplicada exigirá da física mais clássica, e particularmente da mecânica, assuntos interessantes, aqueles, por exemplo, sobre os quais podemos escrever sistemas de equações diferenciais lineares, ou equações de Lagrange.

A resistência dos materiais no domínio elástico fornece um rico campo de aplicação para este método: tendo Barré de Saint Venant e alguns autores de renome estabelecido as bases da estática das vigas uniformemente carregadas, X, seja por ocasião de um problema industrial, seja mais simplesmente para se distrair, fará a teoria da mola espiral uniformemente carregada, caso que parece um tanto bizarro à primeira vista e a publicará em um artigo obscuro de uma revista confidencial. A teoria permanecerá aí encerrada durante um certo tempo até que determinado engenheiro se veja ante o caso curioso que preenche as hipóteses acima e pela fieira das referências bibliográficas exuma o mencionado trabalho: X, portanto, não fêz um puro exercício escolar.

§ 5. — MÉTODO DA MISTURA DE DUAS TEORIAS

Afora os problemas mais bem definidos da física matemática, da mecânica racional, da mecânica celeste (exemplo clássico das perturbações que conduziram à descoberta de Netuno), ou de certos problemas de cálculo de circuitos elétricos lineares, é muito raro que uma doutrina teórica sim plesmente prolongada numa seqüência de cálculos leve a uma descoberta de importância, e isto por diversos motivos: de um lado uma ciência que obedece rigorosamente a algumas leis simples estabelecidas (leis de Kepler) já está próxima de seu fim e de sua integração em um domínio mais amplo (no caso a Cosmogonia), e de outro lado, os resultados de uma ciência qualquer conservam forçosamente o "estilo" de pensamento do método nela aplicado no início — noção que voltaremos a encontrar mais tarde — caso não se lhe tenha incorporado algo inteiramente diferente.

Por isso o pesquisador amplia de modo notável o seu campo de ação combinando conscientemente dois sistemas de doutrinas ou duas teorias, cada qual individualmente válida:

Tendo X elaborado a teoria dos sistemas estáticos puros, mantendo-se na zona elástica,

Tendo Y elaborado a teoria dos sistemas hiper-estáticos nos quais a plasticidade dos constituintes além do limite clássico faz trabalhar todos os elementos da estrutura,

Z elaborará a teoria dos pilones articulados semideformáveis em grades, que inventará na mesma ocasião, no sentido de que a teoria de tais sistemas o levará a definir pelas propriedades um novo tipo de pilones.

Não se trata aqui da aplicação a um problema definido, de teoremas colhidos em um mesmo corpo de doutrina mais ou menos distante, mas na verdade de fusão de doutrinas inteiramente distintas, e até opostas na perspectiva normal da resistência dos materiais. Por isso o caráter de originalidade será muito mais marcado que no método precedente e correlativamente muito maior o risco de esterilidade da "divagação mental" que existe na origem; o perigo de desembocar em impasse ou em absurdo provém precisamente do fato de se tratar de superpor dois "domínios de validade", ligados inseparavelmente a cada corpo de doutrina, que a "natureza das coisas" — ou seja, as grandezas numéricas — mostrará talvez não ter nenhum ponto em comum. Neste caso, somos levados em geral a um dilema entre dois modos de raciocínio, que aliás não recobrem forçosamente a totalidade do campo experimental, sendo o resto deste simplesmente inacessível ao raciocínio.

Muitas vezes é a escolha das hipóteses e a maneira de saltar de uma doutrina a outra no curso de um mesmo raciocínio que irão manifestar melhor a originalidade do pesquisador. Aqui, o perigo que comporta a construção de um edifício baseado em duas cadeias distintas de raciocínios é particularmente notável.

Do ponto de vista do trabalho científico, o pesquisador está em geral muito consciente do valor heurístico desse *método;* reparamos freqüentemente em conversas de laboratórios formulações do seguinte gênero :

"X desenvolveu uma belíssima teoria de... digamos a difração dos raios X nos edifícios cristalinos hexagonais, aliás, eu vi uma comunicação de Y que tratava a fundo do regime vibratório de deformação das lâminas retangulares submetidas a um movimento harmônico fora da ressonância da lâmina. Vou (gratuidade) fazer a teoria da deformação do sistema dos raios difratados em um edifício cristalino em vibração com freqüências diferentes."

Insistimos aqui sobre o aspecto da "gratuidade" que, manifesta em física teórica, é, evidentemente, restrita na prática experimental por diversas contingências que reencontraremos mais adiante. Restará evidentemente por ver, pondo um cristal em um tubo de raios X, se ocorrerá, efetivamente, alguma coisa e se é possível excitá-lo fora da ressonância (Seidl).

Aqui a originalidade brota na verdade do conflito entre duas teorias.

§ 6. — MÉTODO DE REVISÃO DAS HIPÓTESES

Este, ao contrário de uma renovação ou de um alargamento do campo operatório do pesquisador, visa a um aprofundamento, a uma depuração dos elementos das combinações intelectuais. Apela fortemente para o espírito de rigor de uma pesquisa orientada, não no sentido do prolongamento das cadeias de dedução rumo ao desconhecido mas no sentido de remontar por estas o mais longe possível, reduzindo nelas o número de hipóteses utilizadas, seja por uma revisão contínua dos fundamentos, seja por uma extensão dos domínios de validade. Não se trata no caso de crítica, nada é realmente posto em dúvida, quanto à teoria já existente, e tampouco quanto a seus resultados, mas a doutrina já feita é submetida a uma revisão completa, a um aperfeiçoamento, a uma consolidação e faz-se o esforço de remontar pelo caminho percorrido em busca de algum princípio ainda mais geral, anteriormente estabelecido.

O aspecto que este método heurístico reveste difere muito, conforme se trate de um domínio matemático ou de um domínio físico.

No domínio puramente racional, uma das tendências mais antigas e mais vivazes é a de remontar, em matemática, o mais alto possível na cadeia das deduções restringindo-se a um número de hipóteses ou de axiomas cada vez menor. Eis a fonte do considerável desenvolvimento tomado atualmente pela teoria dos conjuntos, pela axiomática, etc... O matemático cultiva e desenvolve sua preocupação de rigor indo amiúde, em vez de cultivar seu senso de evidência aplicado ao maior número possível de objetos, a ponto de envidar o esforço para achar ao contrário cada vez menos evidentes as coisas que assumia antes como tais e exigindo para elas demonstração sobre demonstração a partir de axiomas e teoremas cada vez mais gerais. Parece que boa parte da educação do matemático de profissão visa a fornecer-lhe o menos possível de coisas evidentes *a priori* e portanto a exigir demonstração para tudo aquilo que antes ele apreendia de modo intuitivo. Tal tendência caminha evidentemente ao revés da do aplicador da matemática: do físico ou do engenheiro que julga ao contrário ter assimilado um domínio quando os principais resultados se lhe tornaram decididamente evidentes, e que procura desembaraçar-se do maior número possível de demonstrações. Não só não se preocupará em demonstrar que o interior de um ponto é vazio mas se sentirá encantado se conseguir considerar que o desenvolvimento em série de Maclaurin ou de Taylor é uma noção *intuitiva,* não requerendo nenhuma espécie de demonstração, da qual fará uso espontâneo, sendo capaz de escrevê-la diretamente, e que é *sempre verdadeira* (série sempre convergente), o que lhe é facilitado pela restrição efetiva do campo no qual opera. Esta divergência de tendências encontra-se na origem dos conflitos provocado pelo ensino da matemática superior, sendo 90% dos estudantes aplicadores de matemática.

Nas ciências da natureza, o exame dos fundamentos de uma doutrina já existente assume um aspecto inteiramente diverso, pois, sempre além da crítica propriamente dita, cujo papel examinaremos mais adiante, ela é amiúde uma *pesquisa do domínio de validade.* Ora, em ciência, estabelecer fronteiras é sempre a primeira etapa para franqueá-las. Este procedimento é pois o prelúdio metodológico de uma extensão do domínio de validade por revisão e aperfeiçoamento das hipóteses. Sua significação heurística está em projetar o feixe de atenção sobre estes fundamentos racionais ou experimentais, fato que leva muito freqüentemente a observações variadas acerca do próprio valor da doutrina: ela é a volta para trás, a consolidação e a exploração do terreno conquistado que deve seguir todo o avanço do pensamento, mas a apresentamos aqui como método autônomo em conformidade com o nosso objetivo de apreensão imediata dos fatos psicológicos da pesquisa.

O exemplo típico é o dos "pequenos movimentos", estes pequenos movimentos com equações sempre lineares conforme às fórmulas de Lagrange, estes pequenos movimentos sempre superponíveis que, à força de serem superpostos uns aos outros, acabam por tornar-se movimentos que não são pequenos e que se afastam, mas de modo perfeitamente definível, das leis simples encontradas: é o caso, por exemplo, quando se deixa a região inicialmente elástica para cair no domínio plástico de deformação dos sólidos.

Acontece que em certas ciências o dogma da simplicidade — e das equações diferenciais lineares — é tão forte que hipnotiza o pesquisador como um mito passado no inconsciente, e que é necessário um esforço real remontando à doutrina mais geral do fenômeno para livrar-se desta "religião" da linearidade, o que justifica no caso o termo *"métodos"* que aplicamos a esse repertório de processos mentais: finalmente, as evidências são as coisas mais difíceis de compreender e o retorno a elas constitui um esforço para o espírito humano.

Daremos disto um único exemplo relativo à "distorção do ar" na radiação sonora:

A teoria da propagação do som em um gás repousa na consideração das dilatações de uma coluna de ar de $1 \, cm^2$ de base e de $1 \, cm$ de comprimento. Se Z for o deslocamento da base, o deslocamento do ápice será: $Z + \dfrac{\partial Z}{\partial x}$

e o volume $V = \left(1 + \dfrac{\partial Z}{\partial x}\right) dx = 1 + \dfrac{\partial Z}{\partial x}$

No instante ulterior será:

$$V + dV = 1 + \frac{\partial Z}{\partial x} + \frac{\partial^2 Z}{\partial x \, \partial t} dt$$

Ou, segundo a relação de Poisson:

$$(P_o + p) V = \left(P_o + p + \frac{\partial p}{\partial t}\right) (V + dV)^\gamma$$

Como:

$$(V + dV)^\gamma = V^\gamma + \gamma \, V^{\gamma-1} \, dV$$

teremos:

$$V \frac{\partial p}{\partial t} + \gamma (P_o + p) \, dV + \gamma \frac{\partial p}{\partial t} dV \, dt$$

Substituindo V por $1 + \dfrac{\partial Z}{\partial x}$ e dV por $\dfrac{\partial^2 Z}{\partial x \, \partial t} dt$

$$\frac{\partial p}{\partial t} \left(1 + \frac{\partial Z}{\partial x}\right) dt + \gamma (P_o + p) \frac{\partial^2 Z}{\partial v \, \partial t} dt + \frac{\partial p}{\partial t} \frac{\partial^2 Z}{\partial x \, \partial t} dt = 0$$

$$\frac{\partial p}{\partial t} + \frac{\partial p}{\partial t} \frac{\partial Z}{\partial x} + \gamma (P_o) \frac{\partial^2 Z}{\partial x \, \partial t} + \gamma \, p \frac{\partial^2 Z}{\partial x \, \partial t} dt = 0 \qquad (1)$$

Se $Z = Z_c \cdot \text{sen } \omega \left(t - \dfrac{x}{c} \right)$ sendo c a velocidade do som,

$$\frac{\partial Z}{\partial x} = \omega Z_0 \cos \omega \left(t - \frac{x}{c} \right)$$

e

$$\frac{\partial^2 Z}{\partial x \, \partial t} = \omega^2 \frac{Z}{c^{o'}} \sin \omega \left(t - \frac{x}{c} \right)$$

Se considerarmos apenas os termos lineares (é aí que reside o arbitrário), a equação (1) dará a relação:

$$p = \frac{\gamma P_0}{c} \omega Z_0 \cos \omega \left(t - \frac{x}{c} \right)$$

E em geral fica-se por aí.

Mas se introduzirmos na equação (1) esta pressão sonora, encontraremos uma segunda aproximação de p devida ao termo não linear

$$P = \frac{\gamma P_o}{c} \omega Z_o \cos \omega \left(t - \frac{x}{c} \right) + \frac{\gamma P_o}{4c} (1 + \gamma) \frac{\omega^2 Z^2{}_o}{c} \cos 2 \omega \left(t - \frac{x}{c} \right)$$

o que faz aparecer um harmônico 2, termo de "distorção" pois, à saída da coluna de ar, não reencontramos uma forma idêntica a que colocamos à entrada. Podemos, aplicando a noção de "canal de transmissão" considerar esta coluna de ar como um quadripolo munido de uma taxa de distorção harmônica. Introduzindo a potência W (Küpfmüller), temos:

$$R_2 = \frac{1 + \gamma}{4} \frac{\omega Z_o}{c} = \frac{1 + \gamma}{\sqrt{\gamma}} \sqrt{\frac{W}{8c \, P_o}}$$

Assim, retomando sem aproximação (ou com uma aproximação melhor) a noção de propagação do som, fazemos aparecer um fenômeno "novo" ao espírito se bem que estivesse contido desde sempre (e completamente esquecido) na mais clássica teoria da propagação. Isto salienta, aliás, a diferença entre descoberta psicológica e descoberta doutrinal: um teórico não vendo nisso nenhuma nova equação pretenderá legitimamente (de seu ponto de vista) que, sendo tudo isso evidente, não ocorreu aí nenhuma descoberta. É esta ampliação espontânea das fronteiras da experiência — pois a técnica produz sons cada vez mais intensos — que traz à tona o fenômeno suplementar.

§ 7. — MÉTODO DOS LIMITES

Um dos aspectos do método precedente consistia em reconhecer as fronteiras que limitam o domínio de aplicação de uma doutrina para ter a possibilidade de transgredi-las. Ora, sucede amiúde que dois conceitos estabelecidos, muitas vezes opostos, não apresentem fronteira precisa. Há com freqüência nas ciências, no seu início, onde apenas as grandes linhas são definidas, uma zona vaga, incerta, entre as duas. Se forem exclusivas, como passar da aplicação de um conceito a outro. A exploração destes domínios confusos, que separam dois aspectos dos fenômenos ou dois conceitos contrários em um mesmo campo operacional, constitui um dos métodos heurísticos mais proveitosos e, por mais gerais que sejam, aplicam-se igualmente às ciências teóricas e experimentais.

Especifiquemos: a ciência procede sempre desde o princípio por afirmações binárias (SIM/NÃO) que participam dos mecanismos gerais do espírito humano.

Definir uma noção, é de fato afirmar:

a) que existem seres lógicos dotados de tal ou qual propriedade: por exemplo, que existem funções periódicas, a saber, que retomam o mesmo valor F_o ao cabo de certo intervalo percorrido pela variável t chamado período T:

$$F (t + kT) = F_o (t + T) = F_o (t);$$

b) que existem outros seres que não a possuem e que, no campo de existência destes seres (excluindo-se proposições de valor: [!], possuem apenas ou não possuem esta propriedade (princípio do terceiro excluído). Exemplo: que há em compensação funções não periódicas.

Mas o Universo intelegível jamais se encontra separado em categorias tão marcantes e os métodos dos limites consistirá em explorar mediatamente, a partir da própria definição que foi dada, o domínio fronteiriço muitas vezes confuso, onde se deveria logicamente, se a dicotomia fosse válida, passar bruscamente da afirmação para a negação.

Assim, sendo a periodicidade uma noção absoluta, desde que uma função não se renove semelhantemente a si própria ao cabo de um mesmo intervalo, não mais tem direito ao título de "periodicidade". Mas o que sucede se a função não se reproduz de modo exatamente semelhante a si própria ou se ela só se reproduz ao cabo de intervalos imperfeitamente iguais? Parece bastante inverossímil que, de um só golpe de mágica, o conjunto das propriedades — e dos trabalhos — acumulado em torno da noção de periodicidade tenha desaparecido do campo de validade. É bem mais provável que estas propriedades sofram modificações mais ou menos rápidas na passagem de uma para outra das categorias periódica/aperiódica e todo um campo de estudo se abra às noções de "função quase-periódica" ou "pseudo-periódica". Em lugar da tabela logística binária:

$$\left\{ \begin{array}{l} (0) \\ \\ \\ (1) \end{array} \right. \qquad F(x) \ : \ periodicidade?$$

introduziremos uma tabela tôda de lógica polivalente;

— seja por exemplo, uma tabela ternária:

$$\left\{ \begin{array}{l} \text{não-periódica} \\ \\ \text{quase-periódica} \qquad F(x) \ : \ ? \\ \\ \text{periódica} \end{array} \right.$$

e faremos o estudo das propriedades da nova classe aqui introduzida apoiando-nos sobre as outras duas;

— seja, por exemplo, um quadro lógico de variação contínua que procure traduzir pela noção "grau de periodicidade" o caráter vinculado à função que assume o valor (verdadeiro) para uma função periódica e o valor (falso) para uma função não periódica: uma função pode ser mais ou menos periódica e é no modo de expressão desta nova propriedade que residirá a substância do trabalho que induziu este método heurístico. Assim, definiremos o grau de periodicidade com a esperança matemática que nos é dada para prever o futuro da função (temporal) a partir do que sabemos a respeito dela no passado.

Trata-se do axioma *Natura non fecit saltus* que está na base deste "método mental", axioma que sabemos perfeitamente no entanto não ser verificado pelo estudo microscópico da natureza; mas parece sê-lo no raciocínio humano que criou a propriedade "métrica", a continuìdade, com o objetivo expresso de utilizá-la. Esta se resume com efeito em uma destruição da dicotomia inicial por dissolução do qualitativo no quantitativo.

As aplicações do método são numerosas e o classificam como um dos mais importantes da "heurística". Citemos dois exemplos disto nas ciências da natureza:

> A dicotomia tradicional vida/morte é destruída pela descoberta dos vírus proteínicos que são "vivos" por certos aspectos (se reproduzem) e "mortos" por outros (são cristalizáveis e portanto indefinidamente estáveis sem alteração, sem envelhecimento). O desaparecimento da dicotomia em apreço reagiu, aliás, sobre o valor conceitual das palavras "vida" e "morte", tão real há cincoenta anos atrás e que parece rarefazer-se na linguagem da química biológica de hoje.

> Citemos ainda, em física desta vez, a eliminação da dicotomia condutor/isolante, perfeitamente estabelecida no tempo de Ohm e Pouillet, que o aperfeiçoamento de métodos de medida das grandes resistências dissolveu no conceito quantitativo de condutividade, verdadeiro exemplo modelo da teoria hegeliana da passagem do qualitativo ao quantitativo, levando à criação de toda uma ciência nova dos *semi-condutores* (germânio, óxido de cobre etc.), brilhantemente ilustrada por Shockley, na qual o parâmetro de classificação (condutividade) em vez de apresentar dois valores (Sim/Não) apresenta uma infinidade contínua.

§ 8. — MÉTODO DE DIFERENCIAÇÃO

Este trabalho nas fronteiras", que é a dissolução de uma dicotomia primária pelo estudo "do que se passa entre os dois", reveste uma outra forma específica quando os dois termos da dicotomia não são igualmente nítidos no estado atual do conceito.

> Assim, retomando um exemplo já abordado (Cap. 1), em um canal eletro-acústico transmissor → receptor, uma vez definida a noção de "alta fidelidade" como condição de perfeição do mencionado canal, e ligando a ela, legitimamente ou não, uma série de propriedades que a trazem realmente à luz, ocorre descoberta se nos esforçarmos em definir a *má fidelidade* como conceito e suas propriedades que não são as da ausência *total* de fidelidade, termo cujo sentido se desvanece, pois não poderia significar senão "desordem

perfeita", mas nesse momento não há mais "*transmissão*": quanto mais canais mais problemas. O esquema logístico seria o seguinte:

NÃO TRANSMISSÃO

TRANSMISSÃO

BAIXA FIDELIDADE   AUSÊNCIA DE FIDELIDADE

ALTA FIDELIDADE

O que se apresenta então como conceito oposto ao de "fidelidade" é o de "fraca fidelidade", e não o de "ausência de fidelidade". Trata-se pois de um estudo de fronteira que, como vimos, levará a definir distorções em seguida a um estudo de *psicologia diferencial*, de *limiares;* qual *é a taxa de desvio* a partir de uma forma temporal que se torna *perceptível* pelo receptor? qual é aquela que destrói a *percepção da fidelidade?*

Ninguém se espantará de encontrar este procedimento particularmente na psicologia experimental, onde ele define adaptação do homem ao meio que o cerca separando o semântico (significativo) do errático (do acidental). Assume aí efetivamente o aspecto de uma diferenciação na acepção exata do termo "fluxão significativa" de uma função.

Do mesmo modo, depois de ter definido em psicologia musical a noção de *acordes simples,* quintas, quarta, terça, sensível, como relações de freqüência, procurar-se-á construir relações de freqüência desviando-se cada vez mais de um desses acordes até que desapareça o seu conceito do espírito do ouvinte. O psicólogo behaviorista constatará, por exemplo, com estupefação — e o gestaltista com satisfação — que o limiar diferencial de uma terça supera a diferença nominal entre o acorde maior e o menor, o que implicará seja que uma terça menor pode chamar-se terça maior falsa — conclusão inadmissível — seja que um "acorde" é definido por uma *situação* em um conjunto, o que confirmam as gamas orientais.

Vê-se aqui que este método de *diferenciação* pode encetar um declive natural de conceitos que vão muito longe. Por isso a aplicação deste método constitui todo um ramo da Psicologia moderna.

§ 9. — MÉTODO DAS DEFINIÇÕES

Acabamos de ver que os domínios mal delimitados são a provisão favorita do pesquisador.

A delimitação de um conceito ou de uma doutrina numa ciência bastante avançada está em princípio contida em sua própria definição, como é o caso na matemática. Na maioria das ciências não ocorre entretanto assim e seríamos na realidade incapazes de aplicar aí a regra de Pascal, "substituir o definido pela definição", pois muitas vezes o conceito definido, por exemplo, o nome do ser conceitual em jogo, é muito mais claro e presente do que a definição — ainda que se disponha de uma definição qualquer!

Na realidade, a experiência de cada dia mostra que não é de modo algum necessário saber do que se fala, no sentido lógico do termo, para fazer uso de um conceito. Mesmo nesse caso, a lógica, sob a forma de definições corretas sem ambigüidade, aparece como um revestimento acrescentado à noção, que traduz simplesmente o seu aspecto último. Como vimos no capítulo anterior e como o confirmam diariamente os trabalhos da lingüística, a palavra, o verbo, preexiste à idéia e não a idéia à palavra. É através da linguagem, isto é, da palavra, que o espírito toma o primeiro contato com um conceito e muitas vezes não segue mais adiante no indivíduo não científico. No científico a penetração de todo o conjunto do pensamento contemporâneo em um campo dado do saber far-se-á também pela palavra que condensa nesse campo uma rede de relações amiúde elas próprias mal definidas.

Nomear e classificar são as primeiras *démarches* do pensamento racional, por infantis que possam parecer. Mas nomear não é definir e uma ciência pode sofrer considerável desenvolvimento sem que os limites e as propriedades dos seres de razão que ela emprega estejam estritamente defini_dos. Por isso, a pesquisa das definições deve ser considerada nada mais do que um método heurístico, uma forma de abordar um campo de conhecimentos e sugerir aí conceitos novos, uma organização deste, uma nova perspectiva; mas trata-se de uma das etapas mais importantes de uma ciência o uso das definições.

Sabemos, diz Valéry, que em todos os ramos do conhecimento um progresso decisivo declara-se no momento em que noções especiais extraídas da consideração precisa dos próprios objetos do saber e feitas exatamente para ligar diretamente a observação à operação do pensamento e esta a nossos poderes de ação substituem a linguagem comum, meio de primeira aproximação que nos fornecem a educação e o uso. (...) Definições e convenções nítidas e especiais (...) vêm substituir as significações de origem confusa e estatística.

Aristóteles foi o primeiro a enunciar claramente este processo do pensamento criador; Bergson deu-lhe a seguinte explicação: "Seu método consiste em tomar as idéias armazenadas na linguagem, em retificá-las, renová-las, em circunscrevê-las em uma definição — em cortar sua extensão e compreensão segundo suas articulações naturais, em levar tão longe quanto possível o desenvolvimento".

Merleau Ponty coloca de maneira mais nítida ainda o acento sobre o valor heurístico da pesquisa das definições: "Definir uma noção é curto-circuitar a história dessa noção, mas no futuro, definir uma noção *a priori* é elaborar a história do futuro, prefigurar, curto-circuitar a emergência".

Assim a metalurgia, muito tempo depois de haver-se constituído como ciência com suas técnicas e seus raciocínios, não conseguira ainda após cem anos definir seu objeto. O que é um metal? Sem dúvida temos o ar de sabê-lo quando pensamos no ferro, no cobre ou na prata, mas quando se trata do telúrio, do tântalo ou do germânio, nossas idéias a respeito carecem de precisão e a pesquisa de uma definição redunda na de pelo menos um critério que todos os metais possuam e que nenhum corpo que não seja metal não possua. Sucessivamente, o "brilho metálico", isto é, o fato de determinado corpo assemelhar-se a outros que, por sua vez, são seguramente metais, definição puramente verbal, estritamente desprovida de valor lógico, a "dutilidade" — mas o vidro ou a massa de altéia não são metais — a "condutividade elétrica" — mas o germânio e o telúrio não são metais? — foram invocados e rejeitados.

Uma forma mais aperfeiçoada da definição recorre a uma *pluralidade* de propriedades distintas ou de valores numéricos destas. Um metal será portanto simultaneamente bastante dútil, condutor de eletricidade, refletindo a luz (propriedade ligada) etc... A "definição" é no sentido mais estrito um mosaico de propriedades, uma tabela de valores numéricos críticos, o que lhe proporciona mais flexibilidade, adapta-o melhor aos fatos, mas o faz perder ao mesmo tempo grande parte de seu valor conceitual.

Aliás, corpos como as terras raras, e todo o grupo dos metais metalóides se recusam a qualquer definição e levam o termo a perder ele mesmo grande parte de seu valor. Cumpre dizer igualmente que a aplicação dos raciocínios da indução, para fazer um corpo entrar em uma "categoria", "o metal", data de uma época antiga em que o alquimista não imaginava limitações muito claras no número de corpos, o que o conduzia a fazer uma "botânica dos corpos simples". O aparecimento da tabela de Mendeleiev, que limitou a uma centena o número de elementos, dissipou o interesse dessa classificação que versava sobre um número demasiado restrito de corpos: um corpo existe por suas propriedades quaisquer que sejam e o fato de ser metal ou metalóide nos interessa no fim de contas muito pouco no estágio em que nos encontramos.

Assim a busca de uma definição do metal, cujo saldo final foi um fracasso pragmático, forneceu *essencialmente* um método heurístico para o estudo das propriedades dos sólidos. Nada em todas as dificuldades experimentadas para definir aquilo de que se falava impediu a metalurgia de desenvolver-se como ciência autônoma orientada para o estudo dos metais, e a perda da importância do conceito que a criou simplesmente a alargou para convertê-la na "ciência dos sólidos": os laboratórios de metalurgia estudam indistintamente pelos mesmos métodos cimentos, agregados, plásticos, vidros etc... e os aparelhos concebidos para o estudo das provetas metálicas adaptam-se ao dos fios de seda (micro-toques Chevenard).

Nas ciências em devir, o método das definições desempenha, como seria de esperar, um papel de primeiro plano; confunde-se quase com o desenvolvimento da ciência: a definição de gênio segundo Galton, Cattell, Terman, Cox, não difere do estudo do gênio em um processo convergente.

Daremos desse método da pesquisa das definições outro exemplo em sociologia: a definição de *classe social*.

A idéia de classe social emergiu nitidamente com os trabalhos dos economistas da primeira metade do século XIX que discerniram algumas classes essenciais, mas as aceleradas modificações que a sociedade sofreu nos recentes anos levaram os sociólogos a pôr em questão o valor operacional do conceito ao procurar defini-lo de maneira apreensível à experiência, por exemplo por meio de testes. Uma classe tal como a classe operária ou a classe burguesa é na realidade definida por uma reunião de fatores, por exemplo numéricos, que apresentam — muitas vezes — uma distribuição em curva de Gauss no conjunto da população com um máximo claramente visível para a "classe" particular examinada. É o conjunto de todos esses fatores tomados simultaneamente, renda, número de filhos, dimensões do alojamento, idade do término da escolaridade média dos filhos etc... que define o membro típico da classe, mas é preciso realmente notar que o indivíduo *típico* da classe é tão raro quanto seria o homem normal dos estatísticos, estatura média, peso médio, quociente intelectual médio, aptidões médias etc., pois ele representaria uma reunião cuja perfeição é pouco verossímil, o que não impede de maneira nenhuma que o conceito guarde todo o seu valor.

Aqui, mesmo se no fim o conceito de "classe social" se dissolve sob os olhos do sociólogo, seu valor consistiu em dar oportunidade a uma acumulação de trabalhos, pesquisas, inquéritos, doutrinas etc.: é um valor heurístico.

Com efeito, a mola própria do método em apreço é apreender fatos *verificando-os no real* com um arbítrio perfeito, exclusivamente justificado pelos resultados. Por isso o esquematismo de um conceito não é senão raramente um obstáculo a seu valor. A ciência acabada o eliminará por superação depois que ele desempenhou seu papel de maneira espontânea, mas é destruindo-se a si próprio na pesquisa de uma definição válida e exaustiva que ele libera uma série de resultados, contradições ou induções que formam o seu verdadeiro valor pragmático. Se ele constitui uma idéia-força, quase não importa que após a busca de definição se transforme em idéia falsa, desde que tenha, nesta transformação, desempenhado um papel construtivo.

§ 10. — MÉTODO DE TRANSFERÊNCIA

É sempre muito interessante — e particularmente perigoso — aplicar uma teoria precisamente lá onde ela não se aplica de modo explícito. Isto faz parte de um espírito aventuroso, de um verdadeiro anarquismo científico que deve ser ligado à caracterologia dos pesquisadores, elemento fundamental da estrutura do espírito no domínio científico bem como nos outros. Certamente, este método é assaz perigoso, é dizer que redundará na maior parte das ocasiões num fracasso, mas fornece um poderoso estimulante ao espírito ao lhe permitir canalizar as aspirações do eu nas suas realizações. Repousa no fato segundo o qual não é porque uma coisa não é logicamente estabelecida que ela deva ser obrigatoriamente falsa e que se tenha, em geral, tendência a confundir dois dipolos dialéticos distintos:

logicamente demonstrado	logicamente incerto
verdadeiro	falso

que não se "aplicam" um sobre o outro no sentido da teoria dos conjuntos. Será pois um método heurístico a tentativa de aplicar uma doutrina qualquer fora de seu campo de validade reconhecida.

O cálculo operacional de Heaviside nos fornece um excelente exemplo, emerso de um desprezo deliberado pelas regras elementares do cálculo de funções periódicas, que só encontrou a sua justificação num corpo de doutrina (integral de Laplace-Carson e de Bromwich-Wagner) bem depois de sua aplicação prática. Sabe-se muito bem que no princípio Heaviside não apresentou nenhuma espécie de justificação para as manipulações algébricas que fazia com os símbolos trigonométricos das equações diferenciais de segunda ordem substituindo as operações diferenciais pela letra p e fazendo com estas letras os cálculos algébricos.

Os matemáticos, à vista das contradições flagrantes ($p^0 \neq 1$) contidas neste cálculo, consideraram tais raciocínios como pura fantasia até que alguns dentre eles encarregaram-se de justificar as fantasias simbólicas de Heaviside. No entanto, "a coisa funcionava" e devia haver realmente uma razão para tanto. Os teoremas de correspondência entre a teoria trigonométrica e a nova teoria que utiliza os símbolos algébricos constituirão aqui o resultado essencial do método.

A transferência de um sistema de pensamento de um campo do saber para outro é um dos mais importantes e frutíferos dentre os métodos heurísticos.

Exemplo: as técnicas eletrônicas que durante a guerra deram origem ao "radar" criando e aplicando impulsos de alta tensão de alguns micro-segundos de duração, estão extremamente afastadas *a priori* das da cirurgia estética. Os dois domínios permanecem de fato totalmente isolados e se ignoram um ao outro. Sucede, devido a contingências materiais, que um pesquisador em fisiologia teve uma educação especializada bastante profunda na detecção de aviões por radar. Teve a possibilidade de observar o efeito destruidor das ondas de choque (impulso de frente rígida a alta tensão) sobre os isolantes. De volta ao seu laboratório de fisiologia, foi-lhe dado notar a importância crescente do problema da epilação e da inadequação dos processos técnicos aperfeiçoados para consegui-la. Teve a idéia de aplicar as propriedades destrutivas dos impulsos de radar na própria raiz dos pêlos encravados na pele. Experimenta e verifica o bom funcionamento desta idéia aplicando microondas de choque aos pêlos por meio de um elétrodo apropriado: procura as condições *optima* etc... Eis aí um exemplo típico da transferência para um domínio (a cirurgia estética) das leis de um outro domínio (o radar e as ondas de frente rígida) aparentemente tão afastado. Só muito mais tarde é que se reconhecerá a profunda analogia do problema com a destruição de um objeto pela descontinuidade de potenciais elétricos localizados no ponto de descontinuidade das constantes dielétricas.

Às vezes este método heurístico assume um aspecto racional *a priori;* por exemplo, quando o conjunto dos fenômenos obedece a um mesmo sistema de equações; assim potenciais numa cuba reográfica, constrangidos ao interior de uma superfície, deslizamentos em um fluido incompressível, campos elétricos ou magnéticos em um recinto condutor, pressão acústica em um recinto, obedecem todos à mesma equação de Laplace:

$$\triangle_2 U = 0$$

e todos os resultados extraídos do exame de um destes "campos derivados de um potencial" serão válidos *mutatis mutandis* para os outros. Aqui a doutrina encontra-se atualmente bem estabelecida do ponto de vista lógico e se trata finalmente mais da "materialização" da equação $\triangle_2 U = 0$ com as contingências (saturação, compressibilidade, etc.) provenientes da natureza particular do meio, mas não acontecia o mesmo há cincoenta anos quando este método heurístico se apresentava sob um aspecto muito mais intuitivo.

O conceito de analogia, mais ou menos consciente, aparece não apenas sob o aspecto racional, por exemplo nas tabelas de cálculo das grandes redes elétricas, mas sob o aspecto intuitivo da transferência de uma técnica mental para outro domínio. Eis um exemplo:

M. estudou o ruído nos imóveis e, formado pelas disciplinas da acústica, ressaltou aí conscienciosamente, por ocasião das várias experiências que foi obrigado a fazer para resolver casos práticos.

o espectro em função da freqüência, a pressão sonora, etc... Seu espírito está canalizado pelas disciplinas anteriores criadas por problemas diferentes. Desanimado pela instabilidade, a fantasia, o caráter quase-errático, por sua incapacidade de precisar o embaraço trazido pelos fenômenos que procura apreender sob um aspecto inteligível, acaba por se dar conta de que o problema do ruído não obedece a categorias mas a um aspecto essencialmente estatístico; o que interessa não é que às 18 horas e 15 do dia 27 de maio de 1948 no 5º andar da Rua Paradis 36 um ruído de 90 decibéis teve um espectro repartido nas três oitavas inferiores. Trata-se de um aspecto histórico que não ofereceria valor científico exceto se apresentasse caráter permanente. O que interessa é um retorno ao fato bruto: "este lugar é ruidoso", como apreender este fato? Lendo, alguns dias depois, um estudo sobre os dias de chuva durante o ano de 1947 conforme as regiões, compreende que o seu problema é *também* um problema climatérico: o ruído reinante no imóvel sito em determinado local e a determinada hora faz parte do clima, do que cerca o lugar a mesmo título que as quedas de chuva ou os dias de vento e é, sob este aspecto, que interessa utilizá-lo; é êste o *conceito essencial*. Conseqüentemente, terá a idéia de aplicar ao ruído as estatísticas meteorológicas (quantos ruídos de tal nível...) do mesmo modo que se estuda o número de horas de chuvas fracas, fortes, moderadas etc... e traçou um histograma correspondente, orientando seus métodos para tais levantamentos estatísticos e abandonando as medições pormenorizadas sobre cada fenômeno individual: essas medições não eram *adequadas* à percepção do fenômeno sob o ângulo fisiológico.

Assim a simples transferência do conceito de "clima" do domínio meteorológico ao domínio acústico bastou para fornecer uma *apreensão* direta de um fenômeno e uma série de métodos experimentais: levantamentos de histogramas, ajustamento de registradores automáticos, estudo das dispersões, redução dos níveis de tolerância, pesquisa das causas físicas do ruído pela mesma via estatística, lá onde durante anos a pesquisa se deparava com um impasse. É a abordagem fenomenológica por uma recusa dos conceitos tradicionais ("o ruído procede da ciência acústica") e por um retorno à percepção direta ("o que é que me incomoda no ruído? É que ele me acorda com freqüência, não importa em que momento e como") que coloca o observador *na* situação que ele procura estudar, não mais em sua periferia, levando-o a encarar o ruído como um *meio* e causando essa fecunda mudança de método.

§ 11. — MÉTODO DA CONTRADIÇÃO

Este, como o da transferência, é típico da tendência à oposição que manifestam numerosos pesquisadores como um verdadeiro fator caracterial. Epistemologicamente, semelhante atitude, que consiste em tomar deliberadamente a posição contrária de uma teoria admitida simplesmente porque ela é admitida na literatura científica corrente, integra-se de pronto no quadro da teoria do conhecimento de Hegel. Para assumir a posição oposta do que quer que seja em ciência, cumpre apresentar ao menos argumentos, isto é, raciocínios e, em geral, apoiar estes em fatos; é por esse aspecto construtivo que o mencionado método heurístico se diferencia de uma simples inclinação ou de uma simpatia. Dadas as regras do jogo científico, é muito raro que este ponto de vista de contradição deliberada se afirme nas publicações que daí resultam; é amiúde perfeitamente consciente e muito explícito no espírito do pesquisador como o demonstram as suas conversações, mas é eliminado da redação que quase nunca fornece os argumentos psicológicos de um juízo científico pretendendo sempre se "limitar aos fatos". Por isso é muito delicado citar exemplos. Aliás, este método encontra-se ameaçado de um perigo essencial, o de se manifestar em um mau momento da evolução das ciências. Mais do que a maioria dos outros processos heurísticos, é frágil e se presta a uma crítica ou a uma oposição peremptória por parte dos corpos constituídos cuja existência seria ilusório desconhecer assim como seria falacioso desprezar o papel da polícia na administração da cidade: por isso ela fracassa muitas vezes.

Citemos, todavia, em uma época recente, a descoberta de cristais líquidos feita por O. Lehmann há um número respeitável de anos como réplica direta ao conceito corrente na época, e aliás de um bom senso deslumbrante, segundo o qual o arranjo dos átomos em um cristal só pode existir em um sólido. Há entretanto cristais "líquidos", isto é, que obedecem às propriedades gerais dos fluidos viscosos em soluções colocadas em condições bem determinadas de temperatura e de concentração, que se manifestam pela anisotropia na propagação da luz, na difração dos raios X e todos os outros fenômenos característicos do estado cristalino.

Incidentemente, trata-se de um exemplo típico de pouco valor que o "bom senso" pode ter na pesquisa intelectual.

Citaremos ainda o famoso problema da geração espontânea que, ao fim do século passado, assumiu a amplitude de uma controvérsia encarniçada onde os diversos protagonistas pró ou contra proporcionaram à físico-química e à microbiologia progressos consideráveis trazendo experiências cada vez mais cuidadosas em apoio às suas teses. Conhecemos bem a atitude e os resultados de Pasteur a esse respeito. Lembremos que as experiências de Stéphane Leduc sobre cristalizações celulares em soluções se apresentaram para contradizer a negação da geração espontânea, ou seja, se não para afirmá-la, ao menos para lançar a dúvida sobre o valor dogmático da negação. Trata-se de um dos resultados mais característicos do método de contradição: evitar que uma afirmação de ordem experimental passe ao grau de dogma, deslizamento particularmente fácil nas ciências da natureza.

C. G. Darwin justifica assim a atitude mental subjacente ao método da contradição:

"Precisamos de algo muito diverso do que de simples princípios fundamentais. (...) Creio que para forjar estas novas formas de pensamento, deveríamos considerar que o espírito humano é dotado de enorme inércia e também de viscosidade; ele se desloca sempre de maneira muito preguiçosa de uma posição de equilíbrio para outra. Se quisermos atingir o equilíbrio o mais rapidamente, deveremos aplicar (...) uma força bem superior à estritamente necessária."

Por isso este método que alimenta bom número de querelas célebres requer, com um senso agudo de contradição e uma preciosa tendência anarquista, um caráter ativo e batalhador, que a gente encontra apenas raramente, o que faz com que muitos dos protagonistas de querelas veementes tenham sido personalidades de primeiro plano.

§ 12. — MÉTODO CRÍTICO

Tais exemplos nos conduzem a um outro método heurístico, menos brilhante, menos perigoso, mais seguro, porém participante do mesmo modo da luta polêmica que é sempre um ponto quente do campo da descoberta em uma dada época. Criticar um trabalho anteriormente publicado é um excelente método heurístico: há aí um procedimento fácil para encontrar as bases de um novo trabalho que repousa sobre uma sólida erudição e ao mesmo tempo uma forte tendência à contradição sem contudo ir até a luta declarada entre um Leibniz, um Descartes, um Mersenne etc... Por isso o método adota um outro estilo, amiúde o apanágio de espíritos frios, de bom grado céticos, ao passo que o método precedente corresponde a uma tendência à oposição essencial (polaridade caracterológica Marte). Trata-se de boa parte da ocupação científica dos cientistas realizados aos quais suas funções, sua experiência passada, a posse de um laboratório e de jovens assistentes desocupados, colocam particularmente em condições de criticar os trabalhos que lhes passam debaixo dos olhos. Cabe aqui lembrar a frase de J. Rostand (*Pensées d'un Biologiste*): "É preciso levar ao ativo de uma teoria tudo o que foi necessário para destruí-la".

Muitas vezes é difícil distinguir, nos textos, métodos crítico de método de contradição, pois o caráter, portanto o ponto de vista do pesquisador, não aparece quase nos escritos. Trata-se de um espírito batalhador e anarquista a refrear os seus sentimentos, ou de um espírito secundário, cético e frio que não se deixa impressionar pelos grandes nomes mas não alimenta nenhuma convicção interna? É necessário conhecer o indivíduo para poder julgar. Se, por exemplo, o conjunto dos trabalhos de Pasteur sobre a teoria bacteriana reveste estritamente a forma de um estudo crítico extremamente cuidadoso de experiências anteriores, parece-nos evidente que o motor intelectual de sua atividade constituiu uma ardente contradição com uma doutrina na qual ele se recusava a crer, sustentando que a geração espontânea não existia e que lá onde existia vida, havia algo para fornecê-la.

Em um parágrafo anterior, citamos um exemplo de aplicação de uma crítica sistemática a um conceito importante: o da fidelidade nas transmissões por um canal sonoro. Aqui a crítica é ao mesmo tempo um estudo de método, uma denúncia de postulados errôneos (o de fidelidade em freqüência) e uma pesquisa mais construtiva dos verdadeiros fatores da fidelidade de uma transmissão que se esforça por substituir o ponto de vista por demais estreito adotado pelo engenheiro pelo ponto de vista do psicólogo, alargando assim as bases teóricas da discussão.

Outro exemplo de valor do método crítico surge no conjunto dos trabalhos (Von Monakow, Lhermitte, etc...) que ocasionou a célebre teoria das localizações cerebrais. Esta, racionalmente sedutora, contava um grande número de partidários convictos (Broca, Von Monakow, Von Economo etc...) e pretendia situar em um lugar bem determinado do córtex cada uma das "faculdades" do ser humano; os não-localizacionistas (P. Marie, Kurt Goldstein, Bethe) insurgiram-se por motivos vários, filosóficos, biológicos, etc. contra esta concepção muito mecanicista e, mediante uma crítica fina da tese localizacionista, trouxeram à luz numerosos fatos novos (trabalhos de Lashley sobre a destruição da matéria cerebral) que, em dado momento, pareceram dever demolir inteiramente aquela. Depois, um *modus vivendi* foi encontrado entre os adversários (Delay) conciliando as localizações *de facto* e a plasticidade considerável (Lhermitte etc...) devidamente demonstrada das funções do córtex.

Os exemplos são numerosos quanto ao papel do *método crítico* tomado sob seu aspecto mais *deliberado* — pois é evidente que seria abusivo enxergar na crítica científica *tout court,* tarefa de todo pesquisador antes da publicação, uma aplicação de um método heurístico definido — citemos os trabalhos efetuados sobre os canais de Marte, os trabalhos de Montessus de Ballore, as críticas das hipóteses de Wegener e de Suess, etc...

Na prática cotidiana da ciência, B. Russell observa que:

O homem de ciência prudente adquire uma espécie de instinto quanto ao gênero de emprego que se pode fazer das crenças científicas apresentadas sem correr o perigo de uma refutação completa e categórica resultante das modificações que correm o risco de serem introduzidas por descobertas ulteriores.

É este instinto que separa o "método crítico" aqui definido da crítica *tout court* que, ao contrário do "prudente homem de ciência" citado aqui, se dirige ao "imprudente homem de ciência" que tenha simplesmente operado mal.

§ 13. — MÉTODO DE "RENOVAÇÃO"

Uma crítica freqüentemente apresentada na literatura a muitas teorias bem estabelecidas é a de serem pura e simplesmente "velhas" e a ciência não se concebe, com efeito, sem um rebocamento periódico das fachadas das teorias. Por isso um método extremamente fecundo, que forneceu quase um quarto dos trabalhos científicos efetuados no curso destes últimos anos, consiste em recompor ao gosto do dia teorias clássicas traduzindo-as em linguagem mais moderna: é, em outros termos, a interpretação moderna de teorias antigas.

Um exemplo típico é a física estatística. Uma vez que a ciência moderna está invadida pelo aleatório, uma tarefa consignada ao físico é a de procurar um mecanismo de detalhe conforme à teoria estatística molecular ou atômica para interpretar fenômenos e leis já devidamente estabelecidos: a teoria cinética dos gases de Gibbs e Boltzmann foi o protótipo deste gênero de doutrinas, porém, mais recentemente, todo um canteiro de obra se abriu aos estudos sobre os estados dos corpos dos quais a teoria molecular dos líquidos é o melhor exemplo: a noção de tensão superficial e as propriedades das camadas de separação, cujas leis e fórmulas fundamentais foram estabelecidas por Laplace faz já um século, precisam ser reinterpretadas em um micromecanismo estatístico.

Existe aí uma fonte indefinida de trabalhos científicos muito garantidos para o pesquisador porquanto conhece de antemão os resultados aos quais deve chegar em virtude do referido princípio de correspondência entre a física antiga e a nova, que constitui uma regra de primeira aproximação; ele sabe as leis que lhe incumbe explicar, a forma geral das fórmulas a descobrir , etc... tema sonhado para as teses de doutoramento onde os autores ficam sempre um pouco inquietos quanto ao objetivo a atingir.

Assim, há atualmente para ser refeita toda uma doutrina do atrito com base na teoria estatística da irregularidade das superfícies: sabe-se de há muito que a teoria do atrito da mecânica racional, baseada em um "coeficiente de atrito" e alguns outros dogmas muito mal verificados experimentalmente, é uma das menos satisfatórias possíveis. Recentemente surgiu uma ciência nos confins da metalurgia e da óptica: a física das superfícies, que visa a dar uma representação estatística, "demográfica", destas superfícies e a tirar leis gerais dos estudos de suas irregularidades individuais.

Se colocarmos duas superfícies A e B uma sobre a outra, os cheios de A entram parcialmente nos vazios de B e reciprocamente com todo um jogo de deformações mútuas que acarreta uma aderência tangencial notável ao mesmo tempo que uma ligeira aderência normal ignorada pela teoria clássica. Para deslocá-las uma em relação a outra, cumpre exercer um esforço que permita quer aos pequenos obstáculos de A escalar os de B (materiais "infinitamente duros") quer a uns esmagar os outros e aplainá-los (abrasão por atrito) criando todo um caminho cuja taxa de irregularidade diminui e com ele o esforço de fricção na partida até um atrito de deslizamento. Para elevar-se destes fenômenos individuais cujo mecanismo não se descreveu com precisão, a não ser na escala microscópica, aos que interessam aos objetos em grande escala, é preciso passar por uma definição estatística geral do coeficiente de irregularidade das superfícies, isto é, aplicar os raciocínios da demografia estatística: distribuição gaussiana, a forma mais provável, dispersão etc... às superfícies em presença. Finalmente, o trabalho global efetuado, dividido pelo deslocamento, dará uma força que é precisamente a força de atrito e será necessário reencontrar a título de primeira aproximação as leis clássicas de Coulomb. Este trabalho está *por fazer*, conhecem-se de antemão as suas grandes linhas, os resultados, os modos de raciocínio, mas jamais foi escrito.

§ 14. — MÉTODOS HEURÍSTICOS E "DOUTRINAS"

Todos os métodos por nós agrupados no presente capítulo têm um traço comum, visam a *utilizar* alguma coisa, doutrina, conceito, teoria matemática, construção mental, etc... que *já existe* criticando-a, deformando-a, transferindo-a para outro domínio, tomando uma posição oposta a sua, desenvolvendo-a literalmente. Exprimem portanto métodos heurísticos do menor esforço, espécies de *operadores* aplicados às doutrinas para extrair delas outras doutrinas; requerem — do ponto de vista heurístico, entende-se — o mínimo de imaginação. No capítulo seguinte agruparemos uma série de métodos heurísticos que, partindo mais deliberadamente para a aventura, requerem do pesquisador um esforço mental algo diferente.

5. Os Métodos Heurísticos
(Segunda parte)

Nada existe nas idéias de positivo que permita chamá-las de falsas.

SPINOZA

§ 1. – MÉTODOS ESTRUTURAIS

Os métodos que iremos examinar agora têm como objetivo específico criar *ex nihilo*, isto é, em um espírito vazio de doutrinas – na medida em que possa existir – este início de caminho que convida a tomar a via da aventura intelectual que é, por assim dizer, por continuidade, a condição do procedimento científico. Apoiando-se bem menos que os precedentes sobre o que quer que seja de existente ou sobre um corpo de conceitos matemáticos ou físicos, os métodos aplicar-se-ão a estabelecer uma estrutura mental mais especificamente no mais impreciso domínio experimental, ou seja, nas partes menos avançadas das ciências.

Tomando uma analogia no mundo musical, se os métodos do capítulo anterior se aparentavam mais à arte da fuga e ao contraponto, modos de variação ou complementos sobre um tema já dado, aliás, aqueles que iremos estudar participam antes da composição *ex nihilo* propriamente dita; a demonstração, a formalização etc...; pois a obra científica não deixa de ter relações com a harmonização, a orquestração e a escrita. Por isso não cabe espantar-se que a parte arbitrária, o desapego, a imaginação sejam aí mais visíveis que nos precedentes.

§ 2. – MÉTODO DOS PORMENORES

Saber espantar-se a propósito é a característica do espírito científico e um dos esforços essenciais do pesquisador deve consistir em desembaraçar-se desse incômodo fardo da ciência explicativa, ou do bom senso abusivamente racionalizante, sempre pronto a redissolver um fato que se impõe bruscamente à atenção no grisalho do hábito que serve para nos proteger contra a complexidade do mundo. O papel do cientista é justamente o de deslindar esta complexidade; sua faculdade essencial será a "curiosidade" às inúmeras lacunas da rede explicativa tão freqüentes que é preciso um esforço considerável para pô-las à mostra. Esta faculdade de espanto renovada, este frescor de espírito é uma virtude infantil; o homem mais idoso, normal, quase não a possui. Ele substitui as suas experiências por lembranças e sua imaginação por hábitos. O cientista conserva, ao contrário, esta capacidade de espanto como um valor precioso em sua tarefa heurística.

Tivemos ocasião de efetuar a este respeito uma experiência que revela nitidamente a mencionada "faculdade de espanto" em personalidades científicas:

Na época em que se começou a fabricar comercialmente as ligas magnéticas de grande campo coercitivo, isto é, dificílimas de desimantar quando colocadas em outro campo magnético, e em que ainda eram desconhecidas do público não especializado, tivemos ocasião de apresentar ímãs feitos dessas ligas que pela primeira vez permitiam ver, em outra parte que nos livros, ímãs "que se repelem" com uma força notável e se recusam a entrar em contato, qualquer que seja o esforço das duas mãos que os seguram. Havíamos apresentado sucessivamente os ímãs como brinquedos a crianças, a jovens muito dotados para as ciências, e a dois "literatos puros" que desde anos tinham perdido todo o contato com o espírito científico. As crianças (4-8 anos) foram tomadas de paixão pelos ímãs e interessaram-se tanto pela repulsão como pela atração, depois de haver descoberto o seu modo experimental; os jovens ficaram extraordinariamente seduzidos por esta repulsão que jamais tinham visto operar realmente na natureza (sabe-se que, quando os pólos correspondentes de dois ímãs comuns de fraco campo coercitivo são aproximados, o mais forte desimanta o mais fraco e há sempre atração), e seus espíritos se puseram a construir raciocínios e aplicações. Quanto aos dois "literatos", decepcionaram-nos profundamente por sua falta de reação ante este fato tão notável para um espírito científico. Um disse: "há alguns que se atraem, por que não haveriam de se repelir do mesmo modo, uma vez que vocês, físicos, ensinam que deve ser assim?" Verificava-se aí, com a abdicação do senso crítico, um desaparecimento da curiosidade, um desinteresse pelos fatos do mundo material, uma entrega às mãos da autoridade especializada que nos parecem muito característicos.

É no "método dos pormenores" que se traduz mais nitidamente a tendência à *gratuidade*, à disponibilidade total que constitui a raiz da pesquisa científica, amiúde dissimulada em outros métodos heurísticos, através das construções de considerações mais práticas, de objetivos mais imediatos ou de coerências lógicas, que se alçam ao primeiro plano. Trata-se de explicar exatamente aqui tal ou qual fato estranho do mundo que nos envolve e o método heurístico dos *pormenores* consistirá em dedicar-se sistematicamente a "recuperar" — a pôr em evidência — "fenômenos" nesta desordem de pequenos mistérios que fazem a alimentação cotidiana do laboratório e dos quais não explicamos senão vagamente uma parte ínfima, a denunciar precisamente estas explicações vagas que se satisfazem tão freqüentemente com palavras, que fazem vir à luz o "mistério".

Cabe aliás denunciar, a este propósito, uma certa "tradição explicativa", muito comum no laboratório, que tende para uma verdadeira "mitologia", empregando entidades múltiplas, cada qual com a sua função, que são a causa de todas as coisas. Sua encantação verbal, os atos que se efetuam tradicionalmente para reduzi-las à impotência ou exaltá-las, passam pouco a pouco da razão ao ato ritual que aquele que o executa é incapaz de dominar racionalmente.

Todos estes fenômenos mal explicados, correntes parasitas que circulam nas montagens, efeitos residuais de descargas eletroscópicas, deformação de sinais etc..., obtêm com muita freqüência uma explicação inteiramente pronta, em geral superficial; por exemplo: "é porque há uma corrente de retorno", e uma parada amiúde eficaz, "liga-se o chassis à terra" que nada ensina rigorosamente quanto ao mecanismo do que se passou mas faz desaparecer o fenômeno "parasita" suplementar com o qual não se sabia o que fazer e que perturbava a pureza da experiência. Por isso basta, às vezes, orientar a atenção para o fenômeno a fim de "recuperar" um resíduo experimental que coloca na pista de um fenômeno dissimulado, às vezes importante. O exemplo da descarga obstinada dos eletroscópios mais bem isolados permitiu, no século dezenove, que investigadores de espírito atento extraíssem do mencionado fenômeno mal explicado, sucessivamente, o efeito fotoelétrico (Hertz) e a radiação cósmica (Millikan). Citemos igualmente o movimento browniano, observado por Brown em 1825, conhecido por todos os microscopistas e valorizado enquanto fenômeno interessante por Gouy em 1895.

Eis um exemplo típico de aplicação do "método dos pormenores":

> Em todos os compêndios de física, desde há 250 anos, vemos perpetuar-se no começo do capítulo sobre eletrostática a clássica experiência de eletrização por fricção por meio de uma pele de gato e um bastão isolante. Esta pele passeia de geração em geração sem que nenhuma tentativa de explicação jamais fosse dada a essa confusa "eletrização por fricção". Tal fenômeno residual, legado por gerações de físicos, continua obscurecido pelo fato de que, conforme a vara isolante seja de quartzo ou de resina, tiram-se daí eletrizações de

sinal diferente. Sem dúvida ele não apresenta *a priori* uma importância tal que devamos renovar as bases da física para explicá-lo e
algumas vagas analogias relativas ao atrito das moléculas entre si
sugerem haver realmente por aí uma explicação do fenômeno no
quadro das leis clássicas da eletrostática... e permitem que a nossa
consciência durma tranqüilamente. A este respeito determinado físico
moderno, não se julgando nada satisfeito, empreende todo um programa de estudos de eletrização por atrito visando estabelecer uma
doutrina precisa do fenômeno na sua generalidade, quer se trate de
uma vara de resina sobre a pele de um gato ou de um pente. Coloca
em evidência o modo de aparecer das cargas, resultado de deformação das longas cadeias moleculares que formam os pêlos: as
cargas elétricas de atrito provêm da ruptura das ligações superficiais
sobre a cadeia molecular. Mostra, por exemplo, que se cortarmos
cabelos com a tesoura, estes se carregam negativamente. Este "resíduo" torna-se assim objeto de um trabalho que inaugura uma série
de apanhados sobre a liberação das ligações nas moléculas longas,
a partir de um fenômeno desprezado como desprovido de interesse
e sobretudo sem importância, integrando-o no conjunto dos conceitos
da teoria da eletricidade.

Poder-se-iam encontrar exemplos análogos em todas as
partes da física; foi assim que, entregando-se a reflexões sobre
os mistérios do não alisamento de cabelos ondulados, Astbury
viu-se conduzido a seus estudos acerca da estrutura das longas cadeias moleculares efetuados por meio dos raios X que
lhe permitiram estabelecer que estas tinham a tendência de
se enrolar em hélice etc... Trata-se de uma tênue diferença de peso entre o azoto extraído do ar e o azoto preparado quimicamente que levou Lord Rayleigh à descoberta do
argônio etc...

Um ponto de vista mais doutrinal conduziu muitas vezes
também a resíduos teóricos mal explicados:

Se é mister aplicar com rigor a teoria clássica da interferência,
não há motivo para que dois violinos façam mais ruído que um só.
Como parece evidente que não é assim, há aí um paradoxo cuja
solução não revolucionará certamente a física e que é deixada prudentemente de lado pelo ensino como quantidade negligenciável. Y
propôs uma vaga explicação disso afirmando que "deve" haver aí
variações erráticas de fase na emissão de cada fonte sonora. Tais
variações parecem muito inverossímeis a Z que estabelece uma teoria
correta do fenômeno, registrando os sons de violinos em concordância. Ele prova que estas variações de "fase" que, no caso de
fontes materialmente bem definidas e únicas como o é uma corda,
deveriam pressupor descontinuidades de emissão, portanto que um
ponto material estivesse simultaneamente em dois lugares distintos,
são na realidade variações contínuas de "freqüência" a substituir a
periodicidade rigorosa postulada gratuitamente por uma periodicidade
aproximada; isto conduz Z, para caracterizá-la, a apresentar a noção
estatística de "freqüência mais provável", noção cujo valor teórico
excede notavelmente o estreito ponto inicial de partida.

§ 3. — MÉTODO DA DESORDEM EXPERIMENTAL

Trata-se da expressão do estado de espírito do pesquisador que prepara a "experiência para ver no que dá" tão bem descrito por Claude Bernard. Consciente da vacuidade de seu espírito ante uma dada situação, que era problema a resolver ou curiosidade isolada, o pesquisador esforça-se por sair deste estado (*to stir up one's mind*). A fim de provocar o acaso, "fará não importa o que", montará uma velhíssima experiência" de curso com os meios mais modernos, e modificará alguma coisa nela, fará por assim dizer um brinquedo com os aparelhos, tentará combinações, praticamente sem guia, ao acaso, com reflexos quase mecânicos. No limite, trata-se de uma mentalidade de jogo, o Universo lúdico de Poyer que intervém com os seus reflexos quase mecânicos: virar os botões, por as mãos em toda a parte, encostar sobre as cordas vibrantes, adicionar ácido na solução, modificar o aumento do microscópio e a escala do exame. Assim, "misturará" dois fenômenos distintos colocados num domínio que o interessa, seu campo de ação pessoal, o outro em uma parte qualquer, por vezes heteróclita, da física.

Por exemplo, efetuado um estudo da polarização dos feixes luminosos — clássico nos cursos — e depois do magnetismo e da técnica de criação dos campos magnéticos intensos, caso se dispuser de um grande eletroímã no laboratório de óptica, houve no fim de contas quem dissesse que se poderia talvez produzir algo se se aplicasse o magnetismo à óptica. Fizeram pois passar um raio luminoso por um campo magnético, estudaram a dispersão, a intensidade, a polarização rotatória, a velocidade da luz, sucessivamente todas as propriedades dos feixes luminosos e acabaram por descobrir a ação do campo sobre a polarização (Efeito Cotton). Efetuou-se uma experiência fundamental criando a magnetóptica. Por pior que seja feita, desde que se obteve alguma coisa, basta aperfeiçoá-la: o caminho está traçado. Nada mais resta senão dar trabalho aos teóricos fornecendo-lhes uma experiência para explicar.

A descoberta da radioatividade por Becquerel por consequência de uma "experiência para ver no que dá", realizada com o vago objetivo de estudar a fosforescência dos compostos de urânio, pela aproximação de uma chapa fotográfica, em papel negro, de um sal de urânio, constitui um exemplo clássico de instigação do acaso. Desde que um fato, bastante bizarro, se revelou a alguém dotado da *faculdade de se espantar a propósito*, o caminho está delineado, ele sabe aonde vai, não lhe resta senão praticar variações concomitantes para fazer emergir o fenômeno puro.

Um aspecto muito moderno do "jogo intelectual" elevado à altura de um método heurístico é a exploração da *potência da técnica*. Esta, em conseqüência de descobertas teóricas e técnicas, lança no mercado — isto é, na mesa do laboratório — aparelhos cujas possibilidades excedem quase sempre as previsões do criador inicial. Algum outro pesquisador, jogando com esses aparelhos, aplicará não importa o quê para achar... qualquer coisa! Numerosas descobertas foram efetuadas entre 1910 e 1940 com base (?) neste jogo científico e um dos mais belos exemplos disto é o emprego das propriedades dos ultra-sons.

O que há de mais simples, com efeito, quando se dispõe de um gerador de ultra-sons, do que irrigar energicamente glóbulos sangüíneos, bactérias, pulmões, metais em fusão, águas lamacentas, bichos-da-seda ou chapas fotográficas? Desde que um pesquisador, movido por uma vaga idéia, constatou um efeito dos sons de curto comprimento de onda, todos os seus colegas tentarão aplicar a todos os corpos imagináveis esse novo modo de excitação física. Se acontece algo, eles descobrirão a esterilização do leite ou a floculação dos corantes e, se não acontece nada, resta sempre o recurso de redigir uma comunicação à Academia "sobre a insensibilidade relativa de certas bactérias à ação das radiações ultra-sonoras na gama das freqüências entre 600 kHz a 800 kHz".

Todas as radiações são boas para semelhante uso: ultravioletas, infravermelhos,. ultra-sons, ondas eletromagnéticas etc... Método simples para efetuar descobertas, não exige, à falta de gênio, senão um pouco de trabalho e uma atenção aguçada; quantos efeitos Kerr, Hall ou outros resultam de um tal sistema de irrigação de um fenômeno por um campo qualquer!

Esse método heurístico do jogo com aparelhos concede evidentemente *a priori* facilidades consideráveis ao laboratório bem equipado cuja potência de trabalho se apresenta multiplicada de outro tanto. A chegada de um novo aparelho em um Instituto de pesquisas suscita sempre uma curiosidade cheia de apetite de parte dos pesquisadores; estes, vendo-o com novos olhos, encontrarão talvez para ele uma nova aplicação que seu construtor ou idealizador não previra (emprego do batímetro de Neumann como limnímetro hidráulico registrador). Aqui aparece o poder criador da técnica.

Reciprocamente, quantas descobertas passaram despercebidas de pesquisadores dotados de meios insuficientes, sobretudo no estágio irracional da experiência para ver no que dá; muitas vezes não se via nada porque aquilo que havia para ver era demasiado pequeno.

Por isso a melhor das racionalizações no emprego de aparelhos novos para fazer, senão não importa o que, pelo menos muitas coisas, é a de "utilizar as notáveis propriedades" deste. Assim, as qualidades intrínsecas do oscilógrafo catódico excitaram a imaginação dos pesquisadores fornecendo-lhes programas de pesquisas nos domínios mais variados. Sua ausência de inércia, propriedade nova nos registradores da época em que apareceu, induziu um grande número de pesquisadores a querer aplicá-lo por toda a parte onde quer que houvesse registros a fazer, por exemplo em eletrobiologia, onde proporcionou lugar a uma multiplicidade de trabalhos técnicos — pois suas propriedades sedutoras são compensadas por múltiplos defeitos. Pode-se perguntar — com provas em apoio — se a técnica dos registradores mecânicos não era capaz de satisfazer às necessidades do registro em um grande número de campos onde o oscilógrafo catódico foi imposto por uma corrente de idéias, que parece assemelhar-se um pouco a uma *moda*, e pelo desejo de explorar um belo aparelho sedutor; há domínios que possuíam exatamente os mesmos títulos para o emprego de registradores e nos quais o oscilógrafo catódico não penetrou ainda — a física do globo e a sismologia, por exemplo, que levaram o oscilógrafo mecânico (galvanômetro de Schlumberger) a realizar progressos notáveis. Basta querer aplicar o oscilógrafo catódico ao estudo da agitação micro-sísmica para abrir um programa magnífico de estudos.

Na realidade, o que faltou aqui — e esta é evidentemente a falha do método heurístico da "desordem experimental" — é uma doutrina de emprego, um ponto de vista coerente, um ponto de vista, em suma. Por isso este método assaz rudimentar só é realmente frutuoso nos domínios ainda incipientes da ciência, onde não se tem nenhuma idéia sobre o que se obterá e onde o campo é bastante virgem para que isso importe muito pouco, desde que se obtenha "qualquer coisa".

O método da "matriz de descoberta" visa justamente a remediar esta falha.

§ 4. — A MATRIZ DE DESCOBERTA

Uma racionalização do método estritamente empírico que acabamos de descrever reduzindo nele a gratuidade nos leva a este processo heurístico extremamente importante que é a *matriz de descoberta* ou "método das casas vazias", já sugerido por Bacon como "método para fazer experiências", e cujo exemplo mais clássico é o emprego da tabela dos pesos atômicos.

O valor heurístico das tabelas de Classificação bidimensionais é muito conhecido em ciência desde a clássica Tabela de Mendeleiev que, alinhando os elementos químicos segundo uma variável horizontal: as propriedades químicas da valência, e uma variável vertical: os múltiplos de 8 do número atômico (sob a forma moderna), descobriu, com uma mara-

	O MEIO							O TEM
Função		Ocupação do território	Utilização do espaço		Equipament do território			
	Dados naturais	Rural, industrial	Mudanças Social administrativas	Concepção tridimen- sional	do terreno	do volu		
	Geografia	Demografia	História	Dados humanos	.....	Traçado e 2 dimensões	Cidade	Rural	2 dimensões	3 dimensões
Habitar									
Trabalhar									
Cultivar o corpo									
Cultivar o espírito									
Circular	.....	....•	.. .. ..	.. ...	..	.. ...•..	..	... ...•..	......	...
Distrair-se									
Atividade específica									

vilhosa correspondência de propriedades em cada coluna vertical, a existência de casas vazias que induziam a preenchê-las por elementos desconhecidos, mas cujas propriedades eram de antemão previsíveis. A tabela de Mendeleiev forneceu durante quase um século aos químicos *elementos a descobrir*: gálio, germânio, índio, escândio, lantânio, ekatantálio, etc... que consagraram o seu triunfo, recentemente reforçado pela descoberta dos quatro últimos elementos faltantes para preencher a tabela: 43 (tecnécio), 61 (prometeu), 85 (astato), 87 (frâncio).

Quando acompanhamos o histórico da tabela periódica tal qual nos conta Bachelard, notamos imediatamente que a tabela original de Mendeleiev era, no fundo, um edifício muito frágil, seja porque as variáveis consideradas não eram as va-

Ética e Estética Relação do velho com o novo	Incidências econômicas e sociais	Legislação	Financia-mento	Etapas de realização	Diversos	AS REAÇÕES AOS TEMAS					
						Racionais			Afetivos		
						Usuários	Autoridades	Vizinhos	Usuários	Autoridades	Vizinhos
	■										

riáveis corretas seja porque, sob a forma em que ela se apresentava, era incapaz de explicar com rigor a realidade dos fatos (inversão de ordem, disposição das terras raras etc...). Foram necessários anos de sérias arrumações e inúmeras complicações para que assumisse o seu aspecto definitivo, ao passo que o seu sucesso e valor criativo se confirmavam a cada elemento novo.

Resulta daí, e não seria em demasia sublinhá-lo, que o *poder de um conceito,* isto é, o seu aspecto sedutor para o espírito humano, tem infinitamente mais valor heurístico que sua exatidão. Reciprocamente, se ele tem grande valor racional, certamente se encontrarão pesquisadores que submeterão os conceitos iniciais a todo um trabalho de apresentação dogmática, visando a dar-lhe todo o rigor requerido pelos mais exigentes dos lógicos.

Quadro: Exemplo de Matrizes

VARIÁVEL INFLUENCIAN...

VARIÁVEL INFLUENCIADA	Campo magnético H	Indução magnética B	Campo elétrico E	Forças ou acelerações γ	Deslocamentos dx	Resistividade ρ	Constan-étrica ε	Densidade ω
Campo magnético H		suscetibilidade magnética						
Indução magnética B	para e ferro magnetismo					supracondutividade		
Campo elétrico E				Bary piezoeletricidade				
Forças ou acelerações γ								
Deslocamentos dx		magnetostricção	piezoeletricidade inversa					
Resistividade ρ	Efeito Hall							
Constante dielétrica ε			polarização dielétrica					
Densidade ω			eletrostricção					
Intensidade luminosa I								
Raias espectrais λ	Efeito Zeeman	Efeito Cotton	Efeito Stark					
Polarização da luz φ	Polariz. rotatória magnética		Efeito Kerr					Foto elasticimetr
Campo térmico ou temperatura θ			Efeito Peltier					
Corrente elétrica fluxo de elétrons j								
índice de refração n								lei de Gladsne e Dalle

Descoberta em Física

Intensidade luminosa I	Raias espectrais λ	Polarização da luz ω	Campo térmico ou temperatura θ	Corrente elétrica fluxo de elétrons j	Índice de refração n	Raios X		VARIÁVEL INFLUENCIADA
				indução elétrica				H
								β
			termo-eletri-cidade					E
								γ
								dx
			leis Pouillet supra-conduti-vidade		ionização			ρ
								ε
								ω
			emissão térmica		fluores-cência			I
absorção			Alarga-mento das raias	Efeito Joule				λ
								ω
								θ
								j
								n

A grade CIAM é ao mesmo tempo, como o afirma explicitamente Le Corbusier, um *instrumento para pensar*, um *esquema de apresentação*, uma *classificação para os projetos*. É uma matriz, isto é, um quadro retangular que anuncia verticalmente as *funções* a cumprir da habitação e horizontalmente os elementos sobre os quais estas funções devem agir para destacar o tema arquitetural.

As funções consideradas são:
Habitar
Trabalhar
Cultivar o corpo
Cultivar o espírito
Circular
Distrair-se

Cada uma das casas assim formadas, inicialmente vazia, sugere ao arquiteto uma etapa para completar na concepção, um projeto a estabelecer, cujo conjunto forma "o projeto do urbanista". Repartirá o trabalho definido em cada casa vazia — exemplo: Incidências econômicas e sociais da função "circulação" no urbanismo (casa hachuriada do quadro das pp. 100-101) — entre os seus diversos colaboradores, definindo assim claramente seu programa de pesquisas ou de projetos.

Um exemplo excelente do poder heurístico da matriz de descoberta em um domínio suficientemente afastado da Física é a grade projetora do Comitê Internacional de Arquitetura Moderna, imaginada por Le Corbusier e sua escola. No seu esforço para repensar a arquitetura de modo sintético, sem esquecer nenhum dos múltiplos elementos que concorrem para a edificação do projeto, Le Corbusier procurou um método heurístico que lhe permitisse traçar, passo a passo, os elementos desse último.

A aplicação heurística da classificação em duas dimensões, evidente aqui, pode transportar-se para muitos outros domínios. Depois de termos visto dois exemplos, um na química e outro na técnica, tentemos generalizá-los em uma "matriz de descoberta" relativa ao conjunto dos fenômenos físicos. O *método* consiste essencialmente em uma reflexão sintética sobre as ligações dos fenômenos com seus antecedentes físicos destinada a estabelecer, aqui também, uma classificação de duas dimensões — que seria aliás teoricamente possível de extensão, como o fez a tabela de Mendeleiev ao explodir pelo espaço para abrigar as propriedades das terras raras devidas a camadas eletrônicas não superficiais. Cada "fenômeno" é aí situado no cruzamento da linha que exprime a variável influenciada e da coluna que exprime a variável influenciante. Exemplo: um fenômeno como o efeito Kerr é resultado da influência de um campo elétrico caracterizado por um gradiente $\overline{E}$ sobre a direção do plano de polarização (variável influenciada classificada em uma linha horizontal).

Estabeleceremos portanto uma tabela (ver adiante) que comporte:

a) *variáveis de ação,* tais como "campos" na acepção mais geral do termo: magnético, elétrico, de gravidade, luminoso calorífico etc...; cada qual tipificado esquematicamente por uma variável característica H, E, aceleração, intensidade luminosa, cor, temperatura, densidade etc... dispostas horizontalmente nas colunas;

b) *variáveis influenciadas,* que poderão aliás ser as mesmas que as anteriores, pois elas caracterizam aqui um efeito e ocorre que o efeito seja reversível; exemplo: o campo magnético H que atua sobre um condutor móvel (v) produz um efeito E (indução); reciprocamente o campo elétrico E que atua sobre um condutor móvel fechado (v) produz um campo magnético H.

Esta tabela assumirá portanto, para as necessidades da pesquisa, um caráter estritamente operacional; ganhará em clareza, portanto em valor, confundindo as variáveis implicadas em uma mesma técnica de pesquisas; por exemplo, confundir-se-ão no caso o gradiente de temperatura $\delta\theta/\delta x$ e a temperatura, pois, no laboratório, a técnica é a mesma — é preciso sempre uma fonte quente — assim como se confundirão campo de gravidade e aceleração etc...

Neste quadro, numerosas casas são preenchidas por um fenômeno conhecido — por exemplo, o efeito Hall resulta da influência de um campo magnético sobre a resistividade ρ — mas muitas outras permanecem vazias. Significa isto outra coisa senão que temos aí, quando não um fenômeno a descobrir, pelo menos um programa de experiências a efetuar? Por exemplo, qual a influência da gravitação (isto é, de um campo de aceleração γ) sobre a constante dielétrica ε? Neste momento intervém uma forma qualquer das leis de indução de Stuart Mill; far-se-á variar a gravitação e medir-se-á a constante dielétrica, daí um programa de experiências; far-se-á girar com grande velocidade um dielétrico, submetendo-o assim a uma aceleração $\omega^2 r$, e imaginar-se-á um dispositivo de medida da constante dielétrica.

A questão então é saber:

a) se existe um motivo de princípio para que o efeito não se produza — assim raciocínios gerais de termodinâmica sobre a simetria dos cristais mostram que o efeito piezelétrico — aparecimento de cargas elétricas quando submetemos um cristal a uma coerção mecânica — só pode produzir-se com certos tipos de edifícios cristalinos. Muitas vezes os motivos teóricos são demasiado nebulosos ou a estrutura dos corpos materiais que devem servir de campo ao fenômeno procurado, por demais mal conhecidos para que se possa afirmar seja lá o que for *a priori* e não se pode evitar o recurso à experiência;

b) se não existe semelhante motivo geral, o efeito *deve* existir, a questão fica reduzida ao problema tecnológico de saber se o fenômeno não é afetado de um coeficiente tão microscópico que seja indiscernível e é o desenvolvimento das técnicas de laboratório que condicionará a descoberta, ou ainda a exploração sistemática de uma série de corpos cujas propriedades se escalonam em gamas numéricas muito variadas, que permitem descobrir o fenômeno em um corpo mais do que em outro. De toda maneira, vê-se que esse método heurístico da matriz de descoberta resulta do próprio processo da classificação, pondo em evidência uma *álgebra do espírito,* que os outros métodos heurísticos já nos fazem suspeitar.

A referida classificação possui aliás um valor intrínseco: assim a simetria de certos casos com respeito à diagonal do quadro exprime a reversibilidade do fenômeno. Exemplo: a eletrostricção, influência do campo elétrico sobre um comprimento (distância entre átomos ou comprimento da amostra) é um fenômeno reversível, isto quer dizer que a ação de uma contração sobre um corpo (não forçosamente o mesmo) provocará o aparecimento de uma polarização elétrica. Aí reside o início de uma *física do "fenômeno geral"* a cujo respeito somente a termodinâmica nos deu até agora algumas indicações.

§ 5. — MÉTODO DE RECODIFICAÇÃO

A matriz de descoberta era uma *apresentação* de conceitos científicos já conhecidos (variáveis influenciante e influenciada) para daí extrair novas relações em uma "situação" nova. Seu poder heurístico provém de uma vista perspéctica dos fenômenos. Pode-se generalizar? o fato de exprimir fenômenos de um modo diferente ajuda a apreender suas implicações? É o "princípio de recodificação" de Wertheimer ao qual já aludimos e que forneceu não só temas para demonstração, mas métodos para a descoberta; Wertheimer, teórico do "campo intuitivo", considera a manipulação dos conceitos como uma das chaves do pensamento, atribuindo à construção conceitual uma analogia com a construção que uma criança faz com um jogo de cubos, um pouco ao acaso, atualizando uma forma.

A primeira condição para a manipulação dos conceitos é que eles sejam manipuláveis, isto é, que sejam colocados em uma forma cômoda, destacável do fundo; é ao que responde a linguagem. *A primeira e a mais evidente das (re)-codificações é a expressão verbal.*

Esta recorta precisamente o mundo das sensações em conceitos separados, traduzidos por palavras que são, nós o sabemos, os elementos primordiais do mecanismo intelectual. As palavras preexistem às idéias, condicionam sua existência e toda tentativa de criação intelectual começa por exprimir em palavras o conteúdo das sensações. O primeiro dos métodos heurísticos é, qualquer que possa ser a ironia que suscita quando não vai mais longe ("o fósforo existe em dois estados *alotrópicos*"!), dar um nome à propriedade essencial do ópio para acionar o instrumento do pensamento. As idéias são ligadas tão fortemente às palavras que as formam, que a disciplina da linguagem é, pelo mesmo fato, uma disciplina de idéias que pode em si encontrar o seu valor heurístico. Um dos aspectos mais simples do método de recodificação encontra-se ligado à disciplina da linguagem. Eis um exemplo típico extraído dos trabalhos de Pavlov:

> Desde que estudamos o apetite mais ou menos grande dos cães, tomamos em consideração os desejos etc... Não conseguimos concordar com meu colaborador. Tornou-se necessário ser puramente objetivo. Era absolutamente proibido (havia mesmo multas afixadas no laboratório) empregar expressões psicológicas tais como: "o cão adivinhou, quis, desejou..." e, a partir de então, todos os fenômenos de que nos ocupamos se nos apareceram sob uma luz inteiramente diversa."

Há, no caso, um exemplo típico de recodificação de conceitos devido à própria força da linguagem que assinala suficientemente a estreita ligação entre palavras e conceitos.

Por isso uma das aplicações mais eficazes e mais simples do princípio de recodificação na heurística consiste em importar, para um domínio científico qualquer, uma terminologia, expressões, termos, provenientes de um domínio inteiramente diverso. A importação na fisiologia nervosa dos termos "relés", "dipolos" etc... trouxe aos fisiologistas, há alguns anos atrás, toda uma série de idéias novas. O simples esforço de assimilar o conceito de "dipolo" em eletrocardiografia com a série de raciocínios que se prendem a este termo na teoria dos campos (Problemas de Poisson e de Laplace) foi a origem de um progresso notável deste ramo da fisiologia: novas perspectivas abrem-se, e o caminho será, por exemplo, o de construir um reservatório de líquido condutor dotado da forma de um tórax humano, e colocar em seu centro um ou dois dipolos complexos materializados, de modo conveniente, e elevar os potenciais de superfície para estabelecer o estado elétrico do coração a partir das elevações efetuadas sobre as "derivações" clássicas.

Não conviria crer aliás que este processo de empréstimo só seja empregado proveitosamente no sentido:

ciência racional avançada   →   ciência menos avançada
(eletrotécnica p. ex.)   (eletrofisiologia p. ex.)

porque acarreta uma transferência das racionalizações ligadas ao vocabulário assim importado. O procedimento inverso é igualmente verdadeiro, talvez ainda mais: a importação nas ciências muito racionalizadas de conceitos e de palavras tomadas às ciências humanas constitui amiúde um método heurístico profícuo graças a uma espécie de humanização dos conceitos racionais que produz uma analogia outrora ignorada. Daremos como prova disso o destino extraordinário do termo "recrutamento", importado da sociologia, por um canal anglo-saxão, no estudo da transmissão de sinais codificados por fibras cada vez mais numerosas em um filete nervoso. Este termo evocador abriu a porta a uma multidão de trabalhos cuja mola principal era a pesquisa, enquanto pura hipótese de trabalho, aliás, de uma analogia escondida sugerida pelo termo. Lembremos, neste domínio, que toda a jovem ciência da cibernética se definiu, no senso estrito, como a ciência das analogias estruturais entre organismos de funções idênticas, elevando, no caso, a analogia traduzida por um vocabulário comum à altura de dogma.

Assim, nas grandes máquinas de calcular surgiu o emprego do simples termo "memória", importado das ciências humanas para uma ciência, a matemática experimental, que, por falsas razões de simplicidade, se consagrara exclusivamente a sistemas reversíveis, permanentes, oscilantes etc... Toda a física matemática se desenvolvera em um sentido quantitativo, onde o teorema de Carnot não desempenhava qualquer papel, esquecendo sistematicamente de se ocupar dos recipientes que esvaziamos e que não mais enchemos, dos cartões que perfuramos e que evidentemente permanecem perfurados etc..., em suma, dos fenômenos *históricos*, dos fenômenos de *memória*, onde o estado presente depende estritamente do conjunto dos estados que o precederam, o que impede absolutamente de negligenciá-los. A física teórica até agora supunha sempre que um processo obscuro qualquer preenchia o recipiente que era esvaziado para estudar as leis hidrodinâmicas do escoamento da água nos bordos do vasilhame etc... ligando-se a um aspecto cômodo, mas sobretudo artificial, do problema. Foi em conseqüência de tais empréstimos de vocabulário, algumas vezes espontâneos e que aparecem com evidência, muitas vezes resultante de um esforço de imaginação verbal deliberado, que tais conceitos, ampliando e renovando o horizonte intelectual, penetraram nas ciências exatas.

O valor da expressão verbal é a sua simplicidade; ela verifica no real, corta as ligações entre o campo conceitual e a forma central, à qual dá um nome ou uma definição. Logo que se torna um pouco complexa, logo que se liga a uma enorme multiplicidade de condições restritivas, o conceito perde sua potência e seu valor de descoberta; deve ser substituído por uma outra palavra para uma recodificação ulterior: *transformação de expressões* — no limite, algumas vezes, tradução para uma língua estrangeira onde "soa" diferentemente — ou *revisão do campo das hipóteses*. Tomemos um exemplo:

A noção expressa em francês pela palavra *rendement* (em português, eficiência térmica ou rendimento), é traduzida normalmente em inglês pela palavra *efficiency* e em alemão pelos termos *Leistung* e *Wirkungsgrad*. O termo francês *rendement* lembra a restituição parcial de algo fornecido, e está relacionado a uma noção de economia interna, desenvolvida por exemplo no teorema de Carnot:

$$ r = \frac{\text{Calor fornecido} \quad - \quad \text{Calor cedido}}{\text{Calor fornecido pela fonte quente}} = \frac{\text{trabalho realizado*}}{\text{calor dissipado}} $$

a noção de eficiência térmica (em francês, *rendement*) está ligada no espírito do físico francês à noção do funcionamento econômico.

Em inglês, *efficiency* está mais próximo daquilo que o francês designa de bom grado sob os termos *efficacité, effectif. Efficiency* é o grau daquilo que efetua bem uma tarefa, "que faz", — cumpre lembrar que em anglo-saxão os termos de origem latina têm sempre uma significação muito mais próxima desta origem que o termo francês correspondente. Assim, o acento se acha colocado sobre um valor *pragmático*, a *efficienccy*, é menos talvez a economia interna de funcionamento que a aptidão para preencher uma tarefa de modo adequado.

Em alemão, *Wirkung* e *Leistung* são palavras ligadas na linguagem corrente ao "trabalho", à dissipação de energia, à *potência*, ao que a noção de *rendement* da língua francesa se vincula apenas através do sufixo *grad*, grau, porcentagem — portanto, *a posteriori*, acessoriamente. Finalmente, estas palavras implicam diretamente o fato de que *rendement* está aí ligado de modo empírico à potência P, no sentido de que as máquinas de um mesmo tipo apresentam de fato um rendimento crescente com a potência — trata-se, portanto, de uma teoria talvez estabelecida.

A fim de construir um forno elétrico ou um alternador de máxima potência, o físico alemão terá facilmente a *primeira idéia* de aumentar as dimensões e a potência nominal e considerar o calor dissipado como um acessório necessário. Macker fará, por exemplo, um arco elétrico com alta dissipação que será um arco de grande rendimento.

(*) Em francês *chaleur rendue* corresponde à diferença entre o calor fornecido pela fonte quente e o calor cedido à fonte fria que apareceu sob a forma de trabalho. (N. do T.)

Destarte três pesquisadores trabalhando com a mesma preocupação serão levados, pelas diferentes conexões do termo que a exprime com a língua corrente, em três direções de pesquisas diversas — há, aliás, nisso, um indício relativo ao estilo diferente das pesquisas segundo a nacionalidade de seu autor.

Naturalmente, esta exegese filológica permanece inconsciente entre a maioria dos pesquisadores, mas aquele que conhece muitas línguas se verá amiúde colocado ante um campo de possibilidades muito mais amplo e espantaria ver quantas observações de filologia comparada deste gênero são freqüentes nas conversas de laboratórios, de onde nasce muitas vezes o impulso da pesquisa, constituindo a simples tradução de um termo nas várias línguas um método heurístico definido: um dos interesses do conhecimento das línguas estrangeiras.

Exemplos de recodificação lingüística se encontram a cada passo na ciência, o rico vocabulário filosófico de origem germânica, os "termos que fizeram fortuna" (*Gestalt*) são os testemunhos de uma recodificação dos termos em cada língua. O termo "frigoria" (caloria negativa), que não contribui rigorosamente com nada do ponto de vista da pura lógica, desempenha um papel importante na termodinâmica industrial etc...

A mais importante e a mais sistemática destas recodificações é a passagem ao simbolismo matemático. Se não há dúvida que o valor da matemática transcende de muito o de uma linguagem cômoda, porquanto ela representa a imagem última do Universo teórico segundo as idéias de L. Brunschwicg, parece evidente que a recodificação em linguagem matemática seja um dos principais recursos do espírito. Esta participa pois de todo um vocabulário, arsenal de conceitos formados pelos lógicos tais como o de *exponencial, integral* ou *derivada,* que são difíceis de traduzir para a linguagem corrente.

Numerosos estudos foram efetuados acerca do papel da linguagem matemática nas ciências, dos pontos de vista mais variados. Por isso não insistiremos aqui neste fato, contentando-nos em pôr em evidência o aspecto heurístico do poder do conceito — muitas vezes do termo.

A construção das salas de teatro e de concerto é essencialmente um problema de acústica interior. Durante muito tempo foram construídas no mais perfeito empirismo, chegando por uma série de tentativas e erros a um compromisso estético, social e acústico satisfatório: o teatro italiano, do qual o Scala de Milão é o exemplo mais bem sucedido. No fim do século XIX, a urbanização da vida cria uma nova necessidade de construir teatros para satisfazer uma vida musical crescente. Como o estilo arquitetônico mudara sensivelmente, pretenderam romper o modelo do teatro à italiana. Daí resultaram catástrofes; os mais conscienciosos arquitetos (Garnier, por exemplo) quiseram se inspirar nos melhores exemplos existentes de construção de salas e visitaram um grande número de teatros, examinando-os cuidadosamente. Os resultados foram duvidosos, roçando amiúde no fracasso, ao menos do ponto de vista da acústica, e até quase 1930, não se sabia mais além do que já se conhecia em 1860. Durante este tempo, e de modo completamente independente, um físico, W. C. Sabine, por uma observação fortuita — que participa do método dos pormenores que vimos anteriormente — imaginou, ao escutar a extinção do som dos tubos do órgão, a noção de *tempo de reverberação* e constatou por métodos muito imprecisos que tal atraso de extinção variava pouco de um ponto a outro numa sala de espetáculos. Pouco depois, deu a este termo uma definição precisa: atraso ao cabo do qual um som se reduz regularmente ao milésimo de seu valor inicial, e mostrou que isto se liga simplesmente à natureza das paredes da sala. A acústica das salas estava criada nesta única fórmula. O conjunto de todos os resultados inutilizáveis anteriormente obtidos, de todos os documentos e de todos os dados acumulados acerca das platéias, cristalizava-se instantaneamente em torno de um conceito essencial, sendo todos os valores numéricos recodificados a partir desta noção e se estabelecia uma doutrina da construção de salas de espetáculos. Acaso, empirismo, haviam desaparecido, sabia-se o que se fazia. Em poucos anos estava formado o essencial da acústica de interiores por um simples conceito cômodo que fornecia uma perspectiva sobre inúmeros resultados fragmentários: dispunha-se de um modo de apreensão do real. Por mais que os progressos da acústica de interiores viessem criticar consideravelmente as hipóteses fundamentais de Sabine e a própria noção de tempo de reverberação, evidenciando nelas paradoxos lógicos (materiais de absorção maiores do que 1), permanece não obstante o fato de que esta noção se impôs forçosamente há vinte anos em toda a acústica das salas, e que, qualquer que seja a sua falsidade teórica, ela domina todos os projetos de acústica, o que mostra mais uma vez quão pouco importa que um conceito seja numericamente falso, se for prático e simples: um conceito-força é uma alavanca do pensamento.

O método de recodificação é aliás, algumas vezes, suscetível de uma racionalização lógica, mesmo fora das transformações matemáticas propriamente ditas: o tipo de recodificação heurística nos é dado nas ciências pela utilização, para a pesquisa, de *equações dimensionais* que são *a priori* uma forma incidental ligada conceitualmente de modo assaz vago aos fenômenos estudados, parecendo-nos estes *a priori* independentes de seu modo de expressão.

A observação, mesmo passiva, de um fenômeno fornece muitas vezes à experiência passada do pesquisador, provido de senso físico, uma idéia intuitiva sobre as variáveis suscetíveis de entrar em jogo no efeito produzido. Examinando o desvio de uma agulha imantada no campo magnético de um condutor, parece verossímil que o ponto

de orvalho do ar da sala, o curso do trigo na bolsa de valores etc....,
não desempenham papel neste desvio, mas que muito provavelmente
a intensidade da corrente no fio (i), sua distância à agulha (d), talvez a imantação desta (M), talvez a intensidade do campo terrestre
(H) que antes orientava a agulha tenham algo a ver com isso —
aliás nada impede que se faça disso uma idéia por alguns ensaios
qualitativos. Escreveremos pois um símbolo que exprima de modo
adequado cada variável, o que por sua vez já constitui uma tomada de
consciência conceitual da experiência; a seguir pesquisaremos as "dimensões" desta última, as reduções de suas potências que devem
conduzir a dimensões globais da fórmula idênticas à variável resultado: α por exemplo (L". M". T").

Assim: $(L^0\ T^0\ M^0) = k\ (H)^\alpha\ (d)^\beta\ (i)^\gamma\ (M)$

representando k um coeficiente colocado:

a) para evitar os erros de raciocínio;

b) para exprimir variáveis complicadas (a forma geometrica do fio
por exemplo) mas cuja influência é geomètricamente calculável;

c) para conter um coeficiente numérico, função do sistema de unidades empregadas e que raciocínios gerais devem (teoricamente) permitir esclarecer.

Notar-se-á que este método sedutor se choca contra um obstáculo essencial, o esquecimento ou a ignorância de variáveis escondidas que não apareceram na idéia do pesquisador. Na realidade, o
método sob a forma mais racional se apresenta sob o seguinte aspecto: "*Se* as variáveis em jogo no fenômeno são unicamente aquelas
que foram consideradas, e se o coeficiente k não tem dimensão (coeficiente numérico), *então* a lei procurada tem a forma dada pelos
coeficientes α, β, γ, δ, ..." o que já é precioso conhecer.

Aliás, a recodificação pelo método dimensional é suscetível de
sugerir analogias de mecanismo entre fenômenos muito diferentes
pertencentes a partes afastadas da física, que o pesquisador não so-
nharia sequer aproximar. Exemplo : a temperatura θ em um sólido,
função de quatro variáveis, x, y, z, t, dimensões e tempo, obedece à
equação:

$$\frac{K}{\gamma} = \frac{\partial^2\theta}{\partial x^2} + \frac{\partial^2\theta}{\partial y^2} + \frac{\partial^2\theta}{\partial z^2} - \frac{d\theta}{dt}$$

sendo k a condutividade térmica e γ o calor específico por unidade
de volume (c/v). Pomos $k/\gamma = h$ e chamamos h de *coeficiente de
difusidade térmica*, suas dimensões são $(L)^2\ (T)^{-1}\ (m^2/s)$. Ora, há
em uma parte inteiramente diversa da física a Mecânica dos Fluidos,
um coeficiente de mesmas dimensões, a viscosidade cinemática $\mu = \varepsilon/\rho$
que desempenha um papel essencial no retorno ao estado de equilíbrio de um fluido agitado, bem como na propagação de uma onda
mecânica tangencial sem compressão. Isto conduz à verificação de
uma analogia de mecanismo entre este fenômeno e o retorno à uni-
formidade de temperaturas de um corpo, desigualmente aquecido ou
a propagação de uma perturbação térmica. Daí emergirá um método
de analogia a explorar os conhecimentos bastante avançados que se
possuem de mecânica dos fluidos incompressíveis e a relativa facilidade
das experiências, para estudar as variações térmicas dos corpos em
processo de resfriamento, que são amiúde mais delicados.

Na realidade, a intervenção de exponenciais ou de logaritmos e de funções não racionais em uma fórmula vem em geral complicar tal processo, pois as fórmulas dimensionais mascaram a aparição destas formas essenciais do raciocínio. Por isso esta recodificação sob forma dimensional das variáveis de um fenômeno, por mais sedutora que pareça do ponto de vista racional, desempenha de fato um papel bem menor que os outros sistemas de codificação mais intuitivos, mais vagos, porém mais fecundos, tais como a recodificação matemática propriamente dita.

O princípio de recodificação, expressão da psicologia do campo, tem um alcance considerável enquanto método heurístico e adota formas derivadas muito variadas.

§ 6. — MÉTODO DE APRESENTAÇÃO

Este deriva do princípio de recodificação estudado no parágrafo precedente e mais precisamente do poder heurístico de uma simbolização do real. É o que caracteriza a sua originalidade; ela opera não sobre a codificação elementar da linguagem, mas sobre as formas acabadas que o fato científico devidamente estabelecido assume, formas que muitas vezes não são fecundantes e algumas vezes mesmo positivamente esterilizantes . Em princípio, toda doutrina científica não totalmente acabada — restrição de pura forma — deve apresentar-se espontaneamente tanto sob um aspecto dogmático, destinado ao ensino ou ao assentamento no edifício da ciência enformada, quanto sob um aspecto indutivo, heurístico, que indique espontaneamente ao pesquisador a via a seguir.

Na prática, ocorre coisa bem diversa; o pesquisador se preocupa no mais das vezes, desde que obteve um resultado, de lhe dar o aspecto mais acabado, o mais definitivo possível, por intermédio das demonstrações, fórmulas, restrições de uso, de todo um conjunto de convenções que formam o estilo científico, convenções, aliás, sempre perfeitamente justificadas do ponto de vista lógico, mas que, mesmo na sua mais impecável racionalidade, jamais deixam de exprimir um ponto de vista, o do autor, e que são, muito preferencialmente, os considerandos que traz para o julgamento da causa apresentada. Amiúde, todo o aparelho formalista de um texto científico quer dizer em suma: "Se adotais o meu ponto de vista, eis o que encontrareis". Mas a força convincente do aparelho da lógica formal é tão grande que, em larga medida, o leitor ou pesquisador potencial retira uma impressão de plenitude, de acabamento, de totalidade, muitas vezes enganosa, tendo a autocrítica e as restrições que a maioria dos autores apõe *in fine* a seu trabalho, somente, no mais das vezes, um valor de caução que quase não influi no estilo deste último. Na realidade, e é natural, o autor procura antes prevenir-se contra a crítica do que apelar à crítica. Ora, em se tratando de um domínio científico estabelecido que progride sobretudo por contradição, cabe justamente aos críticos do pesquisador patenteado retomar esta apresentação, abrir a porta a novas perspectivas e não fechá--la. O pesquisador tem pois necessidade de uma apresentação distinta da tradicional para encontrar aí a mola de um novo esforço indutivo, tem necessidade de um *relé de imaginação* que amiúde faz falta ao trabalho científico escrito; encontra-o algumas vezes, ele ou os seus colegas, nas discussões entre pesquisadores, nos corredores dos Congressos científicos, ou nos conceitos mais gerais dos sintetizadores, mas ele encontrará muitas vezes este relé de imaginação igualmente em uma "reapresentação", numa nova apresentação, uma codificação diferente dos resultados adquiridos.

Enquanto que o "método crítico" (Cap. 4, § 2) se apresentava como um trabalho em negativo, ou ao menos como contraponto de uma doutrina já existente, os métodos de reapresentação se afirmam como relés, prolongamentos de um fato estabelecido ou de uma doutrina, mas em princípio não haurirão quase nada na doutrina precedente que se trata de esquecer em favor de um novo esclarecimento.

Um dos "métodos de apresentação" particular mais típico é o processo de passagem de uma representação de uma coleção sobre cartões perfurados a outra. Citaremos por exemplo o processo que, partindo do sistema que atribui um cartão a cada objeto representado, passa ao sistema que atribui um cartão aos diferentes atributos e que marca uma multidão de pontos para os itens dotados de caracteres.

O exemplo mais vulgar do método heurístico de apresentação, tão banal que penetra na vida corrente, é simplesmente o da representação gráfica. Enquanto o quadro de números que isoladamente estabelece com precisão um fato científico é o tipo do resultado profundamente esterilizante, o gráfico, a curva, é na sua essência uma *forma prenhe*, amiúde uma boa forma (no sentido de Rorschach), isto é, que exprime os conceitos essenciais — proporcionalidade, máximo, aceleração, assíntota *emergem espontâneamente* do gráfico. O quadro numérico é transcendido pela curva que pretende exprimi-lo — muitas vezes demasiado mal; a curva é diretamente assimilável como conceito único a mesmo título que a fórmula matemática, porém de modo mais elementar, talvez também mais conforme a uma certa dinâmica do espírito. Por isso a representação gráfica nas suas múltiplas modalidades é uma das grandes criadoras dos fatos científicos — não devemos esquecer que a maioria dos fatos da economia política, da demografia e da psico-sociologia, foi descoberta pela representação gráfica; as noções de homem normal, de opinião etc... repousam sobre os histogramas de distribuição de uma população conforme um critério numérico. Em todos os domínios da estatística onde intervém a curva de Gauss, a própria noção de medida expressa por grandezas tais como desvio típico, decis e percentis etc... resulta da apresentação gráfica que faz emergir os conceitos numéricos, — no caso as tabelas de números —, de medidas que seguem a codificação gráfica, em lugar de precedê-la, como é de hábito. Houve recodificação gráfica dos números brutos de população etc... e é desta recodificação que brotará a medida:

Números brutos → Recodificação gráfica → Novas tabelas de me-
                 (Normalidade, distribui- didas em unidades
                 ção em sino ou em   *inteligíveis*
                 J, dispersão etc...)

Estatísticas
ininteligíveis   *Apreensão conceitual*   *Fato científico*

    Um aspecto mais nítido do método da apresentação gráfica é a utilização, tão freqüente nos laboratórios, das anamorfoses logarítmicas: a anamorfose, base da teoria dos ábacos, é o aspecto racional da recodificação — mas o valor heurístico se liga aí muito menos ao princípio da anamorfose que ao tipo de anamorfose escolhida e a escala logarítmica desempenha aqui um papel todo particular que nos parece estar ligado à lei fundamental da psicologia das sensações, chamada de Fechner, da qual numerosos autores salientaram a universalidade. A lei de Fechner expressa a adaptação do homem ao seu meio. Os instrumentos, salvo exceção, fornecem do Universo uma imagem física, isto é, levam a tabelas de resultados das grandezas que não se encontram na escala do homem e ensombrecem a sua sensibilidade. Convém pois, para recuperar esta sensibilidade, manipular as grandezas de modo a colocá-las em sua escala. A anamorfose logarítmica, por exemplo a apresentação dos fatos métricos sobre papel em escala logarítmica "log", chega a isto.

    Eis um exemplo: sabemos medir assaz convenientemente a inteligência numa única escala — ou qualquer outra noção de adaptação a situações que ocorram — de um grande número de espécies animais e do homem. Ora, conhecemos aproximadamente a data do aparecimento destas espécies animais na evolução paleontológica

(Figura V — 1 a); ela é determinada com 20% de erro conforme os terrenos em que foram encontradas. Traçou-se a curva das escalas psíquicas tais como no-las dão os resultados da psicologia animal em função da idade da espécie. Esta curva nada tem de instrutiva além de sua regularidade. A idéia de utilizar uma escala logarítmica das abscissas revela uma reta (cf. Fig. V — 1 b) com uma boa aproximação que permite — conhecendo-se o quociente intelectual — ou aquilo que aí ocorre — de uma espécie animal — fixar a sua data aproximada de aparecimento na linha de evolução.

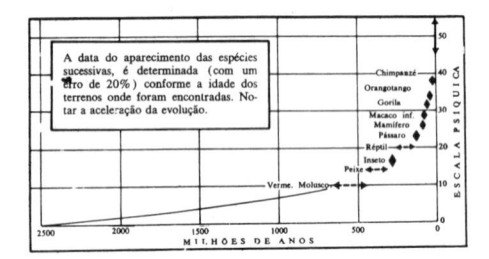

Fig. V — 1 a): a curva do grau intelectual das espécies animais em função de sua idade nas épocas da evolução

b) A mesma curva representada com uma abscissa logarítmica dos tempos se transforma em uma reta e permite uma extrapolação precisa.

O método de apresentação é um daqueles, raríssimos, que permite apreender a *complexidade,* um dos problemas mais atuais da ciência a respeito do qual, como acentuamos no Capítulo 1, o espírito humano parece atualmente mal equipado para abordar. Ele recodifica a complexidade do real precisamente de modo a torná-lo assimilável pelo espírito e, neste mesmo ato, atinge um valor heurístico: a atividade mental funcionará de modo espontâneo sobre um material preparado, enquanto o espírito permanece inerte ante um fenômeno ao qual não possa apreender de maneira alguma.

Por isso classificaremos com o método heurístico de apresentação *a esquematização* do real, a técnica do esquema. Fazer um esquema, mesmo que seja puramente topológico, já é compreender, é concentrar a atenção fazendo-a passar do real extensivo da fábrica ou da rede à condensação de traços de conexão. Trata-se também de verificar no real, ordenar a importância relativa da conduta do vapor e do tubo manométrico. Ora, conceber o real já é raciocinar sobre ele.

Devemos distinguir, na realidade, quatro tipos de esquemas de um organismo qualquer, quer se trate de um ser vivo, de uma central telefônica, ou de motor a explosão, segundo o seu grau de abstração, seu papel e o funcionamento do espírito aos quais são destinados:

1) o esquema *construtivo*

2) o esquema *estrutural*

3) o esquema *funcional*

4) o *diagrama de funcionamento*

As figuras V-2, V-3, V-4 e V-5 fornecem exemplos em domínios variados:

1) O esquema *construtivo* (ver Fig. V-2 a, b, c) é topográfico, concreto, mecanicamente completo; é a primeira depuração de uma fotografia, a primeira representação extraída de um desenho geométrico, de um plano ou de corte. Elimina apenas os elementos escondidos ou implicados e faz somente um uso restrito do simbolismo: representará, por exemplo, um tubo eletrônico por seu fundo, seu invólucro e os fios que aí terminam;

2) o esquema *estrutural* (Fig. V-3 a, b, c, d) é geralmente simbólico; corresponde ao mecanismo interno da máquina, ao corpo químico, e se destina a compreender tal funcionamento ao representar cada elemento sob a forma de *símbolos,* repertoriados nas tabelas internacionalmente aceitas. Trata--se de um esquema *topológico* que não reflete qualquer preocupação das dimensões reais, das respectivas posições dos elementos. Trata-se de um sistema abstrato: o imenso sucesso da química orgânica repousa em grande parte nas fórmulas de configuração, o desenvolvimento recente deste sistema de esquematização deve estar estreitamente ligado ao da eletricidade aplicada e da teoria dos circuitos. Recentemente, penetrou na biologia, por exemplo na fisiologia nervosa, onde desempenhará um papel extenso, pois é o modo de apreensão por excelência dos sistemas complexos, quer se trate dos circuitos nervosos, de um sistema de radar ou de televisão, de uma máquina de calcular, de uma rede de força ou de comunicação;

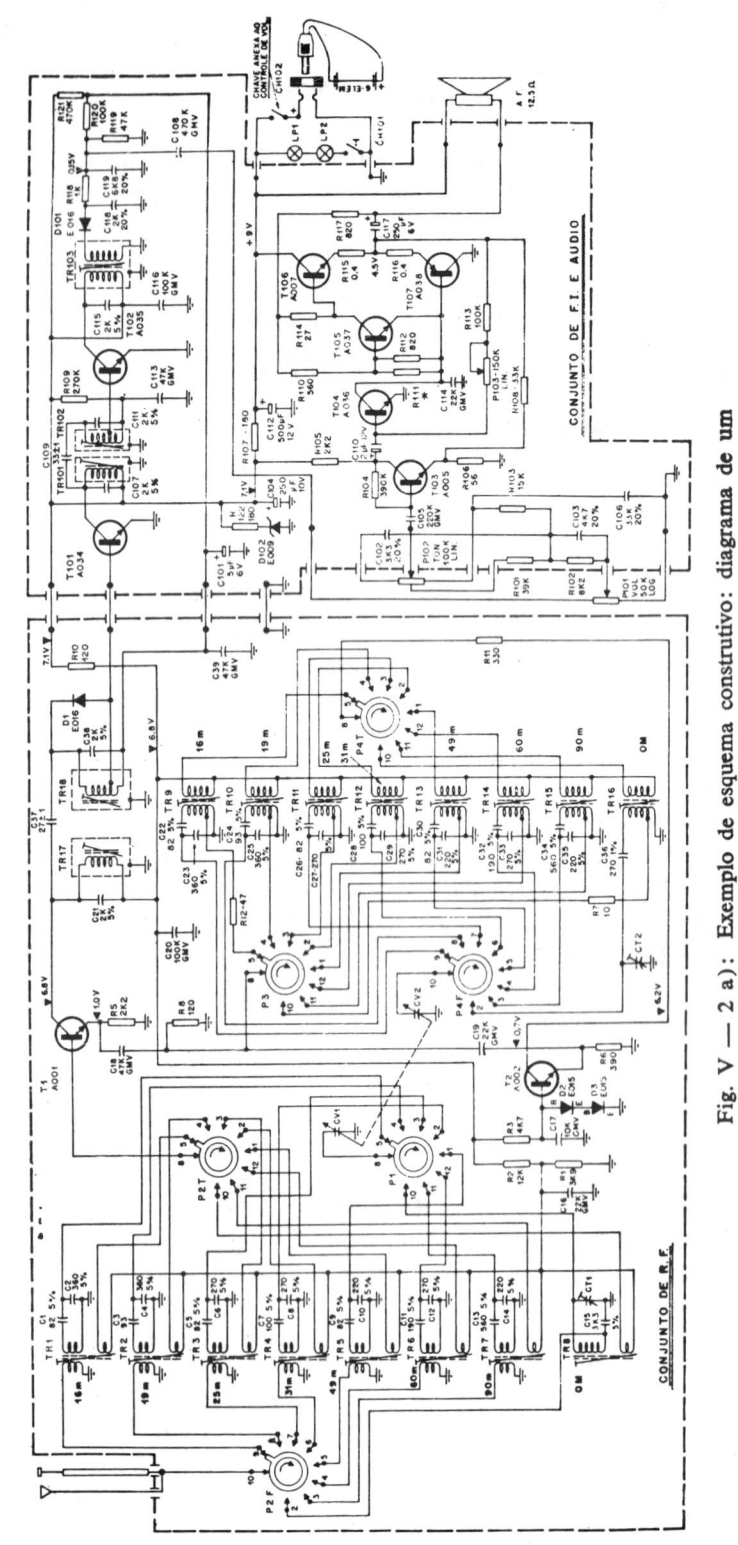

Fig. V — 2 a): Exemplo de esquema construtivo: diagrama de um receptor de radiodifusão.

Fig. V — 2: **EXEMPLOS DE ESQUEMAS CONSTRUTIVOS**

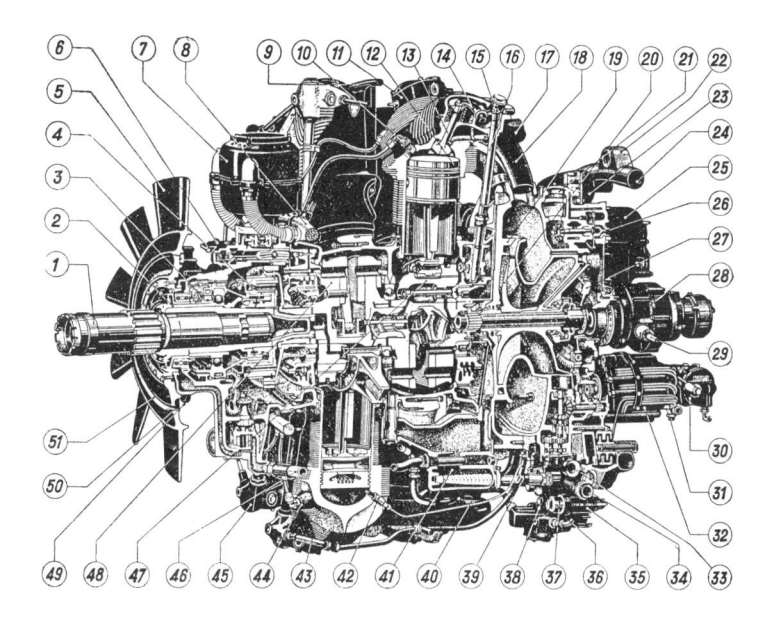

Fig. V — 2 b): **Exemplo de esquema construtivo: corte esquemático de um motor a explosão de avião.**

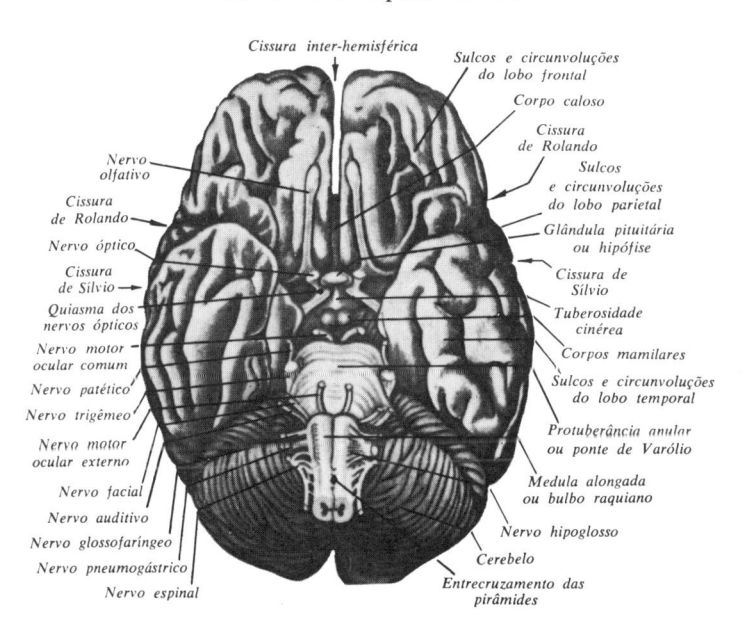

Fig. V — 2 c): **Exemplo de esquema construtivo: anatomia do cérebro.**

Fig. V — 3: QUATRO EXEMPLOS DE ESQUEMAS
ESTRUTURAIS

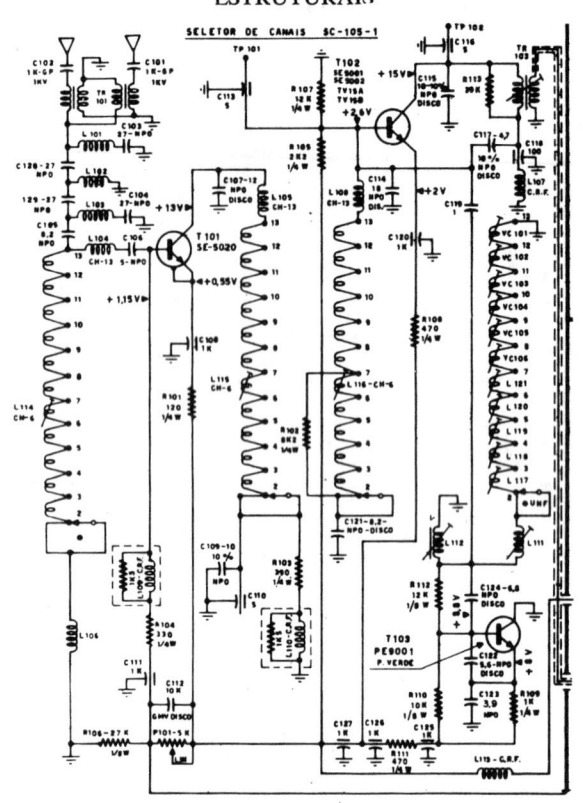

Fig. V — 3 a): Esquema de princípio de um receptor de televisão.

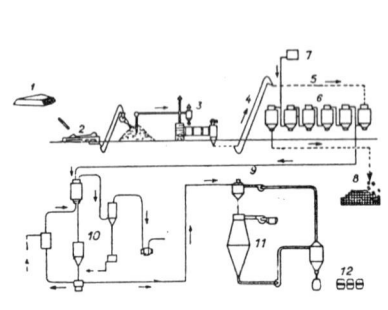

Fig. V — 3 b): Esquema de uma usina de açúcar de madeira.

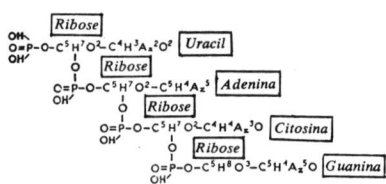

Fig. V — 3 c): Fórmula desenvolvida de ácido nucleico (segundo Levena).

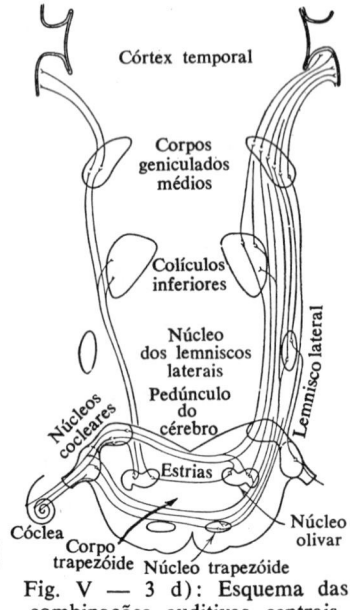

Fig. V — 3 d): Esquema das combinações auditivas centrais.

3) o esquema *funcional* (Fig. V-4 a, b) repousa sobre uma concepção exclusivamente pragmática do real: responde à questão" "é para"; em lugar de uma definição abstrata, fornece uma definição de uso; destina-se pois, na acepção vulgar do termo, ao usuário e exprime um funcionamento.

Um combinado telefônico é:

a) *para* chamar o correspondente,

b) *para* falar e para ouvir,

o esquema funcional escolhe, portanto, como elementos para codificar aqueles que regem o funcionamento sem qualquer consideração da estrutura real do objeto; é *a priori* incompleto porquanto ignora os órgãos internos de uma máquina, de um aparelho, de um ser vivo. De um modo mais imaginoso, diremos que respeita o "carter", o "envoltório" do sistema estudado;

4) *o diagrama* enfim é uma representação puramente ideal, uma construção do espírito, uma álgebra espacial que repousa numa lógica métrica; a teoria vetorial serve aí amiúde de fundamento racional e o coloca a meio caminho de uma configuração e de um ábaco pois permite o cálculo de elementos do sistema (Fig. V-5 a, b, c).

Os exemplos dados ilustram de modo suficiente a diferença conceitual entre estes seres de razão, mas convém insistir sobre o fato de que, se são freqüentemente feitos e utilizados pelo técnico com um objetivo estritamente prático, eles apresentam um considerável valor heurístico.

Podemos, por exemplo, atribuir a maior parte da síntese em química orgânica ao esquema estrutural que é a fórmula desenvolvida (Kekule, Wurtz, Friedel). Daremos disso apenas um exemplo:

Desde os primeiros tempos da eletrônica, esta emprestou da eletrotécnica o esquema de princípio "estrutural" onde cada elemento possui o seu símbolo e onde o funcionamento ao menos qualitativo do conjunto se deduz do raciocínio acerca das propriedades de cada símbolo. Ao cabo de pouco tempo, percebeu-se que unidades emergiam da complexidade do conjunto, unidades cujo mecanismo de funcionamento eram sempre os mesmos (lâmpada amplificadora por exemplo) e onde a existência de um órgão central (o tubo eletrônico) implicava a existência de uma série de outros: resistências de fuga de grade por exemplo, de valores variáveis po-

Fig. V — 4: **EXEMPLOS DE ESQUEMAS FUNCIONAIS**

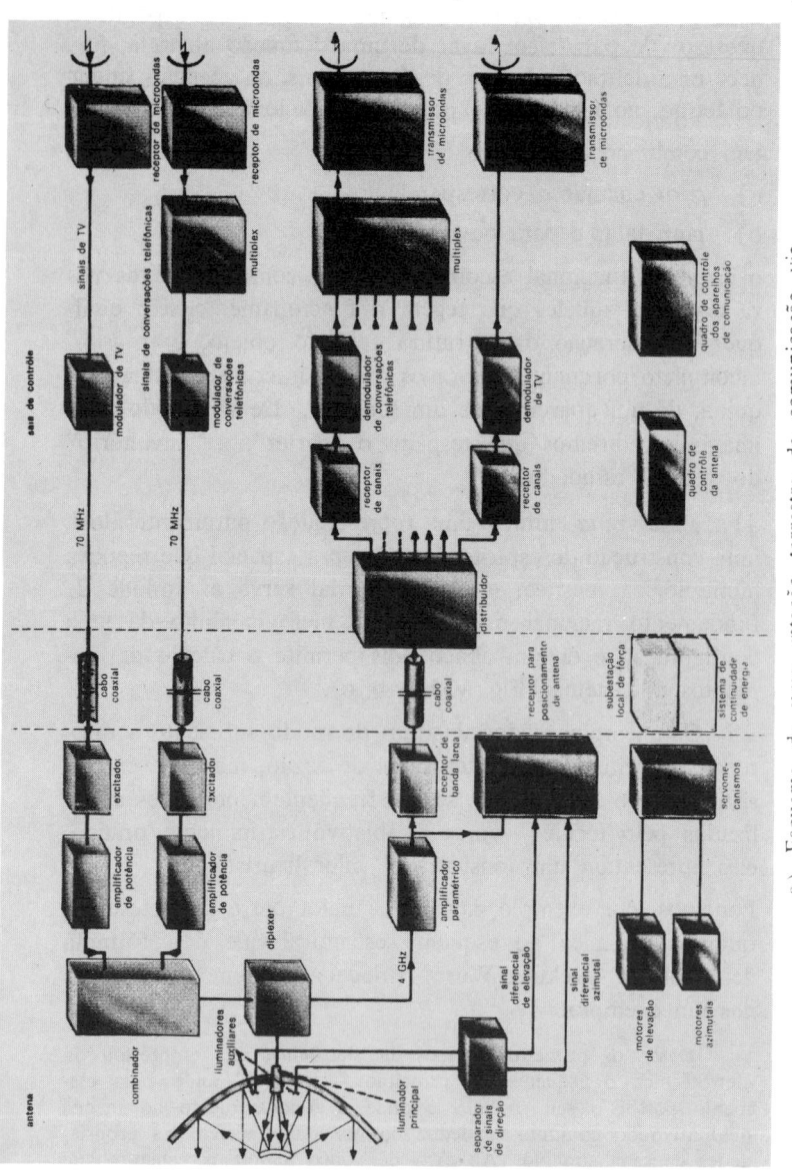

a) Esquema de uma estação terrestre de comunicação via satélite.

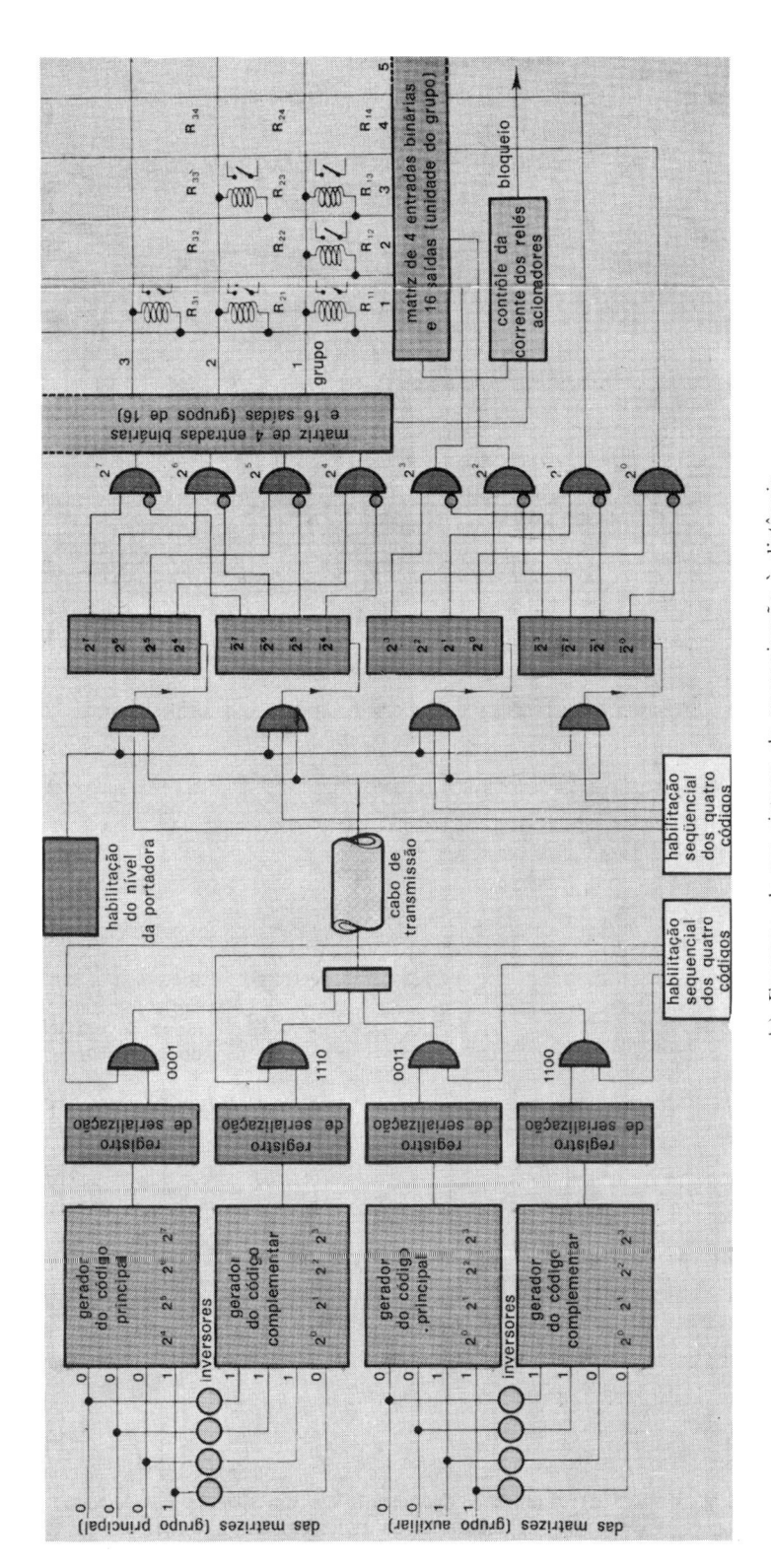

b) Esquema de um sistema de comunicação à distância

Fig. V — 5: EXEMPLOS DE DIAGRAMAS DE FUNCIONAMENTO

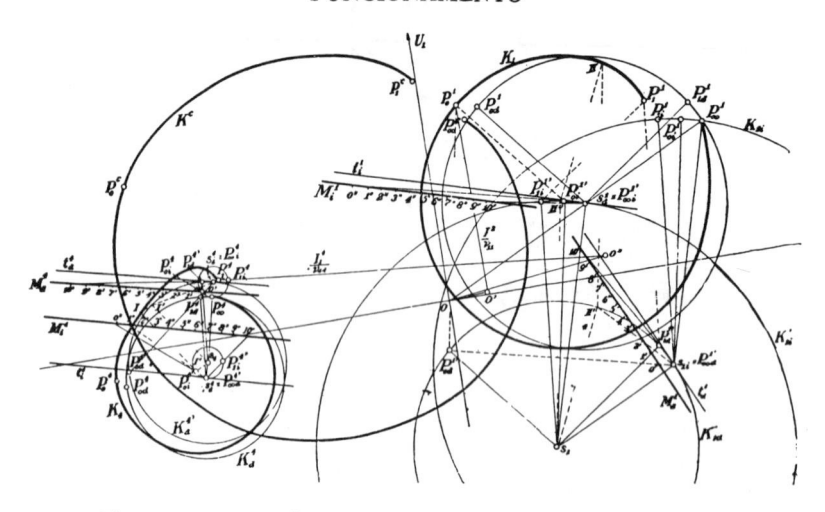

Fig. V — 5 a): Diagrama de Blondel Heyland de um motor assíncrono.

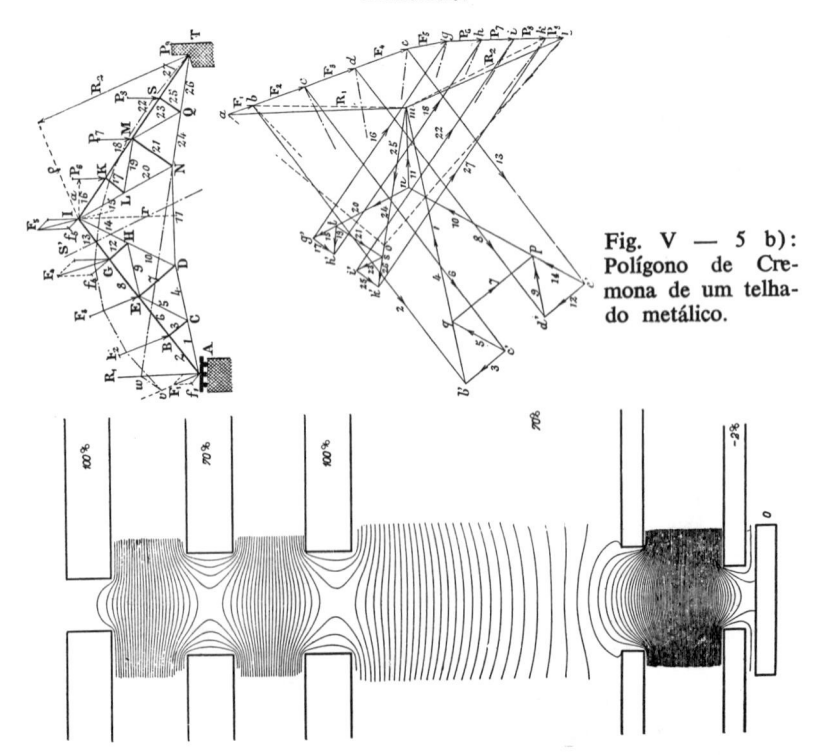

Fig. V — 5 b): Polígono de Cremona de um telhado metálico.

Fig. V — 5 c): Linhas eqüipotenciais em um sistema de elétrodos (exemplo de diagrama de funcionamento, cont.).

rém calculáveis a partir de regras conhecidas. Diversos autores, dentre os quais Zobel, tiveram então a idéia de introduzir um grau suplementar de abstração efetuando uma simbolização abreviada, uma *recodificação* no sentido exato da teoria da informação, e constataram que este símbolo podia ser generalizado: trata-se do *quadripolo*, definido como uma caixa comportando quatro terminais, dois de entrada e dois de saída, com um *parti pris* sistemático no sentido de ignorar o que há no seu interior. O sinal que sai U_s está ligado ao sinal que entra U_e por uma relação, $U_s = f (U_e)$, definindo, pois, a definição de f o quadripolo e teoremas gerais (princípio de superposição) que permitem afirmar que o sinal U_s que sai de uma série de quadripolos 1, 2, ... n é dado pelo produto sucessivo das funções próprias de cada uma:

$$U_s = [f_1] \ [f_2] \ [f_3] \ \dots \ f_n \ (U_e)$$

onde os f_1, f_2, ... f_n ... são "operadores", fato que permite retirar do esquema estrutural um esquema funcional mais simples que autoriza o raciocínio considerando nele cada elemento como tendo uma função a satisfazer. A Figura V — 4a nos fornece disso um exemplo no qual esta função é expressa pela "forma de onda" g(t) que queremos obter na saída. A potência deste método é considerável, pois permite *"depurar"* um problema concebendo uma cadeia de quadripolos que realizam uma série de funções, e colocando *a priori* a certeza de que o conjunto destas funções será satisfeito. Assim o especialista em eletrônica dirá ao seu preparador: construa um circuito que produza um sinal retangular positivo de 10 micro-segundos e de 8 volts de amplitude e que se repita a cada 4 segundos, superposto ao vértice de uma onda em forma de triângulo isósceles de 2 volts de altura e de 200 micro-segundos de comprimento ...

§7. — MÉTODO DE REDUÇÃO FENOMENOLÓGICA

O exame sumário das linhas diretrizes do pensamento filosófico atual feito no capítulo I nos levou a admitir que, no seu *status nascendi,* a idéia científica não diferia na realidade de toda outra espécie de tomada de consciência do mundo circundante, e a considerar o primeiro trabalho do pesquisador como o de um situacionamento em um campo de percepção científica. Quer se trate de um objeto ou de um "fenômeno", o pesquisador se esforçará por percebê-lo como original, por restituir-lhe sua estranheza banida por todos os sistemas de relações artificialmente fermentadas pela ciência, e para tanto será levado a aplicar o próprio método de redução fenomenológica de Husserl que consiste, nós o sabemos, em introduzir variações sucessivas das ligações do campo perceptivo, em romper os laços de relação do objeto ou do fenômeno com o fundo para vê-lo emergir numa originalidade não habitual.

Tal procedimento da percepção científica difere muito
dos célebres "métodos de indução" de Mill (supressão, concordância, resíduos e sobretudo variações concomitantes).
Estes visavam no espírito de seu autor a vincular o fato científico isolado a um elemento quantitativo do fundo percebido, que é aí denominado a "causa". Ao contrário, a redução fenomenológica procura, fazendo variar os pontos de
vista, destacar o fato de todas as suas ligações contingentes
para deixar-lhe apenas as ligações essenciais cujo conjunto
o constitui de modo autônomo. Parece pois justificado considerar como um verdadeiro método heurístico esta variação
artificial no campo de percepção para apreender nele uma
perspectiva original. Certamente, o cientista dirigirá a sua
atenção sobre outros objetos além daqueles que o homem
comum e, sobretudo, introduzirá variações no campo perceptivo de um outro estilo e por processos amiúde mais complexos que um simples deslocamento do sujeito em relação
ao objeto, mas sua atitude de espírito, despojada de todos
os fatores supérfluos que a mascaram, não será essencialmente diferente: procurará também renovar sua visão do
objeto ou do fato.

Um dos principais fatores sobre os quais atuará a redução fenomenológica com proveito, para separar o fato da
trama que o recobre, é o *tempo,* pois estamos justamente ha-
bituados a uma aderência estreita dos fatos a uma dada
escala temporal, a nossa, e nos é particularmente difícil,
qualquer que seja o esforço de imaginação, nos apartar dela;
também aqui, é a escala que cria o fenômeno. Merleau
Ponty notara: "O organismo se distingue dos sistemas da
física clássica porque não admite a divisão no espaço e no
tempo. A unidade dos sistemas físicos é uma unidade de
correlação, a dos organismos, uma unidade de significação".
Romper a antiga unidade de correlação para criar outra,
nova, será criar uma nova significação.

Por isso a mudança da escala temporal conduzirá a
uma nova visão e o mesmo tempo a "fenômenos" ($\varphi\alpha\iota\nu\omega$)
novos: a queda de uma gota de água em um líquido, o es-
magamento de uma bola de tênis sobre uma raquete, não
existem do ponto de vista fenomenológico, na medida em que
o olho não pôde prever no caso as modalidades, reintegrá-los
em seu universo.

O conjunto dos procedimentos experimentais conhecidos
em ciência sob o nome de "visualização" ressalta deste processo heurístico. Trata-se aqui de fazer com que emerja um

fenômeno à visão; sem isto, ele não *existirá* enquanto percepção. Ora, a visão temporal está encerrada no homem em limites bastante estreitos: sabemos que não percebemos mais o movimento como tal quando as imagens retinianas se misturam umas às outras, isto é, quando o campo visual eficaz (20° de ângulo) é percorrido em menos de 0,1 segundos aproximadamente. Sabemos igualmente que os movimentos muito lentos — inferiores a um deslocamento de um minuto de ângulo em 3 a 5 segundos (duração máxima de percepção temporal psicológica) confundem-se com a imobilidade; assim sabemos que no nosso relógio apenas o ponteiro dos segundos é que "se move"; os outros "indicam a hora", e somente a razão nos mostra que eles também devem se deslocar para passar de uma posição a outra. É nesta "gama" cujo limite superior é aproximadamente 5000 vezes o limite inferior que devemos reconduzir os movimentos para termos deles uma percepção enquanto tais. Para consegui-lo, usaremos de artifícios tais como a microscopia ou a telescopia temporal, dilatando ou contraindo a escala dos tempos. Assim a estroboscopia, que é um dos principais métodos temporais de visualização, a cinematografia ultra-rápida (*Zeitlupe*: lupa temporal), nos restituem um fenômeno até então inexistente.

No caso cumpre notar de fato que se trata expressamente da percepção, ato global, ato *único,* que é buscada, e não a *medida.* A medida, que Kelvin convertia no essencial do procedimento científico, só intervém — quando intervém — *após,* em um estágio último, como um complemento útil. O que importa no sentido heurístico, para o técnico em aerodinâmica, é *ver* no estroboscópio as pás das hélices do avião se dobrarem sob o impulso dos filetes de ar; quanto a "medir", isto será um conseqüência imediata, fácil à menor fotografia, ela desempenha aqui um papel secundário. A análise métrica passa aqui para *depois* da apreensão sintética, contrariamente ao que se está acostumado a considerar. O objetivo é o de fazer emergir conceitos, idéias, sobre a topologia do processo no tempo, e só ulteriormente experimentaremos a necessidade de referi-lo numericamente.

Na realidade, procuramos fazer surgir uma *forma temporal* que estava antes diluída nos seus elementos métricos.

O telescópio temporal que constitui um cinema acelerado, representando por exemplo o desenvolvimento de uma planta ou a evolução de um aglomerado urbano em alguns anos é, na outra extremidade da escala dos tempos, um modo análogo de apreensão fenomenológica: utilizamos os recursos da técnica para trazer à tona uma percepção original destacada de seus liames temporais normais, uma nova *Bewegungsgestalt*. Do mesmo modo, no espaço, a fotografia aérea que nos revela ruínas ou modificações de terreno como as formas residuais de edifícios ou de cidades desaparecidas, apresenta-se como as experiências de psicologia da forma que criam um objeto estranho e novo apresentando-o numa perspectiva não habitual. Tais são os métodos heurísticos fecundos que penetraram pouco a pouco na rotina técnica dos laboratórios.

A "perceptualização" encontra aliás seu correspondente em todos os outros domínios da percepção, algumas vezes menos habituais ao físico.

Assim, o problema da interpretação dos encefalogramas que desempenha um grande papel em clínica como em fisiologia nervosa, é particularmente delicado porque o eletroencefalograma nos é fornecido sob a forma de um registro, certamente preciso, mas muito longe de uma percepção íntima e direta. A gama de freqüência destes fenômenos (6 a 100 Hz) os torna infelizmente inaudíveis na sua maior parte, mas basta registrá-los no gravador e passá-los com uma velocidade acelerada (10 vezes) para transpô-los à gama acústica audível e dar ao pesquisador como ao clínico um novo modo de percepção sugestivo, heurístico, de um fenômeno obscuro: assim as variações de timbre traduzirão as variações das componentes (α, β γ) e a altura da nota traduzirá a variação do sistema de ondas.

6. Os Métodos Heurísticos (Fim)

O homem procura, de um modo que lhe seja adequado, plasmar para si uma imagem do mundo clara e simples, e vencer assim o mundo da existência, esforçando-se por substituí-lo, numa certa medida, por esta imagem.

EINSTEIN

Neste capítulo encerraremos o exame dos métodos de descobertas agrupando alguns que apresentam um caráter idealista mais fortemente pronunciado do que os considerados até aqui. São os métodos que participam de um primado dos conceitos *a priori*.

§ 1. – MÉTODO DOGMÁTICO

O *método dogmático* é uma expressão direta da filosofia do "por que não". É o procedimento, tão habitual no laboratório, que consiste em colocar uma definição ou edificar uma teoria no absoluto dos conceitos lógicos e a procurar somente *depois* o seu domínio de aplicação. Freqüente entre os teóricos que edificam uma tese geral "gratuita" simplesmente não contraditória, inspira-se, mais ou menos, conscientemente no axioma: "Toda construção lógica é verdadeira e para lhe dar um valor basta encontrar para ela um domínio de aplicação". Certamente, poucos pesquisadores, exceto nos domínios conexos à matemática onde não é imperativo procurar este domínio de aplicação, ousam enunciar explicitamente este axioma, do mesmo modo que poucos físicos ousariam hoje aludir, num raciocínio indutivo, ao velho axioma *Natura non fecit saltus*, sem cercá-lo de uma barreira de fórmulas matemáticas que dissimulem nele o arbitrário; mas não se deveria crer que esta atitude de gratuidade valha apenas no domínio teórico.

Assim, conhecemos um chefe de laboratório que, examinando uma montagem eletrônica, cujas interessantes propriedades eram expostas, enunciava, após alguns instantes de contemplação, esta observação sintomática: "Muito prático. Para que poderia isto servir?" Assim o caráter "prático", isto é, funcionalmente satisfatório do sistema e da teoria passa à frente do domínio material de utilização, à frente da atualização de uma montagem de laboratório.

Exemplos de aplicação mais ou menos consciente deste método encontram-se facilmente em física. Eles nos aproximam um pouco do método da desordem experimental, já examinado no Capítulo 5, mas aqui nada nos é fornecido *a priori,* trata-se exatamente de uma construção arbitrária, ideal, que buscará ulteriormente inserir-se no real.

Exemplo: Certo pesquisador, examinando a impecável geometria das manchas de mofo de um pote de marmelada, é conduzido a desenvolver uma teoria dos crescimentos dos núcleos a partir de um centro segundo uma lei qualquer simples e unitária, por exemplo da proporcionalidade no tempo. Ela o leva a traçar um certo número de figuras de equilíbrio que marcam as fronteiras das diferentes zonas que se unem em seu crescimento e que formam celas distintas. Este trabalho puramente teórico, por mais interessante que seja, não passa de pura especulação. A este respeito, o pesquisador, tendo estabelecido as modalidades do fenômeno a descobrir, partirá para a descoberta de um fenômeno físico que satisfaça perfeitamente as hipóteses aventadas. Ele o buscará aliás do modo mais cômodo possível do ponto de vista experimental, fato que o levará a passar em exame todos os meios imagináveis onde se desenvolvem germes a partir de centros dispersos, desde os nenúfares sobre um lago até as nuvens na mecânica da atmosfera: desse modo irá reencontrar o crescimento de cristais de compostos definidos a partir de germes distribuídos ao acaso em uma liga metálica em solidificação. Após verificação e alguns retoques, adaptará a sua teoria a este fato, do mesmo modo como o teria feito no caso das colônias de bactérias em florescimento sobre a gelatina de uma caixa de Pétri.

O procedimento no caso é edificar uma teoria *sub specie universalis,* e depois pesquisar o seu campo de aplicação. É evidente que a física matemática se presta particularmente a esta sublime separação do real para reencontrá-lo apenas no fim do curso. Assim, certo teórico especializado em equações de Lagrange ver-se-á, por ocasião de qualquer problema industrial, conduzido a estudar a dinâmica de uma viga deformável colocada sôbre apoios espaçados, elástica e que suporte uma carga pontual rapidamente móvel. Fará a sua teoria tão completa e satisfatória quanto lhe permita o estado atual dos conhecimentos matemáticos. Neste particular, como o contato com a experiência se mostra desagradável, pois as hipóteses feitas são ainda insuficientes no âmbito da questão que serviu de trampolim ao desenvolvimento teórico, o autor procurará saber se não há, em alguma parte da física, um domínio de aplicação da dita teoria onde as hipóteses correm o risco de se enquadrar com mais rigor e acabará finalmente na teoria das deformações dinâmicas da via férrea montada sobre dormentes dispostos sobre um balastro elástico.

Voltamos a achar aqui este matemático puro que sai para o mundo em busca de problemas simples para resolver, ao qual Brunschvicg alude, mas a natureza zomba das dificuldades analíticas e o universalismo matemático, que é o mais belo produto deste método heurístico, corre amiúde o risco de se desenvolver em uma torre de marfim, para grande prejuízo dos físicos. Isto não impede que, do ponto de vista do jogo de construção científica, pouco importe desde que o trabalho seja realizado. Sair-se-á bem qualquer pessoa que lhe encontre um campo de aplicações, o que nos conduz a um dos primeiros métodos estudados.

O método dogmático reveste amiúde aspectos muito diversos conforme o domínio ao qual se aplica, embora conservando inteiramente este caráter de absoluto na gratuidade de um dogma *a priori*. A gratuidade ou o apriorismo de um conceito não constituem absolutamente motivos para abandoná-lo se sua estética, simetria, força fecundante, são motivos excelentes para conservá-lo.

Eis um exemplo deste método nas ciências físicas:

No fim do século passado, diversos trabalhos estabeleceram que a lei da atração newtoniana não mais se aplicava para objetos pequeníssimos, isto é, nos campos interatômicos, e Born a substituiu pela célebre lei que leva o seu nome, que põe em evidência a mudança de sinal da força aquém de uma certa distância crítica (distância interatômica) e o surgimento de uma repulsão crescente se procurarmos aproximar ainda mais os dois pontos materiais. Decorria daí imediatamente uma teoria da coesão da matéria e da ruptura dos sólidos. De fato, a ruptura de um sólido é evidentemente o afastamento, da distância interatômica d até o infinito, dos átomos das substâncias situadas de um lado e de outro da fissura. Conhecendo-se a densidade, logo o seu número N por cm², resulta daí que a carga de ruptura se calcula a partir do trabalho fornecido segundo a curva de Born pelos N átomos da seção.

A simplicidade sedutora desta teoria era notável: o espírito humano encontrava-se aí portanto à vontade. Infelizmente os primeiros cálculos efetuados nesta base (Smekal) revelaram cifras de ruptura 2 500 a 10 000 vezes superiores àquelas propostas pela experiência. Parecia então que o respeito à experiência devia acarretar a rejeição pura e simples da teoria e da lei sobre a qual se apoiava. Não ocorreu assim e há no caso um exemplo do dogmatismo resultante da sedução provocada por uma teoria que satisfaz ao espírito. Os especialistas da estrutura da física dos sólidos recusaram-se a rejeitar uma teoria tão sedutora e preferiram, sem negar a experiência, procurar em que a experiência corrente de ruptura dos sólidos podia diferir do esquema inicialmente colocado. Isto foi a origem de uma série de notáveis experiências que mostraram que a coesão efetiva era uma noção estatística, função do estado cristalino, da taxa de impureza etc....., e podia variar de 0 até um limite que, em certos casos, parecia aproximar-se muito do esquema primitivamente proposto. Esta, definitivamente integrada na ciência, serve numa porção de domínios (capilaridade, teoria dos lubrificantes, campo interatômico etc....)

No caso apreendemos diretamente o valor heurístico de um "dogma" que todo o mundo acolheu quase instantaneamente com benevolência. Havia necessidade de uma teoria — qualquer que fosse

— como de um instrumento que seria sempre possível abandonar uma vez usado e preferiu-se circunscrever o domínio exato onde o dogma, demasiado sedutor para ser rejeitado, podia encontrar a sua validade.

§ 2. — MÉTODO DE CLASSIFICAÇÃO

Examinamos no Capítulo 5 certo número de aspectos do princípio da recodificação, no qual sublinhamos a potência do conceito que brota quer do objeto verbal, quer dos modos de apresentação que criam ou colocam em evidência um fato despercebido. Um aspecto muito mais idealizante da recodificação é a *classificação,* etapa que na maioria das ciências segue imediatamente a *denominação* verbal e precede a *pesquisa das definições* já examinadas no Capítulo 4.

Do ponto de vista da criação científica, que nos interessa aqui, estas "etapas" são lógica e temporalmente independentes; podem, em princípio, desenrolar-se em uma ordem arbitrária ou, mais amiúde, ser simultâneas. O método de classificação redunda em subverter a ordem natural de nossas percepções fenomenais, muitas vezes devida a nada além do azar, e a rearranjá-las segundo uma perspectiva diferente seguindo aí uma ordem imposta *a priori,* fornecida como um princípio, por uma idéia, um conceito, um ponto de vista amplamente arbitrário: o *critério de classificação.* Que este critério tenha emergido em nosso espírito como conseqüência de uma observação, de uma experiência, de uma teoria, aqui isto não nos interessa do ponto de vista heurístico. O critério de classificação encontra-se neste instante em nosso espírito como dado, mesmo que ele deva ser submetido a modificações, e sobretudo a extensões, tão substanciais que o critério possa ser transformado à medida que os materiais a classificar se multiplicam.

A importância do ato classificador está menos no valor intrínseco do quadro dos fatos classificados — sempre falsos — e menos ainda na sua exaustividade — mais completa. Encontra-se, no estágio criador, no fato de que uma classificação é uma espécie de *tenaz* que permite apreender os conceitos e isolá-los em evidência.

No edifício científico acabado, julgaremos do valor de um sistema de classificação segundo o valor do critério adotado, na seguinte ordem de importância:

a) sua *exaustividade*: o ou os critérios classificadores adotados não devem deixar fora do quadro — não classificados — senão um resíduo negligenciável dos elementos do conjunto dado. Em outros termos, os critérios de classificação devem fazer com que os elementos quase obedeçam ao princípio do terceiro excluído. A questão colocada pelo critério deve ter uma resposta seja binária

$[(0)-(1)]$, seja multivalente $(0 < V < V_M)$ mas nunca desprovida de sentido [exclusão do (!)];

b) sua *especificidade*: possuirá cada um dos elementos a classificar um valor definido e um só em face de cada um dos critérios escolhidos?

c) sua *ausência de ambigüidade*: nenhum elemento deve achar-se simultaneamente em duas categorias separadas da classificação, em dois casos não distintos do quadro;

Assim, o fracasso do "sistema decimal" que se baseia no princípio de uma repartição unidimensional (divisões, subdivisões etc....) dos conhecimentos humanos na repartição das publicações científicas, resulta do fato de que, em geral, cada elemento (publicação indivisível) tem vários valores possíveis, logo vários lugares na classificação: onde deveremos situar um trabalho que utiliza um método matemático na resolução de um problema de biologia físico-química?

Na prática, se resolve tal dificuldade por uma classificação de muitos critérios, portanto polidimensional, em detrimento da simplicidade intuitiva. É o caso na classificação das ciências que nós abordamos no capítulo I;

d) *sua simplicidade operacional*.

O ou os critérios escolhidos devem ser, tanto quanto possível, imediatamente perceptíveis, ser aparentes com o mínimo de intermediários.

1) a escolha do critério: número de patas em zoologia, ou presença do tubérculo de Darwin em identificação judiciária — repousa na simples constatação: uma fotografia é o seu documento;

2) a datiloscopia requer para a classificação o levantamento das impressões digitais seguida de um exame microscópico: uma fotografia e um dicionário são os seus instrumentos;

3) a análise espectroscópica requer para a classificação: o levantamento de um espectro com um aparelho assaz complicado e o de um arco de ferro de comparação, o inventário do espectro em relação a um arco de ferro, a interpolação das raias, a identificação em um atlas, a análise dos constituintes;

4) a análise química requer a preparação de uma solução do corpo a estudar, seguida de uma multiplicidade de operações químicas que comportam em geral uma série de reações sucessivas na análise clássica da química mineral por ânion ou cátion em solução;

e) *seu valor dicotomizante*:

Quando o conjunto das condições acima mencionadas é preenchido, a escolha dos critérios classificadores baseia-se na aptidão dicotomizante de cada um deles. De fato, uma classificação tem por fim romper o real em elementos, isto é, em entidades *distintas*: uma classificação *fabrica fronteiras*, tais fronteiras devem ser difíceis de franquear. Em outros termos, em um mundo que, em nossa escala, é contínuo, a procura de critérios propor-se-á como ideal pôr em evidência valores binários: Sim/Não.

Exemplo: o critério "dotado de mamas" em zoologia é binário: é um critério ideal de classificação. O critério "número de patas" é mais complexo e será utilizado em um estágio mais complexo de classificação.

Em numerosas ciências, em seu começo, o trabalho de emergência de critérios binários Sim/Não é a própria tarefa de classificação. A estatística define o critério como a forma de uma curva de distribuição e, para que surja o qualitativo do quantitativo, distingue diversas esquematizações, tais como a distribuição em U (densidade dos pontos representativos máxima nas duas extremidades do intervalo de variação considerado) que expressa a relação A ou B, excluído todo outro valor ou a distribuição em J (pontos representativos agrupados em uma extremidade do intervalo de variação de pertinência a uma classe) (voto majoritário).

f) o número de critérios classificadores será o mais reduzido possível. Como a apreensão que o espírito humano faz dos sistemas de muitas variáveis é estritamente limitada, a pesquisa e a eliminação das variáveis em correlação (por exemplo a redução dos fatores em caracterologia) será o método normal para reduzi-las às únicas variáveis realmente independentes.

Toda classificação é construída sobre um, ou vários *critérios classificadores*. Ela pode sempre se resumir sob a forma de um quadro a uma ou muitas dimensões. A lógica formal o apresentará como a enumeração de um conjunto de elementos: fatos, objetos ou fenômenos perceptíveis.

A classificação *ótima* pretende ser, portanto, *qualitativa*. Ela se orienta deliberadamente em sentido inverso ao da evolução geral da ciência que pretende, dissolvendo o qualitativo no quantitativo, elaborar um universo de relações numéricas: a tipologia se opõe à metrologia. Toda classificação está destinada portanto, em princípio, a desaparecer no último estágio de cada domínio científico e as ciências que fazem da classificação a sua atividade essencial desaparecerão com ela: assim a zoologia está destinada a ser absorvida por uma filogênese de caráter quantitativo.

Entretanto, parece realmente que, no estado atual do espírito humano, o mundo dos tipos nos seja mais diretamente inteligível que o mundo das relações. Um dipolo dialético — este homem tem cabelo: a) de secção elítica, ou b) de secção circular — nos é mais "inteligível" que uma distribuição em U: o número de indivíduos com secção excêntrica de cabelos e se agrupa em torno de dois valores: a) excentricidade nula, b) excentricidade e_{max}. É possível que as formas do espírito evoluam aliás de modo sensível, em particular sob a influência da estatística, mas ainda é demasiado cedo para apreender uma tendência definida nesta evolução. Para a época presente a técnica classificadora permanece um dos instrumentos essenciais das ciências pouco desenvolvidas.

É sobretudo como método heurístico que ela nos interessa aqui. A esse título, a importância relativa dos critérios tal como enunciada acima ver-se-á modificada, pois há um conflito entre *poder racionalizante,* o exigido pela ciência feita, e *poder heurístico,* o exigido pela ciência que se faz, que deve ser colocada em um estágio mais elementar do espírito humano. Ela se adaptará pois, o mais das vezes, a uma exaustividade limitada deixando de lado "exceções"

	Freqüências	*Comprimentos de onda*	
Correntes industriais	30 Hz	10 000 km	
Baixa freqüência	300 Hz	1 000 km	Eletro-acústica
	3000 Hz	100 km	
Ondas Longas T. S. F.	30 KHz	10 km	
	300 KHz	1 000 m	
Ondas Pequenas T. S. F.	3000 KHz	100 m	
Ondas Curtas T. S. F.	30 MHz	10 m	
Ondas Ultra-curtas T. S. F.	300 MHz	1 m	
	3000 MHz	100 mm	Regiões de bandas de relaxação
	3×10^{10} MHz	10 mm	
Infravermelho afastadas	3×10^{11} MHz	1 000 μ	
	3×10^{12} MHz	100 μ	Espectros de rotação pura
	3×10^{13} MHz	10 μ	
Infravermelho próxima	3×10^{14} MHz	$1\,\mu = 0,001$ mm	Espectros de vibração e de rotação (moleculares)
Luz visível	3×10^{14}	$0,1\,\mu = 1\,000$ Å	
Ultravioleta	3×10^{16}	100 Å	
		10 Å	Espectros (atômicos) de raias
Raios X moles	3×10^{17}	1 Å	
Rios X médios	3×10^{18}		
Raios X duros	3×10^{19}	0,1 Å	
Raios γ	3×10^{20}	0,01 Å	
	3×10^{21}	0,001 Å	Fenômenos de transmutação
Raios cósmicos	3×10^{22} ciclos	0,0001 Å	

Fig. VI — 3: Modo de classificação linear simples, a repartição dos comprimentos de onda do espectro eletromagnético.

mais ou menos numerosas ou mesmo algumas falhas de especificidade, na medida em que a quantidade de elementos
a classificar não exceder em demasia a capacidade da memória do pesquisador.

Em compensação, o poder heurístico de uma classificação liga-se diretamente à sua simplicidade: as dimensões em
que o espírito humano é suscetível de comover-se facilmente
são limitadas a três e é o que diferenciará essencialmente as
classificações nas ciências acabadas que não são teoricamente
limitadas em sua polidimensionalidade, das classificações
heurísticas, muitas vezes provisórias, que preferirão adotar
certo número de critérios escolhidos de maneira mais dogmática, capaz de falsear a exaustividade de um quadro.

Temos pois que lidar com três categorias de classificações:

1) *os quadros a uma dimensão*:
   a) lineares: por exemplo a classificação das radiações
      eletromagnéticas segundo o seu comprimento de
      onda, ou
   b) os quadros em leque (exemplo: classificação das
      ciências zoológicas onde cada divisão se subdivide
      indefinidamente). (Fig. VI-1 e 2)

2) *os quadros a duas dimensões*: são suscetíveis de pôr em
   evidência três propriedades essenciais:
   a) *a pertinência*: (se os ratos fazem parte dos roedo-
      res e os roedores fazem parte dos quadrúpedes, os
      ratos fazem parte dos quadrúpedes). Reencontra-
      mos aqui as evidências do silogismo Barbara e sua
      esterilidade indutiva, pois daí não retiramos nada
      além daquilo que já sabemos;
   b) *a vizinhança* que sugere a evolução, por exemplo,
      a noção de séries animais e de Lamarckismo;
   c) os quadros a duas dimensões utilizam dois critérios
      distintos; introduzem, além das propriedades pre-
      cedentes, com a noção de *casa*, a de famílias de
      casas verticais ou horizontais que são subconjuntos
      de *propriedades*. Provocam igualmente o apareci-
      mento da noção de *pattern* (Fig. VI-3);

3) *os quadros a três dimensões*: razões práticas evidentes fazem com que quase não sejam utilizados real-

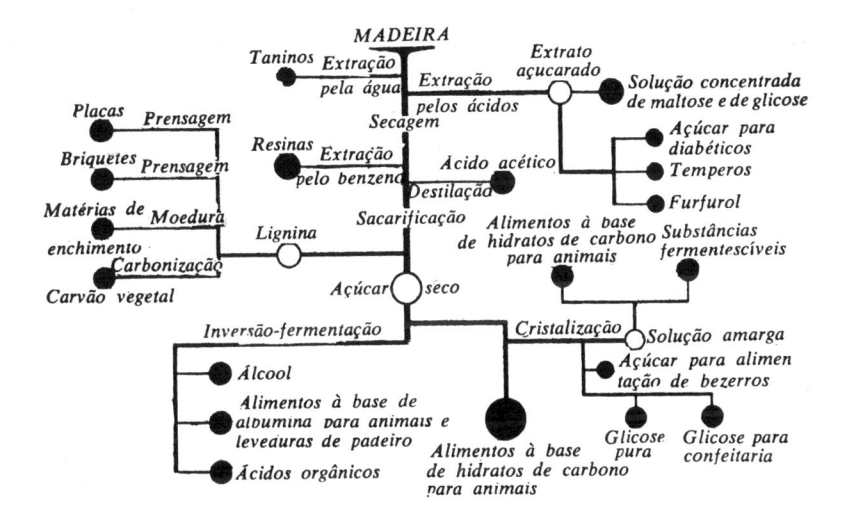

Fig. VI — 4: Modo de classificação em leque (árvores genealógicas): aqui o conjunto dos produtos da hidrólise da celulose obtidos pelo processo Bergius (SV p. 177, oct. 43). Só há um modo de se ir de um ponto a outro.

S	P	Sch	C
+ +	— 1 0	— 0	+ —

Fig. VI — 5: O aparecimento de um *pattern,* de uma configuração, numa classificação de duas dimensões, uma folha do teste de Szondi: caso do assassino.

Fig. VI — 6: O emprego da classificação de três dimensões permite apreender os fenômenos complexos da evolução de um som no tempo com a ajuda de três coordenadas: L nível, H altura e *t* duração.

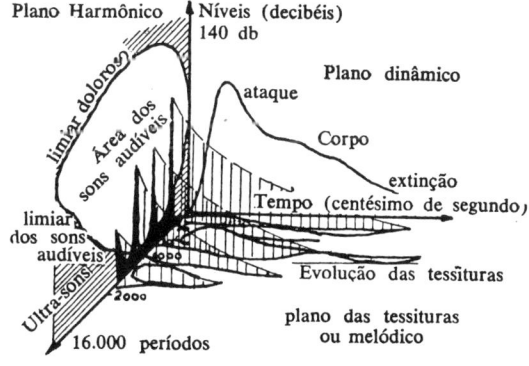

mente (como repertórios de fatos), mas sobretudo como *conceitos de ordem*, logo como modos de apreensão do real, relacionados mais geralmente a um número muito restrito de elementos. Constituem antes a representação dos graus de liberdade de um fenômeno ou de uma percepção, do que a própria representação do fenômeno. A *démarche* do espírito irá do fato à classificação e não da classificação ao fato: tal será o seu principal valor heurístico (Fig. VI-4).

Finalmente, a classificação heurística atribuirá grande importância ao valor dicotomizante, já considerado mais acima como conveniente essencialmente à estrutura qualitativa do espírito humano: é-nos mais fácil raciocinar sobre aqueles que são fascistas e sobre aqueles que não o são do que sobre o grau de fascismo dos indivíduos de uma população.

A meta de toda classificação é enfim a de destruir a contingência dos fatos e criar no ordenamento um dogmatismo qualquer que obrigue o espírito a um procedimento discursivo. O critério de classificação permanece fundamentalmente arbitrário e seu único valor é pragmático: o quadro formado a uma, duas ou três dimensões, possuirá uma capacidade, uma estética, uma racionalidade suficiente? a classificação estabelecerá uma perspectiva nova do campo fenomenal? etc... Estes serão os seus verdadeiros valores — muito análogos aos que nos ofereceu o *esquema* enquanto modo de apresentação de uma estrutura e, de fato, os quadros a muitas dimensões tais como certos quadros sinópticos (Fig. VI-5) se confundem com os esquemas funcionais.

Uma segunda aplicação, do princípio de recodificação, permitirá reestruturar um campo fenomenal já explorado, suscitar aí eventualmente configurações diferentes e será um dos mais fecundos métodos baseados na classificação. Assim, um procedimento correntemente empregado pelo pesquisador consistirá, quer em mudar o critério de classificação, quer em adicionar, após a crítica ao quadro existente, um critério independente suplementar que transforme por exemplo uma classificação linear em classificação bidimensional, como observou a respeito Bachelard.

Um dos exemplos mais clássicos é a invenção de Mendeleiev de sua *tabela* que permitia passar da classificação linear dos elementos por pesos crescentes ao conceito de *famílias* verticais, pela introdução de um novo parâmetro — a valência eletrônica — ou quando muito aquilo, que na época, podia então ocorrer: o conjunto das propriedades químicas.

Vimos que os quadros com mais de dois critérios estão em geral fora do alcance prático do espírito humano, devido às diferentes visualizações que apresentam.

Outro exemplo: desde muito tempo se classificam os sons segundo o nível (um único critério numérico), ou a duração (nível, tempo: dois critérios), ou mais amiúde o espectro (nível, altura). Estas classificações se verificam ser sempre insuficientes em todas as aplicações... Quando nos referimos ao nível de um ruído, experimentamos a necessidade de aditar anotações qualitativas acerca de sua altura e sua duração; quando nos referimos ao timbre de uma nota, experimentamos a necessidade de dar uma indicação, ao menos sumária, sobre a sua duração etc... A análise das causas da insuficiência destas classificações levou a substituir os quadros de classificações monodimensionais ou bidimensionais por um quadro de três dimensões que apresente de um modo adequado (praticamente por projeções) o objeto sonoro mais geral e permita sobretudo estudá-lo ou prever as suas propriedades.

Assim, o método de classificação possibilitou, mudando os critérios de classe, obter do fato bruto uma visão original e sintética (cf. Fig. VI — 4).

Todavia, o estabelecimento de classificações acerca de conjuntos de elementos cada vez mais disparatados, ou, contrariamente, o aperfeiçoamento de métodos de separação de objetos de propriedades globais muito semelhantes exigiam o recurso a critérios cada vez mais numerosos. Tal complexidade do problema tipológico pôde ser abordada pelo método das matrizes características que expressam um número indefinido de critérios pertencentes a lógicas de valências múltiplas mas não contínuas.

A Figura VI — 6 fornece a este respeito um exemplo relativo à tipologia dos oradores, conforme as maneiras de pronunciar fonemas, selecionados em seus discursos como típicos. Podemos, mediante certas restrições, encontrar para cada um destes fonemas parâmetros numéricos que os caracterizem sem ambiguidade (duração, intensidade, posição do primeiro que se forma etc...). A gama dos valores destes parâmetros divide-se em classes e a expressão em um quadro matricial da configuração das classes é típica de cada orador. A classificação do conjunto dos oradores segundo o conjunto destes critérios pode ser feita neste momento utilizando-se sistemas de fichários de cartões perfurados, que autorizam as seleções ulteriores, respondendo através de um artifício ao problema do quadro de n dimensões.

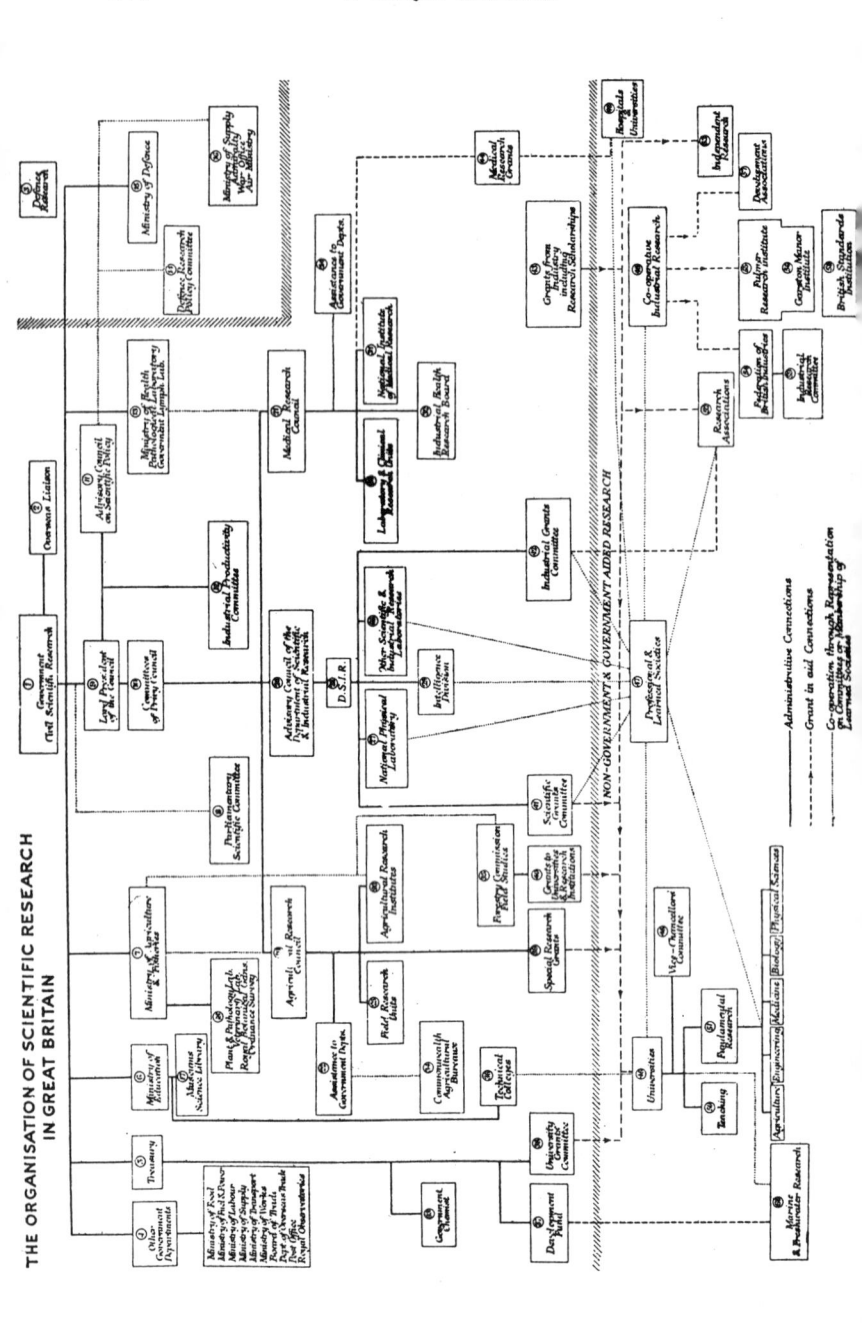

Fig. VI — 5: Esquema da organização da pesquisa científica do Reino Unido.

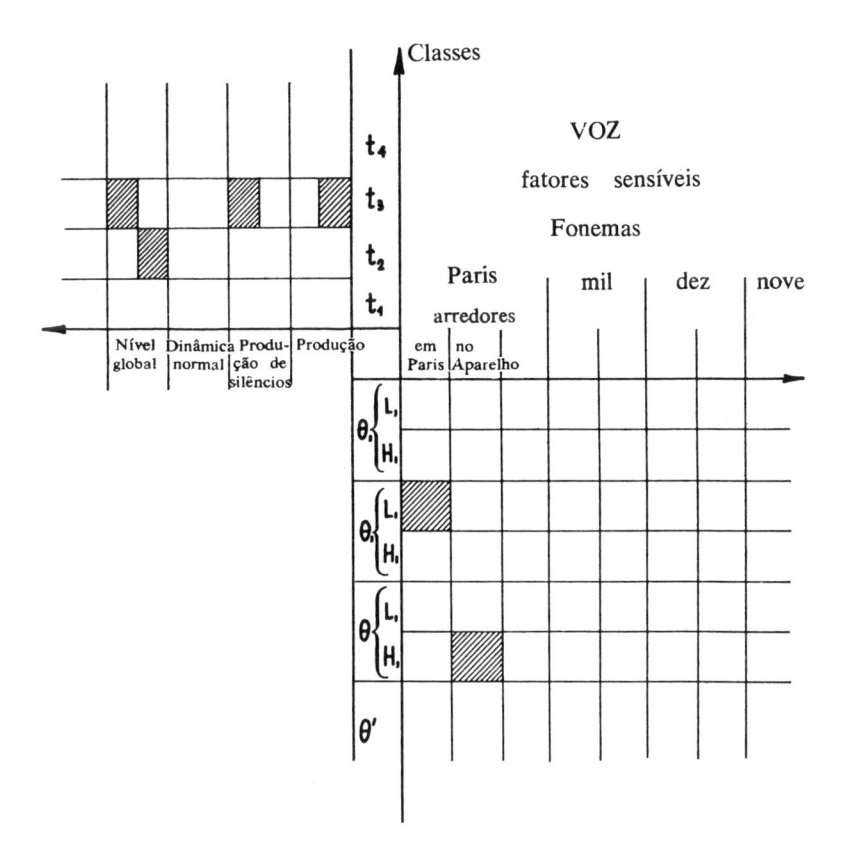

Fig. VI — 6: Matriz tipológica de um orador conforme os seus caracteres fonéticos (esquemática).

Os sistemas de cartões perfurados contêm um método poderoso de abordar as classificações complexas e cujo valor heurístico parece não ter sido posto completamente à luz no domínio teórico: ele é, com efeito, um dos raros casos, fora da velha "máquina de silogismos" de Raymond Lulle, em que a técnica fornece ao espírito um instrumento propriamente heurístico, substituindo-o em uma de suas funções essenciais.

§ 3. — MÉTODO DE EMERGÊNCIA

Acabamos de ver no parágrafo anterior que, se a ciência procurava dissolver o qualitativo no quantitativo, o espírito humano, ao contrário, tenta fazer aparecer, diremos, fazer

emergir conceitos definidos da continuidade fluente dos fenômenos analisados numericamente, e isto porque os conceitos
são em si mesmos os únicos materiais apreensíveis pelo pensamento. Colocado ante a continuidade do mundo mensurá-
vel, o pesquisador envidará um esforço no sentido da tomada
de consciência decompondo o real em conceitos; e chamaremos *método de emergência* este procedimento que consiste
em suscitar o descontínuo do contínuo, o qualitativo do quantitativo. Temos aí a recíproca exata do método descrito anteriormente sob o nome de método de diferenciação que vi-
sava ao contrário a dissolver as fronteiras dos conceitos ou
das classificações existentes na continuidade quantitativa. O
espírito insurge-se contra a *medida,* dogma muitas vezes in-
tangível que se verifica inteiramente inadequado em certas
disciplinas para substituí-la por conceitos derivados da forma
ou da configuração. Bachelard (*O Conhecimento Aproximado*) declara a este respeito: "A medida, não importa a
descrição que ela fornece, não esgota os diversos aspectos do
objeto".

O método da emergência tem em mira particularmente a
famosa frase de Lord Kelvin: "Se você pode medir aquilo do
que fala e exprimi-lo por um número, você sabe algo de seu
assunto, mas se não pode exprimi-lo por um número, seus
conhecimentos são de uma espécie muito pobre e muito pouco satisfatórios", sentença que pesou de maneira esmagadora
sobre a física atual até criar uma "mística da medida". levando
quase a pensar, senão a dizer, que só há fenômeno
quando dele se pode fazer mensurações precisas —
fato que é logicamente contraditório, pois a que aplicar o
algoritmo da medida, senão, ao menos, a uma aparência? —
e que a primeira coisa a fazer diante de uma complexão natural é retirar disso medidas muito fiéis — e mesmo muito
precisas — devendo o sentido do fenômeno sair automati-
camente das séries de medidas. Quantas vezes vimos, nos
laboratórios, "mensuradores" encarniçados que atacam um
fenômeno não importa por que ponta, contando que ao termo das medidas virá a compreensão!

Seguiu-se daí uma tendência automática, particularmente
sensível em física de se considerar que aquilo que se mediu
mal, estas medidas infiéis que jamais proporcionam duas vezes o mesmo resultado, terror do físico, devem ser rejeitadas
por princípio, proscritas da ciência e não são dignas do pesquisador: fornecem apenas aborrecimentos, conclusões qualitativas sujeitas à revisão etc... Ora, se existem, felizmente, fenômenos em que a imprecisão resulta quer de erros de

método, quer de nossa incapacidade técnica, portanto suscetíveis de progresso ulterior, há outros onde a imprecisão está
na própria natureza das coisas:

Assim, para determinar as características estatísticas de uma
superfície ou de um perfil de estrada — problema importante para
o estudo das suspensões automobilísticas — o pesquisador estudará
o perfil no Viagrafo sobre um comprimento cada vez maior com a
esperança de reduzir os erros por uma amostragem mais extensa,
diminuindo o desvio quadrático. Determina assim caracteres objetivos (periodicidade, amplitude, forma,...) dos ressaltos do perfil
da estrada para realizar um modelo típico. Mas se ele deseja aumentar a precisão de seu trabalho, não terá outro recurso senão estender
cada vez mais o comprimento da exploração (este deve variar com
o quadrado do aumento da precisão desejada). Neste caso, a estrada
estudada atravessa, ao cabo de alguns quilômetros, uma aldeia onde
ela é pavimentada e muda pois de estrutura de base: surge então uma
outra causa específica que vem, *no princípio*, limitar a precisão desta
determinação estatística do perfil: o conceito do "ressalto médio" tem
apenas uma precisão limitada pela natureza das coisas.

Eis um exemplo de fenômeno *impreciso por natureza*
que leva a verdadeiros *princípios de incerteza* em nossa escala,
sem que seja necessário apelar à microfísica, e dos quais seria
fácil encontrar inúmeras analogias em sociologia no estudo
das populações. Trata-se do caso, mais geral, de todos os
problemas de *fracas amostragens* muito conhecidos em estatística. Cumprirá por isso eximir-se de estudá-los a pretexto
de que as conclusões que daí se tiram são marcadas de uma
incerteza notável e são indignas de ser objeto da ciência?
Os físicos do século passado desviaram-se sistematicamente
do estudo destes fenômenos fugidios, mal estabelecidos, pois
não fornecem essa satisfação sensual de uma medida bem
feita, essa sensação de estabilidade do Universo que se afi-
gurava a muitos cientistas a recompensa da pesquisa. Eles
se entrincheiraram por trás de variados pretextos, dos quais
o mais sólido era que tinham já o suficiente a fazer com os
fenômenos estáveis — e tranqüilos — para se ocupar desta
escória da física, que são os sistemas de equações mal determinados, as amostragens insuficientes, as experiências com
uma multiplicidade indefinida de parâmetros incontroláveis
que acabam por se diluir no aspecto histórico. Com efeito, o que é que se pode tirar das complicações da curva de
carga instântanea de uma central hidroelétrica, no dia 28 de
maio de 1954, lá onde os simples fatos de que um determinado assinante dentre dezenas de milhares sente a necessidade
de ouvir a retransmissão de um prélio esportivo ou que uma
nuvem passa sobre um quarteirão da cidade bastam para
que um colchete, grande ou pequeno se inscreva no diagrama!

A atitude do físico mudou muito nestes últimos cincoenta anos. Os belos fenômenos quantitativos de precisão indefinida, por exemplo a espectroscopia, esgotaram-se pouco a pouco ou concentraram-se em algumas regiões da física em proveito de novos domínios e de um considerável enriquecimento conceitual, que nem sempre foi seguido de perto pelas possibilidades da metrologia, introduzindo um desvio crescente entre os conceitos e seu suporte experimental. Ademais, o desenvolvimento das técnicas de amplificação, praticamente desconhecidas no século passado, levou a reencontrar os limites da incerteza que constitui a desordem do Universo sobre a qual se destacará o fenômeno: aquele ao qual se convencionou aplicar flutuações erráticas, ruído de fundo etc... Por isso o método heurístico de emergência, outrora acantonado na biologia enquanto aparição de qualidades conceituais em uma evolução contínua, espalhou-se nas *ciências exatas,* termo que amiúde confundimos erradamente com *ciência precisa.* Por exemplo, a paleontologia é atualmente capaz de fixar a idade de aparecimento de uma espécie biológica com um erro da ordem de ao menos 20%: não se trata de uma ciência exata, mas ela pertence às ciências medianamente precisas. A acústica é uma ciência exata, mas consideramos que nela um erro do simples ao dobro encontra-se já no limite de uma boa precisão: não é uma ciência precisa.

É em tais ciências que o método heurístico de emergência de um conceito é o mais proveitoso porquanto contribui com algo (o conceito) onde antes só havia uma névoa indistinta.

Eis um exemplo de aplicação do método da emergência aos fenômenos mergulhados no ruído de fundo: as tensões elétricas que formam o encefalograma, e que atingem 500 microvolts sobre o córtex não são, no homem, acessíveis a não ser sobre o crânio onde quase não ultrapassam uma dezena ou uma vintena de microvolts a 10 ou 15 hertz — (ondas α). Ora, o ruído de fundo normal, originário, quer do sujeito, quer dos amplificadores, não desce abaixo de 2 a 5 microvolts conforme a banda passante do amplificador. O estudo atento do E. E. G. faz suspeitar da existência de fenômenos com freqüências mais elevadas (f > 40 Hz) e de fraquíssima amplitude (1 a 4 microvolts). Estes permanecem mergulhados no ruído de fundo. Um tema para trabalho consistirá pois em pesquisar artifícios técnicos capazes de trazer "à tona" estas ondas hipotéticas do ruído de fundo que lhes é superior. No século passado, físico algum pesquisaria fenômeno *menor do que* a agitação espontânea que lhe é superposta. Conceitos teóricos variados acerca do espectro normal do ruído de fundo revelam, entretanto, que em um registro de E. E. G., a região do espectro superior a 60 Hz parece ter uma intensidade média ligeiramente superior à prevista pela teoria dos espectros contínuos. Resta evidentemente estabelecer que tal fenômeno indiscernível quanto à sua estrutura da própria perturbação, não só não provém do amplificador, mas tampouco do cérebro considerado como resistência ôhmica passiva, isto é, trata-se efetivamente de um fenômeno fisiológico. Os processos técnicos ou teóricos (filtragem, decomposição, análise harmônica, métodos de equilíbrio ou de compensação) que permitirão evidenciar estas ondas α serão resultado da aplicação do mencionado método heurístico.

Além disso evidenciarão um *princípio de incerteza* segundo o qual a amplitude A_{min} de um fenômeno discernível em um ruído é inversamente proporcional à duração θ de observação deste, e à sua taxa de autocorrelação, que exprime a sua coerência interna e o opõe ao ruído de fundo, cuja autocorrelação é nula, porquanto é imprevisível:

$$A_{min} \, \theta = K \Big/ \int_{o}^{\propto} \frac{d\tau}{\tau} \cdot \int_{o}^{\theta} \overline{F(t) \cdot F(t + \tau)} \; d\tau$$

§ 4. — OS MÉTODOS ESTÉTICOS

No decurso do presente inventário dos métodos heurísticos, encontramos repetidas vezes como fator essencial da descoberta, a visão mais ou menos extensa de um campo fenomenal que é o modo normal de apreensão reflexiva.

O ordenamento em uma perspectiva mais ou menos original para cada um de nós do conjunto dos elementos do campo fenomenal, que compreende ao mesmo tempo conhecimentos anteriores e fatos presentes, torna-se o "campo intuitivo", e o rearranjo estende-se progressivamente a partir dos fatos experimentais em círculos cada vez mais extensos de conhecimentos anteriores. Este ordenamento constitui a idéia criadora que, racionalizada em palavras, em experiências e em demonstrações, proporcionará a descoberta — ou o malogro, caso em que o processo será reiniciado desde o começo até o êxito ou o cansaço...

O processo consiste em uma reorganização do campo intuitivo até reduzir a anomalia criada pela presença de fatos não-integrados. É uma operação de redução racional, o desaparecimento do "estranho", que constitui a compreensão. Como procede o espírito para operar tal reorganização da perspectiva fenomenal? Sem dúvida, em grande medida, parece que procede por acaso, pelo menos nos passos elementares, mas o procedimento de conjunto decorre das regras de ação cujas grandes linhas nos são sugeridas pela criança que brinca com o jogo de construção.

Dentre os melhores guias da mencionada reorganização, figura a sensação estética bruta, que delimita boas e más configurações no campo intuitivo. Se a maioria dos pesquisadores deixa discretamente no subconsciente essas tendências motrizes, verificou-se que um certo número os fazem emergir deliberadamente em suas ações a título de método de investigação. Como rearranjar o campo fenomenal por meio de ligações conceituais de modo a satisfazer ao máximo a estética, qual é seu ordenamento mais satisfatório? Isto liga a pesquisa científica à composição artística, ligação notada por numerosos autores já citados (Poincaré, De Broglie, Whitehead, Hadamard etc...)

Os exemplos mais imediatos de aplicações do referido método surgem sobretudo nas teorias bastante gerais para que seu edifício seja imponente, pois é natural que a configuração de uma massa de fatos em uma boa forma forneça ao espírito um alimento mais rico do que um fato isolado, cuja significação estética no grande edifício da ciência concluída presta-se sempre a maior número de divergências de interpretação.

Pode-se afirmar, sem medo de exagerar, que a totalidade das teorias cosmogônicas (Ptolomeu, Copérnico, Laplace, Lemaitre, Einstein, Eddington, De Sitter, Von Weiszacker) são exemplos do método estético e, na maioria de seus autores, a pesquisa da harmonia ou da simetria é perfeitamente consciente.

"De todos os corpos do Universo, o mais excelente é o sol cuja essência inteira não é outra coisa senão a mais pura luz de todas as estrêlas que, só e única, produz, conserva e aquece todas as coisas. É uma fonte de luz, riquíssima de calor benéfico, a mais bela, a mais límpida e a mais pura para a vista; fonte da visão, pintor de todas as cores, embora seja ele mesmo isento de toda cor, rei dos planetas em seu movimento, coração do mundo em sua potência, olho do Universo em sua beleza, que seria o único digno de ser a residência do Deus Altíssimo se este se dignasse a eleger um domicílio material e escolhesse um lugar para reinar com seus anjos benditos. Por consequência, como não assenta ao primeiro Motor ser difundido ao longo de uma órbita (!) mas antes proceder de um princípio firme e único, e como acontece aliás que em parte alguma do mundo, nenhuma estrela pode se prevalecer de tão grande honra, resulta daí que, por direito supremo, voltamos ao sol que parece ser o único a convir pela virtude de sua dignidade e de poderio para esse papel de motor e de sede do próprio Deus, para não dizer do primeiro Motor..." (citado por Sullivan).

Kepler nos revela aqui claramente o estado de espírito no qual compôs sua teoria do movimento dos planetas; sabemos além disso que ele descobriu a teoria de Copérnico "com arrebatamento e entusiasmo". Esse autor de uma substancial racionalização do Universo era movido essencialmente por um objetivo estético levado a um grau religioso: vemos emergir o arquétipo sob o senso estético.

Mais próximo de nós, Einstein, que no entanto afirmou que o senso estético não desempenhava papel algum na constituição de uma teoria, o salientou em Planck nos seguintes termos:

"O desejo de ver esta harmonia preestabelecida é a fonte da paciência e da tenacidade inesgotável que deparamos na consagração de Planck aos problemas mais fundamentais de nossa ciência, sem se deixar desviar nem por tarefas mais fáceis nem mais proveitosas. Ouvi muitas vezes colegas atribuírem esta característica de seu espírito a um extraordinário poder de vontade, mas considero semelhante opinião inteiramente falsa. O estado emocional, que torna possível tais realizações é comparável ao dos debates religiosos ou dos amantes: a assiduidade cotidiana não é ditada por princípio ou um programa, mas resulta de uma necessidade pessoal imediata" (*ibid.*, p. 166).

Louis de Broglie diz do mesmo modo:

"É um fato curioso, mas inegável que (o sentimento estético) serve sempre de guia na elaboração das teorias da nova filosofia (...) Parece-me certo que o trabalho do teórico é muitas vezes orientado e guiado pelo sentimento estético."

Assim, o sentimento estético aplicado como motor e como guia na organização dos fatos ou dos conceitos em um todo coerente, toma no limite um aspecto místico cuja expressão e influência no domínio artístico conhecemos bem. Se parece realmente que certos pesquisadores estejam completamente fora desse estado de espírito — e a multiplicidade dos métodos heurísticos considerados mais acima nos mostra que ele não é de modo algum necessário à criação científica, a seus estágios elementares pelo menos — não há dúvida que o método estético exerceu, por exemplo na pesquisa astronômica, importante função.

Vale notar que é justamente a essas teorias mais audaciosas e mais arbitrárias do edifício científico e às mais gerais dentre elas que se prende o aparelho matemático racionalizante de maior importância (Teorias de Lemaitre e De Sitter, teoria de Eddington sobre o papel do número 137 nas constantes universais), como se o irracionalismo estético profundo das teorias em questão quisesse dissimular-se por trás de uma fachada sem fissura.

Uma das formas mais notáveis assumidas pelo método estético em ciência é o "pitagorismo". Entenderemos por isso a busca no universo de uma mística do número inteiro: "É o número que é o Senhor do Universo" (Pitágoras). Tal método desempenhou durante quase vinte séculos um extraordinário papel heurístico e sua influência só decresceu com a constituição da ciência positiva deliberadamente oposta à "racionalização pelo irracional" que é a explicação teológica.

A primeira "experiência" propriamente dita das ciências da natureza foi feita pelos pitagóricos quando constataram que os únicos sons harmoniosos de uma corda vibrante eram obtidos imobilizando-a a distâncias correspondentes a razões simples 1/2, 1/3... Parece que o êxito desta correspondência entre números inteiros e sensação, em um domínio particularíssimo, pesou de um modo esmagador sobre a orientação das ciências experimentais, estabelecendo de uma forma dogmática o mito do número inteiro.

O edifício da ciência pitagórica foi um enorme esforço para estabelecer o sistema do mundo sobre a base de uma correspondência mística entre os números e as formas (harmonia das esferas). Isto implicava que a noção última do Universo é *numérica* e que todo resultado expresso por um número não-inteiro não era senão uma primeira aparência atrás da qual se deveria descobrir uma última harmonia[1].

A sensação estética da perfeição do Universo teórico se achava assim vinculada a um mito, o do número, durante séculos — enquanto durou a influência da ciência grega. Daí emergia um método heurístico derivado do método estético e que se poderia qualificar de "método pitagórico" cuja influência na ciência, até o advento do empirismo experimental, não se poderia subestimar.

Um dos exemplos mais típicos desta concepção "pitagorizante" em uma época extremamente tardia é a "lei" de Bode relativa à distância dos planetas do sistema solar — curiosa reminiscência da harmonia das esferas da ciência grega.

Seja portanto a série de potências de 2:

$$0 \ 1 \ 2 \ 4 \ 8 \ \ldots \ 2^n$$

Multipliquemo-la por 3 (por que?)

$$0 \ 3 \ 6 \ 12 \ 24\ldots \ 3 \times 2^n$$

Somemos ao resultado o número 4 (por que?)

$$4 \ 7 \ 10 \ 28 \ 52 \ 100 \ 196 \ \ldots \ (3.2^n + 4)$$

---

(1) Esta idealização do número inteiro nos permite conceber mais fàcilmente o escândalo provocado por números tão irredutìvelmente não-inteiros como os irracionais, escândalo que, na nossa mentalidade atual, nos parece sempre um pouco estranho pois, incomensuráveis e irracionais, apresentam ao espírito moderno um aspecto muito mais contingente.

E dividamos por 10 (para que a cifra 10 relativa à Terra se torne igual a 1)

$$0,4 \ 0,7 \ 1 \ 1,6 \ 2,8 \ 5,2 \ 10 \ 19,6 \ \ldots \quad \frac{(3.2^n + 4)}{10}$$

temos a distância dos planêtas ao sol tomando como unidade a órbita terrestre.

Sabemos aliás que esta "lei" não é válida para Plutão d $= 39,6$ em vez de 77,2, o que torna a palavra "lei" um abuso de linguagem. Ela não integra absolutamente o nosso conhecimento do Universo. De fato, é fácil responder a todos os porquês que se levantam a cada instante: Por que não? mas esta resposta, válida na medida em que não se trata senão do processo heurístico, é a negação de toda verificação racionalizante, fato que lhe impede de penetrar na ciência acabada. Seria interessante saber em que medida Balmer, criador da primeira série espectroscópica das raias do hidrogênio R $(1/m^2 - 1/n^2)$ foi influenciado por essa "lei de Bode".

O espírito da ciência atual é absolutamente oposto ao "método pitagórico" pois não atribui ao número inteiro nenhum valor explicativo, embora de tempos em tempos fatos isolados como os raciocínios de Eddington sobre o número 137 (constante da estrutura fina dos espectros) levam a pensar que ele não desapareceu ainda completamente do subconsciente dos cientistas mais afeitos aos métodos do pensamento científico moderno.

É sobretudo nas partes obscuras da ciência medieval e no início no Renascimento que reencontramos o uso intensivo dêste método, de modo particular na alquimia, onde a maioria dos conceitos se inspiram em uma metafísica do Verbo originário dos escritos judaicos, em particular do corpo de doutrinas heteróclitas conhecidas sob o nome de Kabala, cuja parte mais séria, o Zohar, encontra suas raízes nas concepções de Filo de Alexandria, que soube efetuar a síntese do essencial das doutrinas pitagóricas e do misticismo judeu.

Bachelard e Jung expuseram de modo claro em suas obras (em particular, Bachelard: *Psicanálise do Fogo, A Água e os Sonhos, o Materialismo Racional;* Jung: *Symbolik des Geistes*), a racionalização um tanto arrebatada dos primeiros autores de uma química toda impregnada de alquimia e de conceitos místicos (Agrippa, van Helmont, Papyrus de Leide, Croll etc...) onde o frenesi do número 4 levou a dividir à força as "espécies" do mundo em quatro categorias mais ou menos arbitrárias (terra, ar, fogo e água).

Assim, uma parte notável da alquimia e da química moderna saiu da ligação artificial entre um conceito e o nome que serve para designá-lo, tão característica da decadência do pitagorismo. As propriedades do nome, por exemplo, as combinações que se podem fazer de suas letras constitutivas, ou as alianças que se podem fazer entre um nome masculino e um nome feminino, deram lugar às mais curiosas idéias de reações químicas entre as quais era forçoso que algumas fornecessem algo utilizável, sobretudo se este "algo" não é muito preciso.

Eis um exemplo característico do raciocínio alquímico em que o nome do corpo, supõe-se, recobre as suas propriedades, atribuído a Habib ibn Hayyan (Geber), alquimista do século VIII.

Cada uma das quatro qualidades ou matérias elementares era tida como dotada de quatro graus e sete subdivisões, ao todo 28 × × 4 posições, designando as subdivisões as 20 letras do alfabeto árabe: calor, frio, secura e umidade. Os graus e subdivisões correspondiam a pesos segundo o sistema árabe 2 quirats = 1 danaq, 6 danaqs = 1 dirham. A fim de determinar o equilíbrio (ordem quantitativa ou composição) do chumbo fazia-se a análise lítero-numérica do nome considerando-se apenas as consoantes. A transcrição fonética do termo Chumbo em árabe é -usrub onde a primeira letra é a consoante muda alif; sendo U uma vogal, as letras operantes são pois: alif, sin, rá, bá. Como alif é a primeira letra do nome, representa o calor do primeiro grau e vale 7 danaqs, sin, a 2ª letra, a secura de segundo grau e vale 1 dirham; rá, a umidade de terceiro grau, representa 1 1/4 dirhams e finalmente bá, o frio do quarto grau, 9 1/3 dirhams. Um bloco de chumbo que pese 12 3/4 dirhams conteria, pois, os pesos acima de calor, secura, umidade, e frio ... (E. J. Holmyard).

Sem dúvida, semelhante procedimento aproxima o acaso para espíritos modernos, mas para um espírito criador em um século de obscuridade, as indicações literais que nos são fantasistas surgem como hipóteses de trabalho; no fim de contas, o resultado positivo continua sendo a melhor verificação pragmática.

Ao lado de concepções falsas como o "calórico", herdeiro do flogístico do qual só conseguimos nos desembaraçar no século XX, tão engenhosa era a hipótese, é ainda sobre conceitos herdados da alquimia (reação, catálise) que se baseia a nossa química moderna, justificando pois a posteriori, por seus resultados, as fantasias especulativas e quase místicas da alquimia.

Foram os alquimistas que criaram o termo e o conceito de transmutação, que há trinta anos penetrou na prática da psicoquímica por vias, sem dúvida, totalmente insuspeitadas por seus autores que buscavam a transmutação do chumbo em ouro através da "pedra filosofal", ancestral dos catalisadores.

§ 5. — MÉTODO DOS TEOREMAS GERAIS

A Metodologia reserva às "grandes teorias" um lugar à parte na epistemologia científica e as distingue essencialmente das doutrinas pertencentes, por sua própria natureza, a um domínio delimitado da ciência. As grandes teorias são as tentativas permanentes de síntese total que fornecem o quadro doutrinário do campo de visão: elas são as grandes linhas do edifício científico e suportam, numa rede mais ou menos cercada, todas as ciências particulares. Seu estilo que varia desde a pura doutrina matemática (teoria do campo eletromagnético e da gravitação) até as hipóteses gratuitas mais aventurosas (teoria da evolução dos seres organizados) segundo a região do edifício considerada, conserva sempre um aspecto fortemente dogmático mesmo que a teoria seja — e se saiba — essencialmente provisória. Pois toda grande teoria, é o que a distingue como tal, é *normativa*, pretende reger o domínio do qual se ocupa em nome da inteligibilidade do Universo, da racionalidade do real. Ela é portanto fundamentalmente idealista porquanto se impõe *a priori*, não apenas aos fatos conhecidos, mas aos vindouros. Ao menos no quadro elementar, é uma grade cujas casas estão vagas e prontas a receber as doutrinas secundárias, suscetíveis por sua vez de variações consideráveis de textura, pois este quadro da grande teoria é ao mesmo tempo sólido e deformável localmente, sem que a forma do seu conjunto seja substancialmente modificada, sendo procedimento idealizante precisamente o de dobrar o perceptível ao inteligível e o inteligível ao geral, em um sistema do mundo sem lacuna.

As grandes teorias são pouco numerosas; são teoricamente suscetíveis de se ligarem umas às outras, da mais matemática à mais especulativa, e a aplicação do método dos limites pela filosofia das ciências se verifica sempre particularmente fecunda na exploração dos pontos de junção, entre grandes teorias nos domínios distintos: sabemos, por exemplo, que a junção entre a teoria eletromagnética da gravitação e a cosmogonia foi obra de Einstein; mas a junção entre a teoria tão imperfeita da evolução e o sistema geológico do mundo ou, de outro lado, a físico-química, permanece ainda cheia de pontos obscuros onde a reflexão especulativa pode exercer uma atividade muito proveitosa, pois as dificuldades emergem quer de sistemas de pensamento diversos, quer de um estado de avanço muito desigual de cada uma das teorias a juntar.

Esta síntese é a função essencial dos espíritos generosos e é neste domínio que a filosofia — espírito geral por definição — pode desempenhar o papel mais importante no progresso da ciência. Há aí uma tarefa imensa que não é ilegítimo qualificar de *filosofia aplicada* e que praticamente jamais é abordada pelo cientista, primeiro porque as árvores lhe escondem a floresta, depois porque, para realizar obra útil, deve possuir um igual conhecimento das ciências a serem juntadas, o que quase nunca é o caso, sobretudo quando elas diferem na sua abordagem, tanto quanto a física e a sociologia por exemplo, enfim e sobretudo porque toda atividade nestes domínios essencialmente especulativos, onde os resultados experimentais são raros, fragmentários, às vezes contestáveis, e sem que constituam no fim de contas o essencial da colheita, é fortemente *comprometedora* e porque o pesquisador formado em ciências da natureza hesita amiúde em "assumir os riscos" intelectuais. Cabe pois ao filósofo da natureza esta síntese total e aventurosa que é o retrato permanente do sistema do mundo.

Mas é um dos erros mais cometidos, até pelos filósofos, considerar as grandes teorias e a síntese total como objeto unicamente especulativo "para a honra do espírito humano" e de valor unicamente estético. Se a honra do espírito humano e a beleza do sistema do mundo constituem para eles realmente o objeto essencial e se seus resultados principais consistem em realizar a integração de domínios especiais em uma única ciência, cumpre notar que um "subproduto", que importa em perspectivas bastante gerais de amplos domínios das ciências, é precisamente o de extrair deles *regras de perspectiva,* que se apliquem a todos os domínios: são *teoremas gerais* cujo papel na ciência atual não parece ter sido acentuado de modo suficiente, pois ela permanece ainda totalmente impregnada de uma classificação caduca de origem sensualista (óptica, acústica, mecânica etc...) que mascara o papel universal dos teoremas gerais.

O emprego sistemático dèstes nós principais da rede científica, formados pelos teoremas gerais, constitui um verdadeiro método heurístico autônomo, que retira a sua força da percepção do universo através do contingente. Salvo uma racionalização ulterior de pormenor, sempre passível de fracassar, pois um teorema geral que descreva as modalidades de um fenômeno hipotético não constitui forçosamente um teorema de existência deste fenômeno, este método que acaba de completar e preencher a "matriz de descoberta" já citada no Capítulo 6 pode ser considerado como uma transposição, no campo dos algoritmos do pensamento, do processo descrito no campo das ações físicas.

Em lugar de se tranqüilizar com raciocínios ou experiências de pormenor, ligados a uma técnica, a uma aplicação, de grandezas numéricas particulares, o *teorema geral,* produto da "grande teoria", curto-circuita com elegância toda uma pesada dogmática; apresenta-se como uma verdadeira encruzilhada do pensamento científico (Belin Milleron).

Na ciência atual, não foi estabelecido nenhum repertório adequado destes teoremas gerais, que regem as formas racionais. Parece que o imenso esforço de renovação do espírito científico iniciado por volta de 1910, pela crise dos quanta e da relatividade, pelo aparecimento do objeto manufaturado, pela ciência das comunicações, não deu ainda todos os seus frutos: faltam-nos visões de conjunto do edifício da ciência moderna e a ausência de recuo não nos permite dominá-lo e perceber nele aqueles nós da rede que não são, até agora, claros senão em matemática. Trata-se de uma das "tarefas indicadas" da filosofia das ciências e do teórico colocar em evidência e enunciar o repertório destas encruzilhadas do pensamento, destes conceitos gerais que são instrumentos poderosos e pouco incômodos, *idéias-forças.*

Um exemplo típico de "conceito-encruzilhada" é o de "rendimento" que se aplica indistintamente não apenas a tudo o que sai das mãos do homem, mas a todo sistema que sofre uma evolução objetivamente definível.

Seja portanto um fenômeno, um efeito, um sistema que sofre uma evolução de um estado A para um estado B, seja p uma grandeza que caracteriza numericamente esta evolução. O estudo teórico do processo definiu um valor máximo p_{max} desta transformação. Chamamos *rendimento* da transformação A → B a relação

$$\frac{p \text{ real}}{p \text{ max}}.$$

Notar-se-á que a própria generalidade desta noção a torna multiforme; há de fato tantos p_{max} quantas considerações teóricas possíveis acerca da evolução do sistema, o que autoriza tantos rendimentos quantas as maneiras de considerar o referido sistema (assim, para uma máquina térmica, o rendimento teórico, o rendimento térmico, o rendimento indicado, o rendimento no freio). O que importa é que a noção de rendimento introduza uma concepção *a priori* sobre a evolução do fenômeno, definindo um *ponto de vista* sobre este, um objetivo perseguido, uma *enteléquia,* um estado *optimum.* Muitas vezes, o conceito de rendimento é introduzido *antes* de se conhecer exatamente o significado dos dois termos da relação:

154 A CRIAÇÃO CIENTÍFICA

o que é
_____
o que deveria ser

Temos em geral uma idéia bastante clara daquilo que é: o fluxo de energia recuperado, o número de elétrons recolhido, a corrente produzida etc... mas estamos muitas vezes incertos acerca "daquilo que deva ser", acerca do processo teórico ótimo, quer por não sabermos o que é *ótimo* quer por não conhecermos uma teoria numericamente explicitável.

Assim o "rendimento" de um cátodo termoiônico é a razão entre o número de elétrons emitidos e o número de elétrons teoricamente extraíveis do metal a esta temperatura, baseando-se a teoria desta razão em considerações bastante complicadas que o primeiro efeito heurístico da noção de rendimento deverá esclarecer.

O conceito de rendimento intervém em todos os dispositivos realizados pelo homem como tradução da crença em um progresso, em uma perfeição do intencional, isto é, na possibilidade de fazer emergir *fenômenos puros*: uma turbina hidráulica, *é para* transformar o fluxo de energia da água em energia mecânica, um cátodo termoiônico *é para* emitir elétrons, um campo de trigo *é para* produzir grãos etc...

O fato de, na maioria dos processos materiais, o aparecimento do calor — isto é, da desordem — ser um subproduto prejudicial que diminui o rendimento, coloca em oposição, de um lado o ordenamento de um ponto do mundo que é o objetivo do técnico e, de outro, a desordem inerente a tòda transformação que vem degradar tal ordenamento. Freqüentemente, uma técnica qualquer de laboratório que tenta produzir um efeito qualquer, uma reação química por exemplo, esforça-se primeiro por produzi-la "não importa como", fazê-la aparecer, mesmo com um rendimento irrisório, depois por exame metódico e variação das condições de ensaio (é a frase clássica dos tratados de química elementar: "nas condições apropriadas de temperatura e de pressão e com um catalisador adequado"), aumentar o rendimento: (reação desejada)/(consumo dos corpos postos em jogo e não recuperáveis).

É na dicotomia realizada por esta *démarche* do pensamento que está o valor heurístico do conceito geral de rendimento.

Um excelente exemplo de teoremas gerais é o conjunto dos teoremas relativos à semelhança, por exemplo ao dimensionamento dos organismos, dos aparelhos ou das máquinas em função de sua potência. Tais teoremas nos ensinam que a potência de um aparelho de determinado tipo, quer se trate de um alternador ou de uma chaleira, varia com o cubo de suas dimensões lineares, o que leva à noção de *densidade de energia* constante por unidade de volume. A generalidade quase absoluta desta lei é tão notável que, para um engenheiro, a constatação de um desvio apreciável de uma máquina em relação à lei em questão será um indício de uma falha de construção ou de um atraso técnico.

Eis uma aplicação que mostra o quanto esta lei ultrapassa amplamente o quadro das técnicas do engenheiro.

No conjunto dos sistemas elétricos ditos "transdutores" que transformam a energia elétrica em uma forma qualquer de energia mecânica, à temperatura "ordinária" (margem de temperatura da ordem de t + 20"), a "densidade de energia" é da ordem de 200 a 500 W/dm³ (menos de 50%): assim um alternador de 10.000 kW terá um volume líquido de 20 m³ e pesará 100 toneladas. Ora, um receptor de radiodifusão é, por sua vez, um transdutor de energia elétrica em energia mecânica, mais exatamente em vibrações do ar. Não há razão *a priori* para que ele não obedeça a esta lei, ao menos a título de *optimum*. A energia acústica eficaz que irradia, sendo da ordem de 10 W, seu volume deveria ser pois da ordem de 50 cm³, isto é, por exemplo, uma caixa da ordem de 4 × 5 × 3 cm³ e pesar 300 g. Sabemos que hoje ainda se está longe de conseguir isto. Podemos deduzir daí:

1) que seu rendimento de transformação é insuficiente. Com efeito, os 10 W máximos que produz são retidos a partir de uma energia da ordem de 100 W fornecida pela rede (rendimento de 10%, enquanto que o rendimento de um alternador é de 96%):

2) que o sistema de transformação de energia deve ser suscetível de aperfeiçoamento — que o sistema das lâmpadas termoiônicas não é provavelmente o único possível:

3) que é possível fazer progressos enormes no cálculo, no dimensionamento e na disposição de seus elementos constitutivos, porquanto ocupa atualmente um volume da ordem de 100 vêzes maior.

Cada um destes prognósticos, que em 1928 parecia extremamente audacioso e mesmo francamente impossível para o técnico, realizou-se parcialmente depois, de início pela via lenta da tecnologia (construíram-se receptores de volume igual a 1/10 dos volumes dos receptores de 1928), e a seguir pelo caminho da ciência eletrônica (invenção dos transístores).

Assim a aplicação de um teorema geral fornece um certo número de conceitos mais específicos que cobrem perspectivas de pesquisa definidas, pois se a descoberta dos transístores não resultou destas considerações, a notável redução das dimensões dos órgãos dos receptores, ao contrário, participou disso diretamente.

A restrição feita em relação à temperatura resulta de um outro teorema da Física, que se pode apresentar como uma generalização do precedente: o teorema sobre a densidade da energia que se enuncia assim: "o fluxo de energia transformável em um sistema material é proporcional ao volume do mesmo, à sua temperatura absoluta média, e à freqüência na qual esta transformação se opera".

Os exemplos que citamos, tomados das aplicações técnicas, mostram de modo claro que o valor dos conceitos gerais não é apenas teórico, mas estende-se a todo problema formulado corretamente.

Um certo número de teoremas, tais como a lei de ação da temperatura sobre as reações químicas (Gudberg e Waage), a lei de Stefan relativa à radiação térmica, o princípio de Carnot apresentado como a lei do decréscimo irremediável da ordem no Universo ou em um sistema fechado, possuem um valor tão geral que a sua aplicação, não importa em que domínio, é muitas vezes, por si só, um método de descoberta, abrindo uma nova via de pesquisa.

Assim as relações dos volumes e dos pesos de um forno eletrotérmico (a 1 800"K) e do transformador que o alimenta (a 300"K) estarão aproximadamente na razão de 1/6. Este teorema é um dos mais gerais da física, aplicando-se indistintamente aos dínamos, aos magnétrons, aos corpos celestes estudados em astrofísica e aos seres vivos.

Assim a aplicação da regra físico-química segundo a qual as trocas químicas dobram quando a temperatura aumenta de 10ºC na vizinhança de 30ºC, implica que a noção de duração psicológica do escoamento do tempo mudará de modo notável quando se submeter o cérebro do paciente a uma elevação de temperatura por diatermia, incitando a uma série de pesquisas para verificar ou infirmar tal observação.

O teorema dos pequenos movimentos, que a mecânica nos traz em geral por intermédio das equações de Lagrange, encontra a sua aplicação (com raciocínios é claro completamente diferentes para estabelecê-lo) em domínios tão afastados quanto os dos fenômenos de cristalizações periódicas em anéis concêntricos (Weil) em química, da repartição dos linguados e dos tubarões no Adriático (Volterra), ou das sedimentações do jurássico em geologia.

A lei de limitação da quantidade de energia de um sistema periódico $(A^2\omega^2 = Cte)$, que liga a amplitude à freqüência de um movimento harmônico, aplicar-se-á igualmente à estática dos instrumentos da orquestra em acústica musical bem como às freqüências de vibração das asas dos insetos e dos pássaros, em função do tamanho destes na série animal. As leis das oscilações, chamadas de relaxação não-harmônicas de grande amplitude, se apresentam ao mesmo tempo como a regra de correção dos desvios da lei dos pequenos movimentos $A^2\omega^2 = Cte$, como a lei do crescimento das espécies vegetais ou animais (girassóis ou colônias de moscas (Van der Pol, Kostitizin), dos ciclos de crise em economia política (Kalecki, Tustin) ou das oscilações em uma lâmpada triodo (Blondel, Liénard), etc...

A emergência de uma distribuição gaussiana de fatos medidos por uma grandeza qualquer, quer se trate da estatura dos habitantes de um país, das diferenças nas cotas internas de um cilindro de motor a explosão ou do peso dos cigarros fabricados por uma máquina, leva à introdução de uma série de conceitos: normalidade, dispersão, desvio típico, e todo um mecanismo estatístico que constitui uma das doutrinas-encruzilhadas da ciência atual.

Na realidade, o conjunto destes conceitos que são encruzilhadas e destes teoremas gerais nos permite entrever a figura próxima da ciência moderna, os lineamentos do organismo futuro que se desenham sob o organismo presente, ainda heteróclito, mal distribuído, atravancado de conceitos locais, de uma classificação sensualista e antropomórfica caduca. Esta prefiguração, na medida em que está assegurada, apresenta grande importância, por exemplo na formação das jovens gerações de pesquisadores para os quais não se tratará mais de ensinar óptica, acústica, mecânica racional, eletricidade, magnetismo, etc... mas ciência das vibrações, mecânica dos meios contínuos, estatística, ciência das associações, microfísica, energética, ciência das analogias.

É notável com efeito que a maioria dos pesquisadores tenha raramente recorrido, ou muito raramente, ao poder heurístico dos teoremas gerais e da síntese integradora e estejam mais familiarizados com métodos locais onde os princípios se ligam diretamente no seu campo normal de visão; apenas a teoria dos grupos parece ter fornecido algumas indicações sobre a possibilidade de integrar o papel dos grandes teoremas, das grandes formas da atividade logicizante na teoria geral do conhecimento.

Levará ainda muito tempo para que o filósofo desembarace os nós principais da rede das técnicas mentais, pois só ele é, *a priori,* formado especificamente por seus conhecimentos gerais para ver o edifício científico no seu conjunto.

§ 6 — CONCLUSÃO

Nos capítulos 4, 5 e 6, examinamos vinte e um métodos heurísticos em seus diferentes aspectos.

Recapitulemos aqueles que distribuímos assaz superficialmente em três grupos:

a) os métodos que tinham por objetivo *explorar,* de algum modo, um sistema de pensamento, uma doutrina, conceitos já estabelecidos e onde o esforço de imaginação recai sobre a aplicação, a pesquisa de um domínio, ou a anamorfose de corpos conceituais já presentes no espírito do pesquisador.

Eis os métodos:

— de aplicação de uma teoria   § 4 — 4
— de mistura de duas teorias   § 4 — 5
— de revisão das hipóteses   § 4 — 6
— de limites   § 4 — 7
— de diferenciação   § 4 — 8
— de procura das definições   § 4 — 9
— de transferência   § 4 — 10
— de contradição   § 4 — 11
— de crítica   § 4 — 12
— de renovação   § 4 — 13

b) os metodos de *criação* propriamente dita, segundo um ponto de vista, uma doutrina, um conceito, um campo de visão que antes não existiam e onde, por conseguinte, a originalidade — e a incerteza — são maiores.

Eis aqueles que qualificamos de métodos:

— dos pormenores   § 5 — 2
— da desordem experimental   § 5 — 3
— da matriz de descoberta   § 5 — 4
— de recodificação   § 5 — 5
— de apresentação   § 5 — 6
— de redução fenomenológica   § 5 — 7

c) enfim, certos métodos, que poderíamos classificar com rigor nas duas categorias precedentes, mas que manifestam, ao lado de um caráter de generalidade pronunciado, um aspecto de ponto de vista *a priori* no qual a atitude propriamente *idealista* é particularmente marcante: apresentam na prática inúmeras variantes, mas nós os separamos em métodos:

— dogmático   § 6 — 1
— de classificação   § 6 — 2
— de emergência   § 6 — 3
— estético   § 6 — 4
— de síntese   § 6 — 5

É evidente que esta repartição é arbitrária; de um lado, não pode ser considerada como um inventário com a pretensão de ser completo, mas como um simples repertório de alguns métodos surgidos tais como emergem da experiência do laboratório e da pesquisa; de outro lado, toda classificação neste domínio tornou-se arbitrária, pelo simples fato de que a aplicação dos processos citados é, em larga medida, inconsciente; a heurística parece muito mais com a psicanálise do pesquisador do que com uma dogmática qualquer e um repertório de "métodos" que trazem nomes definidos, devendo ser considerado estritamente apenas como uma ferramenta de raciocínio.

Veremos no Capítulo 8 uma classificação mais orgânica destes métodos, baseada nos processos filosóficos que utilizam. Na realidade, o pesquisador procede de modo direto, intuitivo: no seu trabalho de descoberta, que comporta amiúde muitas etapas, recorre sucessiva e indistintamente a um ou outro desses processos para alimentar a sua imaginação, para repor seu espírito em marcha. O que nos preocupa aqui são, com efeito, os métodos de pesquisa de um caminho no labirinto da descoberta e não os métodos para *percorrer* este caminho, objeto das infralógicas, para demonstrar e comunicar um resultado, que constituem os próprios métodos da ciência, profusamente estudados aliás, e saem do escopo deste trabalho.

Alguns dos exemplos fornecidos se prestam a interpretações divergentes quanto ao método heurístico que lhes deu origem, pois tais métodos são muito sutis e evanescentes. Esta é a razão pela qual fornecemos um grande número de exemplos para ilustrá-los. Esforçamo-nos sempre a dar a seu respeito a interpretação que criamos ou sabíamos dever corresponder à realidade dos fatos, mas é certo que no caso há uma incerteza subjacente que não poderia ser levantada, exceto por uma verdadeira psicanálise do pesquisador. Ora, sabemos pertinentemente que a reação da censura do subconsciente é tão forte no domínio científico quanto nos outros domínios mentais: muitos cientistas negariam pura e simplesmente toda conjetura sobre os modos de espírito ou os procedimentos empíricos que os conduziu à descoberta. É um reflexo natural de todo pesquisador instruído na religião do racionalismo ter uma tendência instintiva em insistir no aspecto racional de sua atividade e conformar a imagem do mundo de descoberta ao seu próprio ideal, a imagem do trabalho científico tal como no-la apresentam as publicações e as exposições, deixando na sombra as determinações sentimentais e imaginativas ou mesmo a simples gratuidade do ato inicial. É numa verdadeira psicanálise da ciência tal como a exige Bachelard que se poderia aprofundar de modo substancial o problema mas toda psicanálise conserva sempre um certo caráter conjetural.

A multiplicidade dos exemplos disponíveis permite contudo afirmar, com certeza, que a eventual refutação da interpretação deste ou daquele dos exemplos fornecidos teria apenas um alcance limitado a este mesmo exemplo, podendo toda pessoa um pouco ao par da prática da pesquisa encontrar instantaneamente grande número de exemplos análogos.

O que devemos extrair deste repertório fragmentário? Especifiquemos primeiro o que não se deve querer tirar daí. Não é possuindo uma enciclopédia que temos os conhecimentos nela contidos: assim como não basta ao psicólogo o conhecimento dos reflexos do motorista para lhe proporcionar a capacidade dele próprio dirigir, o conhecimento de quaisquer processos da criação intelectual tampouco proporciona a "receita para inventar" por uma simples utilização "a vácuo" desses processos, isto em primeiro lugar porque as manipulações mentais se exercem sobre uma certa *matéria*, uma informação densa, uma rede de conhecimento — particularmente para o primeiro grupo destes "métodos" — rede cognitiva cuja construção e manutenção formam uma das tarefas mais absorventes do trabalhador científico, convertendo o pesquisador no seu ramo particular em uma personalidade insubstituível, em seguida porque os poucos processos aqui mencionados são amplamente lacunares e porque nenhuma descoberta recorreu exclusivamente a esta simplista gramática inacabada de uma ciência multiforme.

Na realidade, a descoberta da idéia diretriz, do ponto de' partida, do conceito inicial, é apenas um estágio da pesquisa, e só por particularmente obscuro é que merece uma atenção mais prolongada. Nos capítulos anteriores, a noção de verdadeiro e falso não desempenhou nenhum papel: neste estágio, ela quase não apresenta interesse, de fato. Mas a ciência pretende, em sua essência, estar baseada em uma dialética do verdadeiro e do falso ou, ao menos, na coerência de cada elemento com o resto do edifício. Após a idéia inicial segue o *desenrolar* dos conceitos, seu encadeamento em uma seqüência inteligível: é o que descrevemos como o estágio "lógico" da descoberta, e é este que iremos examinar agora.

7. As Infralógicas

A verdade sai do erro mais facilmente do que da confusão.

BACON

A lógica deve ser concebida como uma física qualquer do objeto.

F. GONSETH

§ 1. – OBSERVAÇÕES SOBRE A METODOLOGIA HEURÍSTICA

O exame de conjunto que acabamos de fazer dos métodos heurísticos nos três capítulos anteriores revelou-nos uma ambigüidade fundamental que convém pôr a claro desde o início, antes de tirar conclusões deste exame.

Lembremos que definimos sob o nome de "métodos heurísticos" as etapas iniciais em que o pesquisador, após situar-se no campo fenomenal, se esforça por diversos procedimentos em criar uma perspectiva dos fatos, uma *forma* qualquer que lhe sugeria por sua vez uma *démarche*, um progresso no sentido indicado por esta perspectiva da qual assume consciência como idéia diretriz. Avançando então de etapa de pensamento em etapa de pensamento, constrói uma cadeia de conceitos, ligados uns aos outros num contexto discursivo pertencente a um "logos" e, pouco a pouco, *racionaliza*, isto é, reconverte o "logos" nos termos mais estreitos "da" lógica universal, os únicos capazes de obter a adesão comum.

Desencadeia-se, portanto, a partir da perspectiva inicial fornecida por um método heurístico e que constitui a idéia, uma espécie de processo de formigamento, muito sensível por pouco que o pesquisador se analise, na qual esta idéia produz arborescências, se desenvolve, se ramifica, se complica em uma rede discursiva. Newman colocou de modo muito claro este processo:

"Uma idéia sob um ou outro de seus aspectos cresce no espírito permanecendo nele. Torna-se familiar e distinta e vemo-la nas suas relações diversas; ela conduz a outros aspectos e estes, por sua vez, a outros, sutis, misteriosos, originais, segundo o caráter intelectual e moral do indivíduo, e um conjunto de pensamentos se forma assim, pouco a pouco, sem que ele reconheça o que nele se passa. E, durante este tempo ou ao menos de tempo a tempo, circunstâncias exteriores fazem brotar em afirmação formal os pensamentos que estão em formação nas profundezas de seu espírito e logo deve pôr-se a defendê-los, e a seguir é preciso que se produza um outro processo, o da análise destas afirmações e o da determinação de sua dependência umas frente às outras. E é assim que ele é levado a considerar como conseqüências, de cujos princípios busca as pegadas, as idéias que até então ele discernira por uma percepção moral e adotara por simpatia e a lógica entra na partida para dispor e inculcar aquilo que foi adquirido sem o emprego de qualquer ciência."

Assim, este formigamento do pensamento criador, que acaba por formalizar, não faz intervir "a" lógica senão no último estágio de seu desenvolvimento, o que precede ou acompanha a redação que é *comunicação*: somente então o trabalho está acabado.

A invenção será uma mensagem dotada de um excesso de originalidade em relação a uma norma fornecida, em particular, pela linguagem. A linguagem, e mais precisamente ainda *as* linguagens, serão pois um primeiro critério daquilo que é aceitável pelo receptor; todos os que redigem uma patente de invenção ou uma publicação científica sabem disso perfeitamente. Exprimir-se claramente significa apenas conformar-se a esta norma social que é a língua, primeira coerção exercida sobre a fantasia de nossas formas mentais, e concebe-se o interesse que apresentará para uma Ciência da Descoberta todo progresso efetuado em uma ciência universal da linguagem, que poderíamos denominar de "semântica".

Há muito tempo que diversos autores tentaram uma fenomenologia do ato da Descoberta e, através da variedade de seus pontos de vista, surgiu uma notável convergência nas suas descrições. De conformidade com Wallas distinguimos cinco estágios no processo da Descoberta (Fig. VII-1):

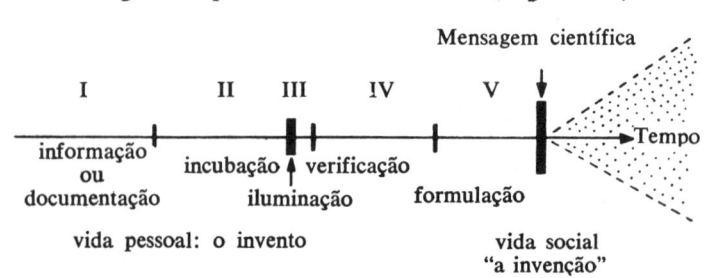

Fig. VII — 1

1º Primeiramente a *Documentação* ou a assimilação do conhecido: o pesquisador ou de modo geral o homem simplesmente, esforça-se por conhecer o mundo no qual está e de perceber nele o pormenor no domínio particular que o interessa, por uma razão qualquer que deixaremos provisoriamente de lado. No cientista, no romancista, esta documentação assume um aspecto importante e pode ocupar um tempo muito longo.

2º O segundo, é a *Incubação*: o pesquisador, descontente do que existe, traz em si mesmo este descontentamento, esta insatisfação com o mundo tal como é, do qual os psicólogos descrevem um exemplo elementar quando apresentam à nossa atenção o que se denomina uma "Forma Aberta" ou "incompleta" que o nosso espírito tende espontaneamente a fechar, a completar. Trata-se do estágio em que o pesquisador se propõe problemas, de um modo subconsciente, pois é muitas vezes incapaz de traduzir esta insatisfação difusa ante o mundo tal qual é, em uma formulação concreta de uma questão a resolver. A Incubação é um processo amiúde muito longo, o indivíduo vive carregando mais ou menos em si esta insatisfação sempre presente, sempre vaga, como uma espécie de remorso ante o mundo, com um caráter discretamente obsessivo: " Como o descobriu?" perguntamos a um pesquisador. "Pensando sempre nisto", respondeu.

A Incubação é uma espécie de mobilização dos recursos do espírito e da natureza, é um distorção do mundo em proveito do problema; o descobridor deforma o mundo, os seres e as coisas em seu proveito exclusivo e não vê (com graduações) nos fenômenos exteriores senão aquilo que os vincula de perto ou de longe de um modo qualquer com este objeto difuso de preocupação, que se encontra no centro dele próprio. É talvez neste estágio da Incubação que jaz a originalidade essencial do ser em descoberta; é acerca deste processo que sabemos menos.

3º O terceiro estágio, a *Iluminação,* é freqüentemente muito breve, é um clarão no pensamento: subitamente a forma encontra seu fecho, sua realização, a tensão se relaxa em um esquema original, é a *solução,* que é ao mesmo tempo uma dissolução do problema colocado. Ocorre que o problema, até então difuso como uma insatisfação vaga, porém permanente, se constitui em uma formulação muito precisa e suscetível de soluções experimentais, por um trabalho cujas etapas são nitidamente previstas.

Esta Iluminação pode ser de uma brevidade extrema. Poincaré nos diz: "Foi no instante em que pus o pé no

estribo do ônibus de Coutances que me veio a idéia de que
as transformações que eu havia utilizado para definir as funções fuchsianas eram idênticas às da geometria não eucli-
diana e eu o senti com uma certeza perfeita". É o caráter
de certeza definitiva, de satisfação do espírito — amiúde enganador aliás — que define a idéia nova, a constituição de
uma forma.

Muitas vezes, nos trabalhos artísticos onde a *composição*
de uma obra pictórica ou musical é uma operação estendida
no tempo, tal iluminação se apresenta como uma série brevís-
sima de clarões sucessivos em um período de trabalho intenso,
do qual Mozart nos fornece um exemplo quando libera temas
melódicos sucessivos que se engatam uns aos outros para fazer
crescer rapidamente a obra e concebê-la cada vez mais claramente até apreendê-la em seu conjunto. Mas é possível reduzir esta série de iluminações parciais à operação de fecha-
mento súbito de uma série de formas elementares.

4º O quarto estágio é a Verificação. É talvez o mais
longo, o mais penoso também, aquele onde, contrariamente
ao estágio precedente, o pesquisador científico parece realmente trabalhar. Para o experimentador trata-se de uma tarefa longa, não implicando talvez uma grande tensão de espírito, mas certamente grande tenacidade; Edison dizia mais ou
menos o seguinte: "Invenção: 1% de inspiração, 99% de
transpiração".

A *Verificação* implica uma série de retornos parciais ao
problema, de retomadas de cada um de seus elementos (Fig.
VII-2), onde a lógica e a razão, quase ausentes dos estágios

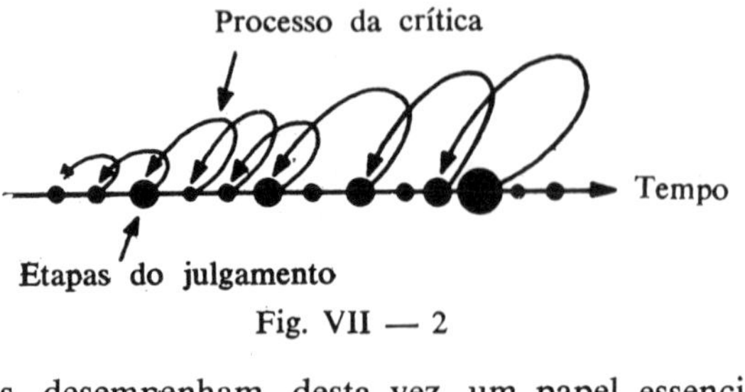

Processo da crítica

Tempo

Etapas do julgamento

Fig. VII — 2

anteriores, desempenham, desta vez, um papel essencial. A
verificação dura dias, meses ou anos, e enceta à sua volta
invenções secundárias que formigam numa senda de múltiplas ramificações.

O último estágio seria a *Formulação*. A idéia está aí,
deve ser estabelecida, solidamente enraizada no mundo real:
o dos fenômenos observáveis ou da razão universal. Resta

formalizá-la, escrevê-la, concretizá-la e é aqui que Arnold Du Bois-Reymond, chefe de serviço do *Patentsamt* no fim do século passado, distinguia estes dois aspectos daquilo que se chama Invenção: *das Inventat,* a idéia nova subjacente e pessoal, e *die Invention,* a mensagem fornecida, que constitui a materialidade da Invenção e a introduz na Sociedade.

No plano filosófico, trata-se da distinção entre Mensagem e Significação: a Significação é pessoal, autônoma e íntima, enquanto a Mensagem está destinada ao Outro, aos outros, à Sociedade. Deve pois respeitar as regras que a sociedade impõe ao indivíduo, não apenas as da linguagem porém ainda mais, quando se trata da Mensagem científica, as regras desta "Polícia dos Costumes" da Cidade intelectual que é a lógica formal. A invenção põe-se a viver socialmente, está sujeita à crítica, separa-se de seu criador. Reencontramos este mesmo processo na obra literária ou artística, a partir do momento em que ela existe materialmente.

Estritamente falando, só fazemos intervir os métodos heurísticos no segundo estágio. Ora, o estudo destes pôs em evidência um equívoco permanente no seu papel. Vimo-los aparecerem não apenas no estágio preciso da criação da idéia diretriz, mas no próprio curso do desenvolvimento desta assumindo aí, sob uma forma mais ou menos racionalizada, o papel dos métodos de pesquisa propriamente dita, métodos indutivos, que se colocam, por exemplo, ao lado dos métodos de Mill (supressão, concordância, variações concomitantes, resíduos) e participam do encadeamento dos conceitos.

Parece, com efeito, que as "formas" criadas não são sempre de uma fecundidade indefinida e são suscetíveis de se esgotar: o caminho traçado se perde no vago e o pesquisador é recolocado numa situação próxima da inicial. A pesquisa é criação, mas descontínua, renovada e comporta de um lado um trabalho de encaminhamento do pensamento, alimentado pela atividade experimental que é a sua condição de existência e, de outro lado, *flashes* de intuição criadora, de visão perspectiva unanimemente assinalados por todos os autores que se ocuparam da questão (Helmholtz, Poincaré, Hadamard etc...), e recentemente confirmados pelas experiências de Maier sobre a direção e a consciência no raciocínio, como resultado de um longo período de reflexão, que dá ao pesquisador impressão de esterilidade e desinteresse, sobretudo quando é teórico e quando a atividade cotidiana e mecânica do laboratório não vem preencher seu tempo interior. Graficamente, poderíamos imaginar a atividade mental do pesquisador como representada pela função da Figura

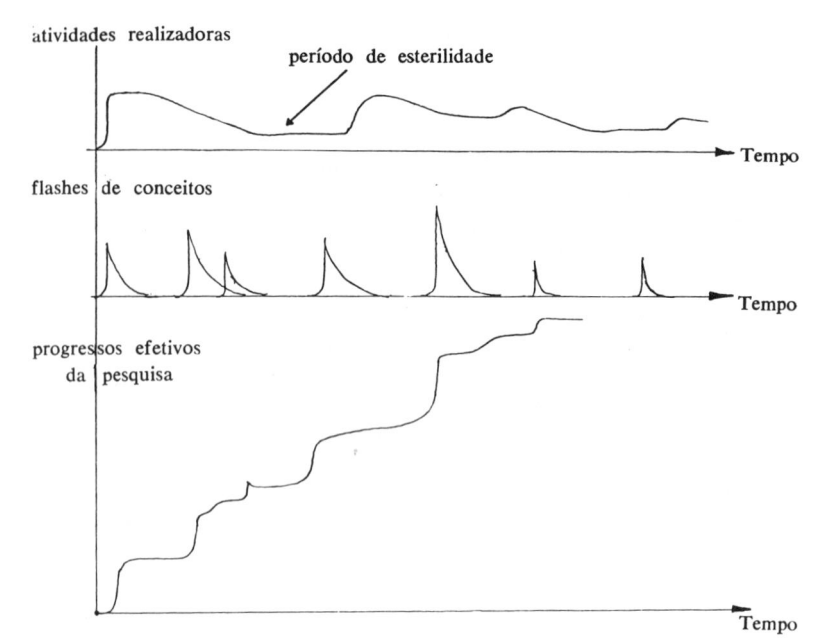

Fig. VII — 3: O progresso de uma pesquisa é o resultado de uma
síntese entre uma atividade realizadora e os *flashes* de conceitos no
espírito do pesquisador.

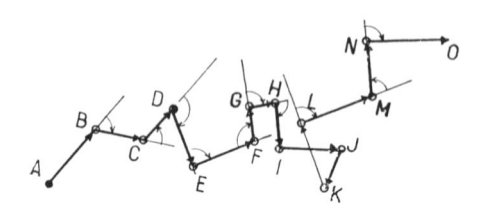

Fig. VII — 4: As perspectivas limitadas mudam de etapa em etapa
da pesquisa, pois os métodos heurísticos que lhe deram origem se
esgotam rapidamente.

VII-3, que expressa os resultados de uma pesquisa — o progresso exterior visível — pela síntese de uma atividade realizadora assaz constante e de clarões conceituais, objeto próprio dos métodos heurísticos — que se renovam muitas vezes, conforme as duas etapas discernidas por Platt e Baker. Tirando-se o fato de que o "método heurístico" empregado em cada etapa varia de uma vez para outra, pois há bruscas bifurcações e mudanças de ponto de vista (Fig. VII-4) e os caminhos da descoberta são muito tortuosos, cumpre também notar que os métodos heurísticos, mesmo os mais irracionais dentre eles, passam por uma racionalização insensível ao nível de métodos de pesquisa consciente, o que era visível em muitos dos exemplos que citamos nos capítulos precedentes. Citemos

Jaurès: "Assim caminham os homens, só vão em direção à grande luz com olhos semicerrados, e são as suas hesitações e as suas crenças nos caminhos tortuosos que, enfim, os levam à meta. Na realidade, não há diferença incisiva entre criação intelectual geral e criação científica discursiva, a não ser no grau de limpeza no qual elas chegam à consciência do pesquisador e na admissão mais explícita, nos métodos de pesquisa consciente, do controle pela verdade ou, ao menos, pela coerência de cada etapa percorrida, mesmo que verdadeira ou falsa, conseqüente ou inconseqüente, não entrando em conta quase, no estágio propriamente heurístico, os conceitos iniciais.

§ 2. — DEFINIÇÃO DAS INFRALÓGICAS

Na sua introdução à obra de P. Février, De Broglie observou que "semelhantemente aos habitantes de uma casa que se preocupam mais em arrumar o seu interior do que em determinar o seu estilo e a sua arquitetura, os físicos preferem em geral servir-se das teorias do que fazer a teoria das teorias".

Somos assim levados a concentrar nossa atenção, não mais nos conceitos unitários que o espírito combina em conjunto, mas no seu modo de combinação, nos processos empregados para encadeá-los uns com os outros, na textura do "logos" independentemente de seus elementos, em outros termos ainda, no procedimento do espírito mais do que na estrada particular seguida.

A idéia central da lógica, observa J. Pacotte, é a idéia de *ordem*. Os sistemas que ordenam os conceitos podem ser portanto qualificados de "lógicos", chamá-los-emos, no que se segue, de infralógicas, englobando aí, como caso inteiramente particular, a lógica formal tradicional. Seguiremos portanto para o estudo da *démarche* da pesquisa um processo algo análogo ao apresentado no Capítulo 2 para o estudo do edifício científico acabado, examinando inicialmente os elementos de construção, a seguir o modo da reunião dos mesmos. Mas se, no estudo da demonstração ou da mostração, formos levados a atribuir à noção de *evidência* um valor preponderante, como a própria chave da lógica, seremos no caso induzidos a pôr ao lado do valor evidência outros valores: imaginação, senso estético, senso da simetria, que restringem seu alcance universal. Parece que, no processo da descoberta, o campo de visão intelectual está, a cada *démarche*, estreitamente limitado e que se deve aí falar de uma *evidência sem coerência*, implicando a coerência a visão de inúmeras proposições simultâneas e representando um estágio mais avançado do espírito humano, como o pensamento primitivo, dito mitopoéico, nos permitirá verificá-lo (Frankfort).

É de fato tradicional considerar (P. Février) o termo "lógica" como ligado a um certo número de axiomas de base, de tal modo evidentes desde que são enunciados, que parece que a própria natureza do raciocínio está ligada à existência destes axiomas: o princípio da não-contradição, por exemplo.

O princípio, denominado do terceiro excluído, estabelece a dicotomia no raciocínio e é indicado por:

$$[\,1\,] \qquad a \cup \bar{a} = E$$

é, senão recusado:

$$[0] \qquad a \cup \bar{a} = E$$

pelo menos negligenciado:

$$[\,?\,] \qquad a \cup \bar{a} = E$$

Aqui, tomamos o termo "Lógica" numa acepção muito mais ampla, mais próxima do sentido original de *logos* e damos-lhe em particular um nexo que ultrapassa um racionalismo demasiado estreito para torná-lo sinônimo de *procedimento em um sistema discursivo qualquer* do pensamento, que não implica de modo algum *a priori* a não-contradição; sabemos que é possível construir redes de conceitos, às vezes muito complexas, autocontraditórias de um ponto a outro, logo, *stricto sensu,* incoerentes, mas que, por diversos motivos, arrebatam a adesão do sujeito receptor.

Assim, ao lado das lógicas formais, ou antes "categóricas", que se identificam parcialmente com o raciocínio matemático (lógicas monovalente e polivalente, lógica binária ou álgebra de Boole) ou lógicas da indução, que são lógicas probabilísticas (Reichenbach), deveremos situar outros sistemas de pensamento que denominaremos: "infralógicas", os repertórios dos modos elementares que desempenham no exercício do pensamento imediato um papel análogo ao das lógicas tradicionais, concebidas como coletânea de modos elementares do pensamento racional na demonstração, na mostração e no edifício da ciência teórica.

Como o pensamento próprio e puramente racional não é, mesmo entre o espírito científico, senão um modo de pensar dentre outros, e como o espírito humano está longe, em seu procedimento visível ao menos, de funcionar perpetuamente como uma máquina numeral de calcular, parece-nos que essas infralógicas têm uma importância pelo menos igual às lógicas tradicionais e requerem um estudo paralelo, já empreendido por diversos especialistas nos campos do pensamento em que eles as encontravam espontaneamente: os psicanalistas, os sociólogos, os teóricos da linguagem, por exemplo.

Um dos exemplos mais evidentes da existência de sistemas discursivos independentes do raciocínio, segundo os canais da lógica tradicional, é simplesmente a própria linguagem, que utiliza para o encadeamento dos conceitos verbais entre si de um conjunto complexo de regras que pertencem a um modo particular de "codificação", a *gramática,* sistema que numa primeira abordagem parece muito rígido, o qual sabemos todavia não apresentar absolutamente na reunião das palavras, frases, etc. . . uma rigidez tão coercitiva quanto a das lógicas tradicionais, embora fazendo largo uso das mesmas.

Sabemos, em outros termos, que um discurso gramaticalmente correto possui uma enorme liberdade tanto em relação ao conceito quanto em relação às lógicas tradicionais que conhecemos, e que, no entanto, tal encadeamento de conceitos verbais obedece a regras, as da lógica gramatical, totalmente independentes da lógica corrente, com a qual apresentam entretanto um parentesco. Assim, um discurso qualquer poderá ser totalmente ilógico no sentido vulgar, autocontraditório nos termos entre as suas diversas partes, logo *stricto sensu* incoerente, sem que por isso, de maneira alguma, seja desprovido de sentido. Sabemos, por fim, que o receptor, o interlocutor, que recebeu esta mensagem pode perfeitamente relevar sistematicamente as contradições num espírito de oposição, e nem por isso ele aniquilou o texto, o encadeamento dos pensamentos iniciais: raciocinar "ilogicamente" não é não raciocinar de todo, toda a construção não é forçosamente formal.

§ 3. — SEPARAÇÃO DAS LÓGICAS FORMAIS E DOS OUTROS MODOS DE PENSAMENTO

O abandono — sempre não explícito — ou melhor a negligência pelo princípio do terceiro excluído, supera, em geral, nos sistemas de pensamento que aqui nos interessam, a lógica ternária que significa admitir que um objeto verbal pode ao mesmo tempo não possuir nem a propriedade A nem a propriedade *não A* e permanecer assim mesmo desprovida de sentido (valores [0] - [1] - [?]).

Tal inconseqüência, que a lógica formal se recusa a considerar, se estende mais longe ainda, até ao próprio princípio de contradição, ao admitir sucessiva ou simultaneamente duas coisas contraditórias. J. L. Destouches observa igualmente que a não-contradição não é tão necessária, a não ser que a sua ausência destrua todo o raciocínio e ele mostra que a "consistência" pode desempenhar um papel análogo, porém mais flexível. A psicologia analisa o mecanismo da contradição ao assinalar que entre a passagem da pertinência a uma categoria à pertinência à categoria oposta, escoou-se um certo intervalo de tempo e que, neste intervalo, a tabela das categorias mudou no próprio espírito do sujeito, de modo geralmente inconsciente. Pode-se sustentar que o espírito humano não pensa ao mesmo tempo uma proposição e a sua contrária, mas que é suscetível de deslizar do plano (A) ao plano (A) em um breve prazo e de evoluir sobre estes dois planos separadamente sem ter a necessidade de fazê-los coincidir. Em outros termos, seu campo de visão é *limitado*.

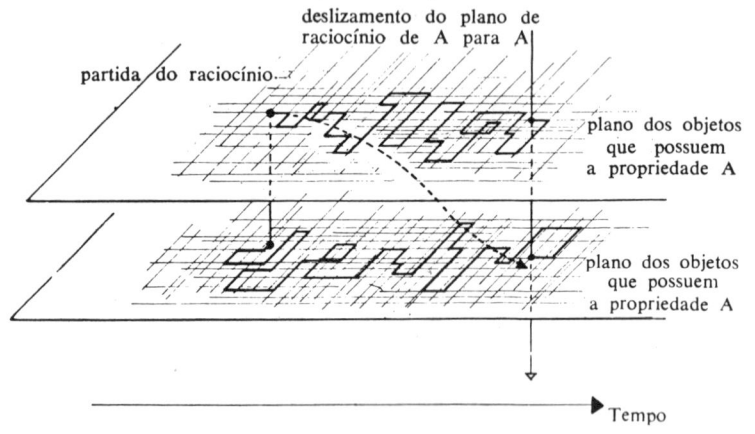

Fig. VII — 5: A tomada de consciência de um erro lógico numa seqüência de raciocínio consiste em pôr em contato simultaneamente os dois planos de raciocínio A e A e a remontar à origem da contradição para confrontá-los, mas esta coincidência dos dois planos A e A é raramente feita.

Especifiquemos através de uma imagem (Fig. VII-5): seja, pois, no plano (A) a rede das proposições que se deduzem no sentido da lógica formal umas das outras, numa categoria dotada da propriedade A, rede autocoerente no sentido mais estrito. Na medida em que o espírito caminha de uma proposição para outra neste plano, permanece coerente consigo próprio: admite a hipótese A e adiciona para raciocinar inúmeros outros conceitos originais. Há uma alternativa, é que o conceito obedeça ao conceito A e representaremos tôda a rede das próposições que é possível formular nesta condição pelo plano (A). Representaremos por uma seta transversal a operação de confrontação das proposições do plano (A) e do plano (A). Se a operação for efetuada no ponto onde se introduz precisamente a hipótese, a contradição será flagrante, apresentando-se as duas proposições simultaneamente ao espírito. Mas se a operação de confronto não for efetuada, o espírito poderá evoluir insensivelmente deixando o plano A para passar ao plano A. Trata-se do mecanismo do "erro" de raciocínio em lógica formal. Se o confronto for feito em um ponto afastado do ponto de partida, o espírito perderá de vista, durante o caminho, o mencionado ponto e numa visão sumária, não perceberá a contradição, esta não é mais flagrante, e será preciso que ele volte ao ponto de origem, em cada um dos planos, para que dela se aperceba.

Sem dúvida, o lógico que, segundo Pascal, é geômetra, negará toda a validade a um percurso que parta mais ou menos da hipótese, por um deslizamento contínuo de um plano ao plano de contradição e isto é particularmente evidente quando todo o encadeamento do pensamento decorre de A, formando uma cadeia única. Mas justamente, é muito raro que assim seja, o encaminhamento do pensamento se faz por uma multidão de hipóteses ajuntadas, amiúde indiferentes, muitas vezes acessórias, algumas vezes totalmente inúteis e eliminadas em um estágio ulterior. A falsidade da hipótese não acarretará *ipso facto* a falsidade do raciocínio e, quando ela o acarretar, não implicará obrigatoriamente a negação de todo valor ao raciocínio que poderá evoluir, se adaptar, mudar de plano, de domínio de validade, conservando o essencial de sua textura.

Corrigir-se-á em um estágio ulterior um raciocínio falso, para convertê-lo em um raciocínio verdadeiro, do mesmo modo como em álgebra um erro de sinal ou o esquecimento de um coeficiente que, com toda a evidência, torna o cálculo falso, pode arrastar-se de equação em equação, de operação intelectual em operação intelectual durante páginas inteiras; o resultado é falso, mas a correção se fará acrescentando o sinal ou o coeficiente correto, sem alterar na sua forma as longas cadeias de raciocínios.

Deve-se considerar, sumariamente, a coerência mental como uma faculdade superior, fortemente elaborada, adquirida por um treino constante, subentendida pelo pensamento matemático. Como este comete erro, e o comete na imensa maioria dos casos, permanecendo a matematização do Universo pouco avançada, o pensamento perde rigor e coerência, seus encadeamentos saem da lógica formal e escorregam de plano lógico em plano lógico. O que importa é que este escorregamento traz menos danos ao seu valor operacional do que as lógicas clássicas deixam prever e, sobretudo, que tal pensamento falso não é estéril. Há no exercício dos encadeamentos das idéias, uma espécie de *pensamento duplo* onde o espírito passa de um plano a outro sub-repticiamente, senão arbitrariamente.

É importante para a criação científica que estes ilogismos no sentido formal não destruam integralmente o valor do raciocínio: um raciocínio falso é suscetível de ser aperfeiçoado e tornar-se justo. É o que nos leva a um estudo destas "infralógicas", a mesmo título que das lógicas formais, com eixo no princípio da não-contradição e do terceiro excluído. Mais talvez que as lógicas probabilísticas, elas representam as verdadeiras regras da indução que é, antes de tudo, associação de idéias acerca de cujo valor nos poremos a par ulteriormente.

Um estudo assim é difícil para o pesquisador científico, pois ele não deixa, em princípio, emergir no consciente formulado senão o pensamento racional que obedece às regras mais estritas das lógicas tradicionais e *censura* mais ou menos os processos de pensamento que lhe deram origem. Ora, o que nos interessa aqui são precisamente estas "camadas profundas" do pensamento e vimos acima as dificuldades que acarreta uma psicanálise do pesquisador; aliás, a introspecção e suas variantes, que nos serviram de modo abundante nos capítulos anteriores dos métodos heurísticos, é de pouco auxílio, de um lado porque a ditadura da lógica formal é tão forte e tão intimamente ligada aos conceitos verbais que a simples expressão pelos símbolos da linguagem dos encadeamentos do pensamento já corre em um molde, e de outro lado porque neste domínio ela é muito flexível.

Seu estudo nos levaria pois a reencontrar apenas as leis do encadeamento verbal, isto é, da infralógica gramatical, sistema já avançado, que, na ordem do rigor, precede imediatamente as lógicas formais.

Valer-nos-emos, por conseguinte, ao menos como primeira aproximação, do reparo feito por numerosos autores, segundo os quais há um paralelismo estreito entre a evolução do indivíduo e a evolução da sociedade. Psicanálise e psicossociologia nos ensinam que o ser humano é um sumário da evolução do corpo social: reciprocamente, encontramos no pensamento infantil ou primitivo as imagens das camadas profundas do espírito evoluído, ponto de vista corroborado pelas numerosas observações acerca da atitude do pesquisador diante do fato, a curiosidade, a mentalidade lúdica, a fantasia, a gratuidade, que são molas poderosas da descoberta, pertencem ao caráter, às reações infantis. Assim, o estudo dos mecanismos das racionalizações primitivas, as religiões, consideradas como primeiras tentativas de racionalizar o real, nos fornecerá indicações sobre as "infralógicas", sistemas de pensamento que regem a associação dos conceitos nas camadas profundas do espírito mais evoluído.

Por uma decantação progressiva destes, veremos emergir sistemas de encadeamento de conceitos racionalizantes cada vez mais evoluídos até a emergência final da lógica formal, enquanto modo mais aperfeiçoado do pensamento discursivo.

§ 4. — O SISTEMA DE PENSAMENTO MITOPOÉICO

A existência deste sistema de pensamento, na medida em que é *"infralógica"*, foi muito bem salientada por H. Frankfort e Wilson na recente obra que consagraram às religiões primitivas, onde nos inspiramos para apresentar aqui este modo, já assinalado por Lévy Bruhl.

Sabemos que as religiões, quer sejam primitivas ou modernas, são tentativas de "racionalização pelo irracional" do mundo dos fatos percebidos à base de conceitos imaginados: as doutrinas religiosas são o estado mais primitivo do pensamento discursivo. Entre as frases, "o raio caiu sobre a casa de Moisés porque ele ofendera a Deus" e, "o raio caiu sobre a casa de Moisés porque a natureza do solo criou neste ponto um máximo de gradiente de potencial", há uma estreita analogia discursiva: uma e outra introduzem as entidades — Deus ou o potencial — estritamente comparáveis, exceto que o poder heurístico e a coerência universal da segunda são incomparavelmente superiores ao da primeira. Uma das sentenças é o tipo de explicação teológica, a outra, que apresenta uma analogia tão estreita com a primeira, é o estágio elementar do pensamento científico. Ela não possui, neste estágio, mais valor que a primeira, e o pesquisador se dá perfeitamente conta disso, quando substitui mais que depressa a "causa" — o gradiente de potencial — por sua definição simbólica, grad U, ligando-o a uma estrutura do Universo. É apenas aí que se acha o ato científico real, mas vemos que em *sua origem* psicológica, o mecanismo do espírito permanece essencialmente o mesmo: a lógica mitopoéica é subjacente às lógicas explicativas mais aperfeiçoadas.

O Mito, afirma H. Frankfort (*loc. cit.* pág. 16), é uma forma de poesia que transcende a poesia pelo fato de proclamar uma verdade: é uma forma de raciocínio que transcende o raciocínio pelo fato de criar a verdade que proclama, uma forma de ação, de comportamento ritual que não encontra sua plenitude no ato, mas deve proclamar e elaborar uma forma poética da verdade.

Abel Rey (pág. 1, 10, 13) completa esta idéia: "A magia, por sua vez, forma a transição tanto do lado de um individualismo e de um não-conformismo que se anunciam quanto do lado dos objetivos e dos meios entre pensamento mais ou menos alógico e pensamento técnico-científico de configuração lógica; transição nos meios, utiliza-se conscientemente das associações de idéias por continuidade e semelhança, embrião de um certo relacionamento lógico. Ela expõe, o que é mais importante, uma espécie de causalidade intuitiva, pré-causalidade em que se acusa uma vontade de agir sobre algo por algo.

Não se trata, portanto, de um pensamento especulativo, mas de um pensamento criador e é a este título justamente que nos interessa o "logos" que se desenrola à base do mito: o homem reconhece o problema do objetivo e da intenção daquilo que é e *"conecta* esta ordem invisível à ordem visível", atribuindo intenções à natureza, liga-os a um mecanismo.

"O termo *logos* se justifica: como os antigos exprimem o seu "pensamento emocional" — por assim dizer — em termos de causa e efeito, eles explicam os fenômenos em termos de tempo, de espaço e de número. A forma de seu raciocínio nos é muito menos estranha, do que se crê comumente. Podiam raciocinar logicamente (no sentido da lógica formal, A. M.), mas não se preocupavam quase com isso, pois o desapego que implica uma atitude puramente intelectual é dificilmente comparável com uma experiência da realidade carregada de sentido. Os eruditos que demonstraram de modo abundante que o homem primitivo possui um modo de pensamento "pré-lógico" se referem em geral à prática religiosa ou mágica, esquecendo, ao fazer isto, que aplicavam as categorias kantianas, não a raciocínios puros, mas a atos carregados de valor emocional."

"O homem primitivo não pode se abstrair da presença dos fenômenos (...) Daí resulta que a distinção entre conhecimento subjetivo e objetivo é desprovida de sentido para ele (...) Tudo o que é capaz de afetar o seu espírito, seus sentidos ou a sua vontade, estabelece por este fato a sua realidade. Não há razão por exemplo para considerar os sonhos como menos reais que as impressões recebidas quando se está acordado."

Um dos processos de pensamento mitopoéico é aquele que toma *uma parte pelo todo*: o nome de um ser, ou de uma parte dele próprio, ou um pedaço de um objeto, ou uma propriedade, podem intervir em um processo de raciocínio juntamente com o próprio ser, o objeto real, etc... (O homem atuante) "é confrontado com um "tu" que traz a fisionomia de seu proprietário". (*Ibid.*)

Assim se prefigura o pensamento associativo assinalado por Abel Rey acima citado. Eis um exemplo quase silogístico na associação dos conceitos, segundo Curt Sachs. "A mentalidade primitiva tende a associar como fatores iguais e intercambiáveis todas as espécies de objetos ou fenômenos, desde que possuam uma correlação qualquer ou ao menos uma qualidade comum. Assim o ritmo da vida da mulher está determinado por, ou em todo o caso sincronizado pelas fases da lua; a lua, por sua vez, está sincronizada às marés." Logo:

lua   —   mulher
lua   —   águas do mar

mulher   —   águas do mar

Conceitos assim derivados de "uma parte pelo todo" (*pars pro toto*) num sentido já evoluído, desempenharam um papel notável na primeira idéia da função dos catalisadores nas reações químicas. Não desapareceram do ensino elementar da química, onde os catalisadores permanecem seres misteriosos, presentes no estado de indício, que facilitam ou provocam reações por sua simples presença e parecem aos jovens alunos, mesmo inteligentes, a emanação do deus da química sob a forma de espuma de platina, até que os coloquemos em presença de uma teoria sumária. Participam do "ritual" exatamente do mesmo modo que o ato simbólico. De maneira mais geral, o conceito "uma parte pelo todo", encontra-se na própria base do princípio de recodificação, examinado no Capítulo 5, onde as operações sobre os símbolos fornecem a tradução de operações virtuais sobre os seres. Reencontramo-lo na tese sobre o raciocínio feita por William James, onde um caráter do objeto é tomado como equivalente ao inteiro do qual provém.

O conceito de causalidade universal, toda coisa tem uma causa, é a expressão de uma "intenção" (se as águas do rio não subiram, é porque ele não quer subir) (Frankfort), e, em lugar de se perguntar *como* ocorreu o processo, perguntar-se-á *quem* é responsável por ele: o deus do rio ou alguém que tenha injuriado este deus. Ora, o conceito de causa, que os progressos do determinismo acabaram por dissolver no de antecedente para a ciência teórica, floresceu sempre na pesquisa empírica: se a temperatura é de 100° é *porque* o termostato está regulado a 100°; a virtude soporífera do ópio, da qual zombamos bastante, pertence exatamente à mesma categoria de causas e representa, como tivemos ocasião de ver, um dos mecanismos heurísticos elementares.

A "lógica" mitopoéica, devido à sua origem num período recuado da história da humanidade, é muito *preguiçosa*: sua atenção relaxa-se rapidamente e faz grande uso de dois processos essenciais que desafogam o espírito: a "simetria" nas construções mentais, e a "repetição" ou o encaixamento de um raciocínio em um raciocínio anterior.

Ademais, a "lógica" mitopoéica testemunha no mais alto grau desprezo, ou melhor negligência pela coerência interna. Em primeiro lugar, não procura fazer coincidir a cadeia dos conceitos com a continuidade do devir: em outros termos, admite uma explicação que apresente lacunas nos raciocínios, lacunas supridas pela simples crença de que um fato resulta do outro, sem ter a necessidade de precisar como. Ela aceita pois uma situação inicial e uma situação final, conectadas pela simples convicção de que uma está ligada a outra (Frankfort, *op. cit.*, pág. 27). Sabemos igualmente que numerosas cadeias explicativas do pensamento científico em estado bruto comportam lacunas lógicas, amiúde graves, que não atrapalham quase os progressos ulteriores destas:

"Esta tensão é seguramente produzida pelo circuito do ânodo, não sei como, mas veremos isto mais tarde, em todo o caso ela alimenta o relé X_1 que..." Este modo de ligar as idéias pode ser posto em paralelo com a seguinte cadeia conceitual: "O Céu, que inicialmente repousava sobre a Terra, foi separado desta por Shu, deus do Ar, que está colocado atualmente entre a Terra e o Céu. Como procedeu ele exatamente, isto não é explicado (*To un-fold: explicare*) e não interessa ao teólogo, nem ao crente: a metamorfose basta".

Aliás, o pensamento mitopoéico aceita, mais que outro qualquer, a contradição de um ponto a outro de um encadeamento conceitual que apresente, lado a lado, descrições variadas que, a todo rigor, se excluem mutuamente, indício normal entre os antigos que não sofreram nem quiseram nenhum treino para aumentar de modo sistemático a amplitude de seu campo mental de visão distinta:

Assim o afirma Wilson (*loc. cit.*, pág. 53): "Enquanto que nossa tendência moderna para captar uma imagem única e coerente é estática e fotográfica, a imagem que os antigos egípcios tinham era cinemática e fluida. Com respeito à questão, por exemplo, de saber se o céu era suportado por pilares, *ou (então)* se era mantido por um deus, um egípcio teria respondido: Sim, é suportado por pilares, ou suportado por um deus, ou ele repousa sobre paredes, ou é uma vaca, ou uma deusa cujos braços e pés tocam a terra". O "ou" não é aqui um "ou" de exclusão, mas de escolha. Não importa qual destas imagens o satisfaria, conforme a ocasião, e ele superporá numa mesma imagem — não se trata, pois, de um artifício de linguagem — dois suportes diferentes do céu: a deusa cujos braços e pés repousam sobre o solo e o deus que mantém no ar o céu-deusa.

Esta possibilidade de pontos de vista complementares aplica-se a outros conceitos.

Assim, duas versões do mesmo texto das Pirâmides (1101) afirmam:

a) os braços de Shu estão sob o céu para suportá-lo;

b) os braços de Shu estão sob (a deusa Nut) para suportá-la.

Há aí uma anfibologia verdadeira, isto é, a anfibologia dos termos recobre uma anfibologia de conceitos, que nos parecem contraditórios. Sabemos que a anfibologia, sob o aspecto de uma ambigüidade de forma verbal que induz a uma ambigüidade de sentido, seguida da aceitação de dois sentidos simultâneos e do brotar de um conceito da confrontação destas duas significações, é um processo constante da lógica verbal e da ciência: combinada com *pars pro toto* evocada anteriormente, encontra-se na origem do "princípio de apresentação", interpretando de modos variados um mesmo esquema mental.

Finalmente, o conceito de oposição, na base da noção de dipolo dialético, desempenha um papel de primeiro plano no pensamento primitivo: o conceito de luta lhe é sugerido pela visão da natureza e dos processos que aí se desenrolam. Cada manhã, o sol trava um combate com a noite e o fato de sair perpetuamente vencedor nada tem de axiomático, assim como o combate que o sol trava contra a lua, quando de um eclipse. Isto prepara a lógica binária antes que as lógicas contínuas ou métricas.

Em resumo, o "modo mitopoéico" pode caracterizar-se pelos seguintes pontos:

a) trata-se de um sistema de pensamento que racionaliza o universo na base de mitos, isto é, de crenças universalmente aceitas;

b) este sistema negligencia o princípio do terceiro excluído ou da não-contradição;

c) os elementos perceptivos do sistema estão ligados por oposições dinâmicas (ex: sol e noite, rio e margem etc...);

d) trata-se de um sistema cinemático no sentido de que, de um instante a outro ou de um ponto a outro do encadeamento das idéias, as hipóteses que subentendem os raciocínios variam;

e) o encadeamento das idéias pode comportar lacunas sem prejudicar o valor convincente das conclusões ou dos elementos existentes;

) a *simetria,* que é economia de esforço mental, é aí um *valor* comparável aos valores *verdade* ou *coerência* das lógicas tradicionais;

g) uma parte de um fenômeno ou de um objeto, por exemplo o nome do conceito, está dotada de tôdas as propriedades do objeto, do fenômeno ou do conceito designado e pode desempenhar nos raciocínios o mesmo papel que este;

h) cada conceito natural é uma pessoa, isto é, um ser dotado de propriedades infra ou supra humanas.

Esta infralógica aparece extremamente afastada da lógica formal clássica tal qual a utiliza a ciência estabelecida: ela encontra-se nos antípodas desta. O papel preciso da ciência é o de libertar o conhecimento do mundo externo do referido modo de pensamento, mas este permanece contudo na raiz do pensamento lógico que dele derivou, apenas, através de toda a evolução do espírito humano e cujo traço encontramos ainda nas camadas profundas do pensamento mais intuitivo, do qual somos capazes de fazer uma análise, por mais fragmentária que seja.

Observamos o estágio seguinte da evolução para o racional num outro sistema de pensamento já mais elaborado· a lógica de justaposição, que iremos examinar agora.

§ 5. -- LÓGICA DE JUSTAPOSIÇÃO

A corrente de consciência orientada para a percepção e a explicação dos fenômenos, que constitui a *démarche* científica criadora, compõe-se de um desenrolar de conceitos, associados por simples contigüidade. Sabemos, de acordo com William James, que esta contigüidade não é contingência, mas corresponde a um mecanismo, cujo conjunto das leis de funcionamento forma a lógica da justaposição (estados "transitivos" do espírito de James) ou perilógica.

Este sistema de pensamento é muito mais evoluído no sentido do racional do que o sistema mitopoéico. Distingue-se dela primeiro, porque é contínuo. Enquanto a metalógica mitopoéica se contentava com um certo número de "nós" de consciência, separados por zonas de inconsciência, nubladas.

informuláveis, que rompiam a continuidade da cadeia conceitual:

$$A \to B \to C \; \vdots/\vdots \; F \to G \; \vdots/\vdots \; K \to L \to M \; \vdots/\vdots \; \ldots,$$

a lógica da justaposição implica a continuidade de uma cadeia cujas malhas longas ou curtas estão todas igualmente presentes na consciência, A — B — C — D — E — etc..., toda etapa tem um antecedente e um conseqüente. Em compensação, estas etapas sucessivas são *heteróclitas,* não têm nenhuma homogeneidade de natureza. Sabemos que, no inventário das formas da imaginação, encontramos principalmente elementos (estados "substantivos" do espírito de W. James):

a) de uma imageria verbal: palavras mais ou menos "florescentes" segundo a sua situação, com conexões mais ou menos frouxas entre si;

b) de uma imageria simbólica: esta, para o cientista, desempenha um papel muito importante, e se destaca suficientemente da imageria verbal para merecer um lugar à parte. Se os termos apresentam-se com conexões amiúde muito frouxas, por falta de definição precisa, os símbolos, ao contrário, possuem uma certa duração, uma solidez, devido a definições assimiladas com precisão, e uma prenhez que depende muito de sua possibilidade de corresponder a imagens visuais ou termos de um modo anfibológico.

c) de uma imageria visual à qual se aplica mais propriamente o termo "imagem mental", de riqueza muito variável conforme os indivíduos, e da qual numerosos autores (Alain, Berger, Souriau etc...) denunciaram a inexatidão e o afastamento da "imagem fotográfica", corrente no século passado;

d) finalmente, imagerias variadas: percepções sonoras, tácteis etc... que parecem desempenhar apenas um papel muito restrito no pensamento conceitual e deliberadamente consciente que aqui nos interessa, sobretudo

Assim, a associação verificar-se-á entre uma imagem e um termo que a condensará, que será posto em ligação pela memória, pela assonância ou por uma função gramatical qualquer com um outro termo, o qual criará uma frase, evocando uma imagem, daí, a um símbolo etc... a vaga das imagens ativas é heteróclita e passa, ao bel-prazer das circunstâncias, de um repertório a outro.

É portanto *não coercitivo*, ao contrário da lógica mito-poéica, que possuía uma certa força dogmática, e portanto se impunha ou era imposta por uma potência exterior que traduz os seus imperativos pelos arquétipos sociais subjacentes no subconsciente de cada indivíduo. Trata-se de um enca-deamento gratuito, tipicamente individualista, tanto na esco-lha de seu repertório quanto na sua evolução. A cada etapa conceitual, a associação far-se-á numa direção que depende apenas do indivíduo e de sua estrutura mental (Fig. VII-6), neste instante, estrutura que é amplamente arbitrária e obe-dece apenas a *estilos* pessoais, mais ou menos definidos, mas sem caráter de compulsão nítida: "A consciência, afirma W. James, está sempre mais interessada em determinada parte de seu objeto do que em outra, ela acolhe, rejeita ou escolhe durante o tempo em que pensa" (págs. 350-59). Se o enca-deamento conceitual estiver interrompido, recomeçará no es-tágio terminal a que chegou, ou melhor um outro inteira-mente diverso é empreendido. Sabemos, aliás, o quanto a atenção dispensada a determinada cadeia conceitual é breve, da ordem de alguns segundos, salvo emprego de excitantes intelectuais. As cadeias de conceitos se constroem pois por breves desenvolvimentos, interrompidos por grandes perío-dos de vacuidade ou de repouso intelectual, correspondentes ao esquema dado na Figura VII-3.

Não retomaremos a descrição clássica de W. James das leis de conexão dos objetos conceituais, que admitiremos como adquirida. Lembremos, em termos modernos de pro-babilidades de associação, que as ligações são feitas entre elementos tanto mais prováveis quanto a excitação destes por percepções é mais freqüente, e que são mais semelhantes (associação por similitude), fato que exprimiremos pela pro-babilidade unitária de ver aparecer após o elemento i, um outro elemento j à consciência do sujeito. Isto é o mesmo que afirmar que:

$$\pi_{ij} = K \; \pi_i \, . \, 1 \; \pi_j \, . \, p$$

A probabilidade π_{ij} de uma associação entre dois con-ceitos i e j é proporcional (k,1) às probabilidades indivi-duais π_i, π_j de ocorrência e a um coeficiente p acerca do qual temos no momento poucos dados.

Trata-se finalmente de estabelecer as probabilidades do repertório global das imagens mentais: é uma generalização de uma noção fornecida pela teoria da linguagem já encarada no Capítulo 3. A questão, por hora, está pouco adiantada.

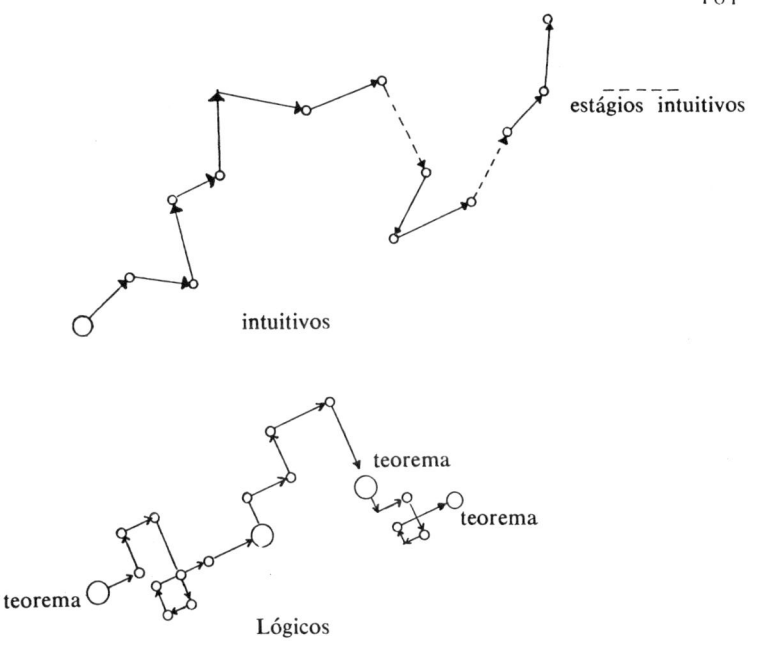

estágios intuitivos

intuitivos

teorema

teorema

teorema

Lógicos

FIG. VII — 6: As direções de associações se fazem a cada etapa de modo diferente segundo o indivíduo (cf. Fig. VII — 4)

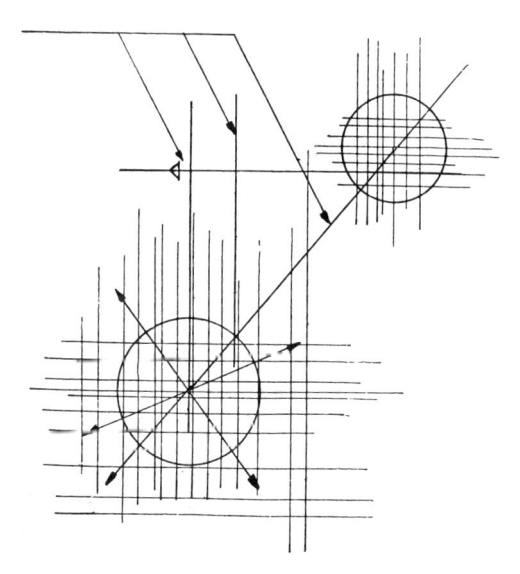

FIG. VII — 7: O *fator* de ligação ou de coerência entre domínios do campo de conhecimento é função da densidade dos domínios e da dos conceitos comuns aos domínios.

Sob a forma apresentada aqui, entra no quadro da Teoria da Informação, e parece que todo o progresso efetuado nesta via, em particular pelos especialistas do campo, deve reagir sobre a teoria das ligações conceituais. Diremos simplesmente que, se π_i, π_j são funções das dimensões da bagagem cultural, qualquer que seja (cultura geral), *p,* em compensação, fator de ligação que poderíamos justamente chamar de *fator de coerência,* manifesta-se como função do grau de estruturação do espírito, isto é, do valor de organização, do madeiramento dos conhecimentos: 1) na vizinhança dos elementos *i* e *j* considerados no campo dos conhecimentos do sujeito; 2) comum ao campo vizinho de *i* e de *j* (Fig. VII-7). Assim, determinado sujeito, possuindo uma rede organizada de conhecimentos matemáticos na vizinhança de um conceito *j* (equação de Bessel), e uma rede de conhecimentos de óptica fortemente organizada, terá, por exemplo, mais possibilidades de ligar, numa associação de idéias, a aber-

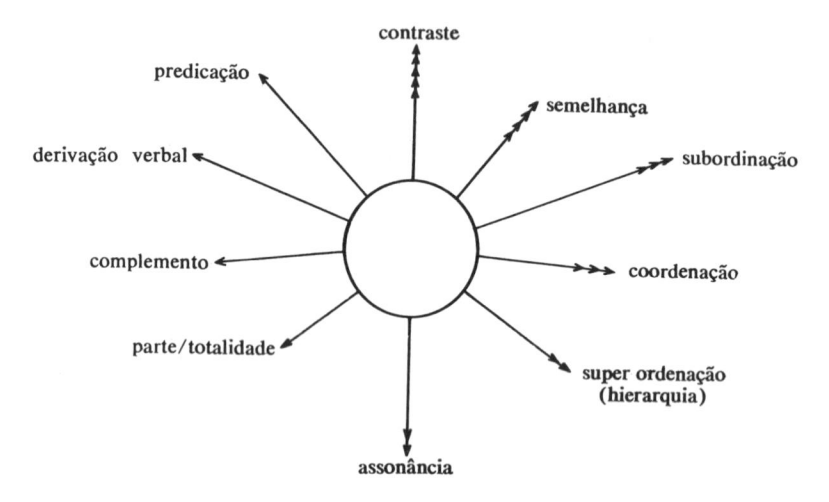

Fig. VII — 8: Alguns modos de associação de termos por ordem de importância decrescente (número de flechas)

Exemplos:

contraste: molhado/seco   hierarquia: maçã/pêssego
semelhança: rebento/flor   assonância: espinafre/legume
subordinação: animal/cão: coordenação: mãe/terra
parte/todo: pétala/flor   derivação verbal: correr/corrida
completamento: para frente/marcha predicação: cão/ladrar
egocentrismo: conseguir/devo   etc...

Esta figura deve ser comparada à Figura VII — 6.

tura das lunetas astrônomicas à simetria cilíndrica e à equação de Bessel, que outro matemático que possuísse uma rede estruturada de conhecimentos sobre as funções de Bessel, mas cujos outros campos de conhecimento (exemplo: as civilizações hititas), por mais organizados que fossem, não tivesse linha geral comum com a precedente.

A Figura VII-8 fornece alguns modos de associação tais como foram revelados pelos recentes trabalhos de Karwoski e Berthold e Karwoski e Schachter. Isto coloca em primeiro plano na pesquisa científica, bem como na ciência acabada, o conceito de organismo (Whitehead) ligado à inteligência (*Inter-ligere*) que desempenha na lógica da justaposição um papel muito superior ao que possui na lógica mitopoéica.

A justaposição de uma série de conceitos A, B, C, ... é, conforme os casos, estéril, e ela é abandonada, ou prenhe — verdadeira ou falsa, coerente ou incoerente, pouco importa. Dá então lugar a uma *forma* mais ou menos sugestiva, mais ou menos boa, mais ou menos acabada. É a "edução de termos co-religados" de Spearman. Se estiver acabada, o trabalho do espírito aplicar-se-á ao exame de seu valor — é o estado ulterior do procedimento científico — e à sua localização, por revisão, retoque, ajuste, no conjunto dos conceitos anteriormente presentes no campo do conhecimento. Se estiver inacabada, o que é o caso geral, requererá completamento como o mostram os inúmeros testes verbais, visuais etc... dos psicólogos da forma.

O que significa o termo "ela requererá"? Significa que, estando *n* conceitos já juntados por contigüidade, conforme o mecanismo precedente, A B C D ... N; o N + 1 será escolhido no repertório do espírito com uma probabilidade (expressa aqui em "esperança" $\pi > 1$)

$$\pi_{n+1} = \prod_1^n \pi_i \, f\,(n)$$

onde $f(n)$ é uma função caracterizada pelo fato de crescer rapidamente com n quando a forma é *boa* (pejada), e decrescer mui rapidamente quando a forma é *má* (estéril), em cujo caso o espírito abandona esta cadeia conceitual para encetar uma outra. Esta apresentação sugere a possibilidade de uma medida da *qualidade de uma forma mental* ou de uma cadeia conceitual. No domínio da pesquisa das ligações entre elementos de uma seqüência conceitual, ela corresponde à noção de "percepção da causalidade" apresentada por A. Michotte.

Notar-se-á que, segundo a análise anterior do conhecimento para um dado espírito:

1) do repertório de imagens conceituais elementares (por exemplo em função de sua cultura e de leis, quer gerais — teoria do esquecimento estatístico — quer contingentes — papel dos incidentes históricos que faz com que determinado indivíduo esqueça determinado conceito mais do que outro);

2) do sistema das probabilidades unitárias π_i ligadas a cada acontecimento;

3) do sistema das probabilidades π_{ijk} — ligadas a uma percepção inicial ou a um conceito i — da ocorrência de uma série de símbolos numa dada ordem (pois π_{ijkl} .. $\neq \pi_{ikil}$ ...);

4) do conjunto das funções f(n) que representa a prenhez ou a qualidade de uma forma mental em um dado indivíduo;

é a expressão precisa daquilo que um psicólogo chamaria de *conhecimento do espírito* de um indivíduo, isto é, a posse de todos os elementos estatísticos que regulam seu pensamento. São tais dados que permitiriam a previsão mais perfeita que se possa conceber do comportamento deste indivíduo, no sentido determinista do termo, ou seja, onde um engenheiro poderia tentar construir uma "máquina" análoga a este indivíduo.

Assim a operação lógica de prolongamento de uma forma constituída de uma cadeia inacabada surge como a operação essencial do pensamento consciente.

O fato segundo o qual, numa forma pejada, a função f(n) que exprime a esperança do conceito n + 1, cresce muito rapidamente significa que o arbitrário do conceito elementar n + 1 se restringe muito depressa, o que foi efetivamente verificado pelos teóricos da linguagem (cf. Miller). O fato de a qualidade da forma f(n) crescer com n, significando aliás que a organização interna desta forma se faz cada vez mais evidente (noção da boa forma), terá como resultado que se estabelece aqui uma oposição entre imaginação e organização, que é fundamental ao espírito de pesquisa. Sabemos que a "imaginação" no sentido vulgar do termo é a capacidade de fabricar rapidamente um grande número de imagens reunidas por contigüidade e eliminar as piores, e vemos na própria qualidade das seqüências destas imagens uma causa da limitação de seu número, ponto a reter.

Não insistiremos mais nesta lógica da justaposição, cujo progresso está ligado diretamente aos trabalhos dos psicólogos que fornecem o conhecimento das diversas funções de probabilidade, que expressam numericamente o campo fenomenal do espírito.

Um caso particular deste é a lógica verbal e gramatical que é simplesmente uma restrição da descrição precedente ao caso em que os elementos conceituais são unicamente verbais.

Para a infralógica verbal dispomos de dados bem mais precisos, ainda que esparsos, que são os primeiros resultados dos teóricos da linguagem. Conhecemos em particular as probabilidades médias dos símbolos verbais (Dicionário de freqüências, Thorndike e Lorge, Van der Beke etc...) e um número assaz grande de probabilidades de associações (cf. Jung; Bouman; Kent e Rosanoff; Woodworth). Sabemos (Foley e Macmillan) que, nos grupos profissionais, tais distribuições de probabilidades mudam de modo notável, estabelecendo um estilo profissional de pensamento verbal.

Sabemos finalmente que a simples associação automática de termos por um indivíduo, dita escritura automática, revela, com uma forte tendência à repetição, uma textura verbal que atinge a aproximação de terceira ou de quarta ordem (conhecimento de π_{ijkl}). Isto nos fornece uma indicação bastante precisa quanto ao apoio que a linguagem nos traz; o pensamento criativo propriamente dito completa este dado, ao fazer passar da ordem 4 à ordem infinito:

$$\pi_0 \longrightarrow \pi_1 \longrightarrow \pi_{ijkl} \longrightarrow \pi_i \ldots \infty$$

| Vocabulário | Repertório das → freqüências | Contribuição → da linguagem | Contribuição do pensamento |

Observemos, aliás, que $\pi_i \ldots \infty$ é geralmente limitado, muito mais modestamente, a uma dezena ou a uma quinzena de símbolos conceituais que representam a máxima extensão prática de uma cadeia de conceitos propriamente inteligíveis, em um esforço mental único.

Devemos admitir entretanto que a lógica gramatical representa uma forma racionalmente privilegiada de perilógica, pois ela é instantaneamente formulável em frases e constitui, sobretudo em seu aspecto gramatical, um estágio intermediário entre infralógicas e lógicas simbólicas que pertencem propriamente à lógica formal.

O emprego dos *termos logicizantes* da linguagem: é, e, ou, não, o, tudo, não importa qual, alguns, se, verdadeiro etc... forma os elementos de uma simbólica aproximativa da qual Miller fornece o seguinte exemplo pitoresco que adaptamos:

Suponhamos que soubéssemos de boa fonte que todos os mantílopes são lesipardos e que todos os lesipardos gritam como as corujas. Poderíamos imediatamente deduzir que todos os mantílopes gritam como as corujas e que todo trepador que não pia como a coruja não é, com certeza, um mantílope. Certamente podem existir lesipardos que não sejam mantílopes, o que faz com que o piar da coruja não seja sinal certo de mantilopia.

Como o assinalou Miller, o fato de não sabermos absolutamente do que estamos falando não nos impede de continuarmos a falar. Estamos aqui muito próximos da lógica simbólica.

Tais ligações gramaticais, por exemplo, sujeito, verbo, complemento, proposição principal, incisa, circunstancial, subordinada, preparam as ligações lógicas e as sugerem como o demonstrou muito bem Couturat, Carnap, Reichenbach etc... se bem que seja absoluta e evidentemente impossível introduzir a lógica gramatical, fortemente intuitiva, numa lógica formal que aceite como fundamento o princípio do terceiro excluído.

§ 6. — INFRALÓGICA DE OPOSIÇÃO

No que precede, examinamos sob o nome de infralógicas mitopoéicas de justaposição e verbal, modos de reunião de conceitos isolados para convertê-los em seqüências que serão ulteriormente submetidas a uma tradução discursiva, depois a um exame crítico. Com a lógica de oposição que nos aproxima ainda das lógicas formais, consideradas como realização do pensamento racionalizante, penetramos na infralógica das *proposições* onde examinamos o modo de reunião das proposições inteiras a partir de um molde vazio que preenchemos.

A antilógica baseia-se no conceito:

$$\text{Se} \quad A > B > C > \dots$$
$$\text{Então} \quad \overline{A} > \overline{B} > \overline{C} > \dots$$

A cadeia de implicação direta de uma série de conceitos acarreta, ou melhor, sugere, a verdade da cadeia dos conceitos contraditórios A $\overline{B}$ $\overline{C}$, o que, evidentemente, é completamente falso do ponto de vista formal. Podemos colocá-la sob a forma de uma regra indutiva: se A possui a propriedade *a* e se daí se deduziu a propriedade *b, é indicado* pesquisar se a propriedade $\overline{a}$ não acarretaria a b. Em outros termos, o espírito é chamado para uma simetria fictícia entre o positivo e o negativo: entre a cadeia *a, b, c* e a cadeia *a, b, c*. Há aí um procedimento mental que não deixa de ter analogia com o da figura de composição musical denominada "antifonia", onde os estados sucessivos são de oposição aos estados de um procedimento já existente. Trata-se de um dos processos essenciais do método de contradição, examinado no Capítulo 4, que o separa do método crítico. O método crítico repousa, de fato, no princípio lógico de que, se demonstramos que a proposição foi falsa e deve pois ser substituída por *a,* todas as proposições *b, c, d,* que eram daí deduzidas perdem a sua veracidade, isto é, não são estabelecidas:

$$a > b > c > d \qquad a = (1)$$

$$a \text{ não implica } b \rightarrow b = (?) \rightarrow c = (?) \rightarrow d = (?)$$

A infralógica de oposição franqueia por via indutiva uma etapa a mais e declara

$$a > b > \overline{c} > \overline{d} \quad (1)$$

dito, em outros termos, se uma série de proposições se deduzem umas das outras, em uma cadeia coerente, a série das proposições opostas deve constituir *também* uma cadeia coerente, logo causal.

É inteiramente evidente que este gênero de indução, que um lógico considerará como uma falha grosseira de raciocínio, não possui nenhum valor demonstrativo e deve ser eliminado em um estágio ulterior, o da demonstração, *mas tem um valor sugestivo* e é essencial para o procedimento criativo, que subordina, por hipótese, todos os seus atos a um exame ulterior. Na realidade, a existência deste modo discursivo e sua freqüência relativa, na conversação por exemplo, bem como nos estágios heurísticos do pensamento criador, deve ser considerada como uma testemunha do primitivismo do pensamento humano, e de seu atraso sobre o próprio sistema que ela criou: a lógica formal, que representa um *optimum,* quase um ideal, raramente o atinge. Sabemos perfeitamente que na vida cotidiana não reagimos segundo os cânones da lógica, e que o nosso espírito está longe do rigor da mais modesta das máquinas de calcular — a confusão constante feita entre "necessário" e "suficiente" é mais um exemplo disso — mas é interessante constatar que a atividade mais notável do homem, o *"mens faber",* a criação intelectual, obedece a leis alógicas, fato que coloca um problema bastante sério relativo ao valor *de jure* deste extraordinário instrumento: a *lógica universal* que ele criou, seria ela, por acaso, uma simples linguagem a preparar o uso das máquinas de calcular?

Parece que semelhante modo de "raciocínio" tem na prática êxito mais freqüente que o sorteio de sua validade permitiria supor, o que justifica o seu valor: por exemplo, o fato de que o conceito *oxidante* (*a*) tenha dado origem, por contradição, ao conceito *anti-oxidante* (*a*), mostrando-se as propriedades gerais das reações de antioxidação (Dufraisse) (*a — b — c — d*) como as contrárias das propriedades gerais das reações de oxidação (*a — b — c — d*), parece indicar que as categorias distinguidas pelo pesquisador são, mais amiúde, categorias binárias que ele próprio o supõe *a priori*. De fato, a implicação:

$$\text{se } a - b - c - d \qquad (1)$$

$$\text{então } a - b - c - d \qquad (1)$$

é só verdadeira do ponto de vista lógico se, ademais:

$$a \cup a = E \text{ conjunto de coisas}$$
$$b \cup b = E'$$

enquanto o pesquisador, ao formar conceitos, imagina *a priori* que:

$$E = (a, a, a' \dots)$$

o que, sem resolver a questão, a situa num terreno mais acessível.

Restaria saber por que o nosso espírito forma espontânea e inconscientemente dicotomias, o que põe de novo o problema da psicologia profunda da lógica: a pesquisa das origens da lógica sob um outro ângulo que o ângulo histórico tradicional nos esclarecerá talvez sobre este ponto. Convém aproximá-la daquilo que P. Février chama a *lógica de complementaridade* que não é, tampouco, uma lógica universal: se *p* é perfeitamente conhecido, e *q,* completamente desconhecido, *p* e *q* se ligam por uma relação de incerteza. Para concluir, notaremos para caracterizar esta antilógica:

a) seu caráter particularmente aventureiro e gratuito: ela é uma verdadeira aventura do espírito que repousa sobre uma aposta em contradição com tudo aquilo que nos ensina a lógica formal;

b)   seu caráter de seqüência organizada e por assim dizer
     dedutiva se deixarmos de lado o valor verdade;

c)   seu aspecto relativamente consciente, ligado a uma es-
     trutura caracterial do pesquisador muito nítida (*Gegen-
     tendenz*);

d)   finalmente a sua ligação estreita com a *filosofia do não*
     da qual ela é uma espécie de sistematização, e com os
     métodos heurísticos que daí decorrem.

§ 7. — LÓGICA DE PROLONGAMENTO

Se pudermos descrever as infralógicas como carências
nas lógicas formais, ilogismos no sentido estrito, a ordem adotada aqui redunda em estudar os sistemas de pensamento resultantes de desvios, se não cada vez menos graves, pois todos
podem levar ao erro, em todo caso, cada vez menos visíveis
na perspectiva racional que nos serve de referência.

A lógica que examinamos aqui é o conjunto das formas
de seqüências conceituais que realiza o espírito no *prolongamento,* a partir de um "núcleo", tal como um conceito inicial sugerido por um método heurístico qualquer. Ela possui
pois o aspecto de um estudo de configurações, que participa
da retórica do "logos".

Como todos estes modos de pensamento não formais,
ela é apenas fracamente coercitiva, e apresenta, em larga medida, a cada passo, o caráter de gratuidade que exprime a
filosofia do Por que não?

Entre as principais *figuras* desta infralógica discerniremos:

a) *o processo em cadeia*:   o —— o —— o —— o ——.
É dele que falamos, sobretudo até agora: $a \to b \to c \to$
$\to d \to \ldots$, sendo *a, b, c, d,* etc... conceitos que serão
ulteriormente etapas de demonstração em um encadeamento
rigoroso:

$$a > b > c > d$$

Já assinalamos anteriormente (Cap. 3) que este encadeamento é *na prática* seriamente limitado pela capacidade
de apreensão do espírito humano. Sabemos que, no máximo,
o espírito é capaz de apanhar globalmente uma cadeia de
alguns 5 a 10 conceitos elementares; as cadeias mais longas
são sempre edificadas em etapas sucessivas. Eis um exemplo
de conceitos assim reunidos em cadeia em um problema cien-

tífico, cada qual surgindo do precedente por uma ligação que
não é, a bem dizer, nem rigorosamente dedutiva, pois a maior
parte das etapas nada tem de necessário, nem mesmo indutiva, pois estas etapas são quase todas arbitrárias e se aproximam da justaposição, por associação de propriedades estéticas, enunciada mais acima.

(1) Desejando conhecer os esforços a que foi submetida a
carcaça de um motor a combustão (conceito inicial) — (2) eu
vou medir a pressão máxima (conceito heurístico) — (3) para
isto irei medir o ciclo das pressões internas (este conceito não
decorre *necessariamente do precedente*) — (4) é uma medida instantânea — (5) eu vou utilizar o oscilógrafo catódico (dogmatismo
de emprego de um aparelho) — (6) seria necessário para isso
um transformador simples — (7) de todo modo comportará uma
membrana — (8) ela será de acesso difícil — (9) talvez um
raio luminoso — (10) então uma célula fotoelétrica como detector
(reminiscência da necessidade de voltar ao sinal elétrico) — (11)
será preciso para isso uma óptica por reflexão etc...

Eis portanto uma longa cadeia de 11 conceitos que emergem
todos uns dos outros sem recorrer à dedução, propriamente dita:

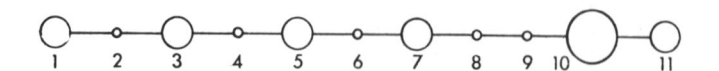

Representamos no caso a importancia prática relativa que apresentam, segundo sua repercussão sobre a forma da "experiência para
ver no que dá", que daí resultará.

b) *Prolongamento por combinação.* Isto significa reduzir
duas ou mais seqüências conceituais a uma só. Pode ser feita
por *aplicação,* partindo de um grupo de conceitos, por *siste-*
matização na qual se elimina do
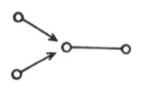
campo de visão uma multiplicidade
real para substituí-la por uma simplicidade dogmática, ou por *generaliza-*
ção, fazendo emergir um conceito único de uma multiplicidade de conceitos percebidos.

c) *Prolongamento por multiplicação.* É em geral o modo
de ligação que resulta da consideração de muitos casos nos
quais se aplica o mesmo conceito geral, a categorias já existentes *a priori,* ou que nascem espontaneamente no espírito
do pesquisador.

Eis um exemplo onde encontramos sucessivamente as duas operações precedentes de prolongamento de cadeias conceituais, exemplo

extraído da consideração de "alisamento" das curvas registradas f(t) submetendo-as ao artifício lógico da *integral de alisamento*

$$\overline{F(t)} = \frac{1}{2\varepsilon} \int_{t-\varepsilon}^{t+\varepsilon} f(t)\, dt$$

As curvas registradas contínuas usuais apresentam uma infinita variedade de funções f(t), logo de formas de pormenor imprevisíveis *a priori*. Mas, na escala em que o espírito se interessa por introduzi-las como dados numa *decisão*, ele não se preocupa — em geral — com a função matemática que as exprime; interessa-se apenas pelo seu aspecto morfológico — redução de uma infinidade inassimilável a uma finitude assimilável.

Ora, seus acidentes morfológicos podem se repartir em um certo número de categorias (multiplicação do conceito "acidente morfológico" em uma enumeração) tais como: crescimento ou decréscimo regular, limiar, função unidade, pico largo ante 2ε, cume estreito ante 2ε, pico misto...

Daí um estudo destes diferentes casos. O acidente particular "picos estreitos ante 2ε" apresenta a forma de uma "ressonância". Ora, encontram-se na natureza dois *processos* que dão lugar a curvas extremamente semelhantes morfologicamente, correspondendo inteiramente a mecanismos internos muito diferentes: a ressonância (de um quadripolo passivo) e as curvas de Gauss e derivadas (raias de emissão). Ocorre a *multiplicação* do conceito morfológico de *ressonância*.

Notar-se-á, de modo incidental, neste exemplo, o papel que aí podem desempenhar considerações propriamente filosóficas, pontos de vista do observador, que seriam inconcebíveis na ciência de há cincoenta anos.

d) *Prolongamento por paralelismo*. Neste caso, o prolongamento se faz no espírito do observador por uma cadeia de conceitos copiados e transpostos a partir de uma cadeia já existente no seu espírito, relativa a uma outra ordem de pensamentos:

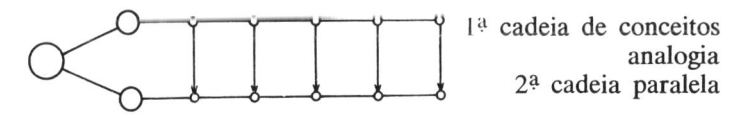

1ª cadeia de conceitos
analogia
2ª cadeia paralela

Eis um exemplo resultante de uma analogia funcional: um radar de vigilância deve exercer um certo número de funções como se segue, calcadas segundo as funções que cumpriria a um vigia humano:

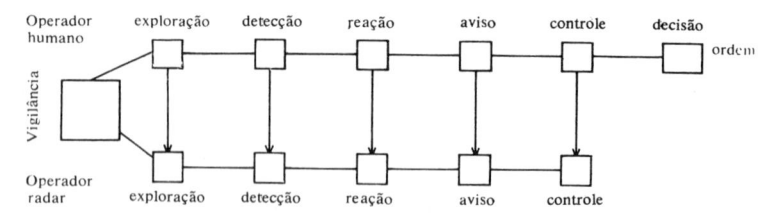

c) Finalmente, assinalaremos, embora sejam assaz raros, os *prolongamentos anelados,* nos quais o espírito repassa ao cabo de um certo número de etapas por um mesmo conceito inicial, o que o induz, algumas vezes, a retomar o mesmo ciclo. Assim, a verificação de uma operação mental correspondente

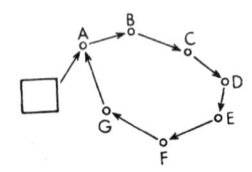 a uma cadeia de conceitos quaisquer, ainda que seja uma adição, consiste em geral em retomar a cadeia conceitual em um ponto suficientemente afastado e em segui-la de novo.

Um exemplo importante de associação "circular" de conceitos é o processo de convergência na definição de um caráter estatístico. Suponhamos que devamos definir os critérios físicos de uma voz de boa qualidade. Após determinar os métodos de medida precisos dos parâmetros físicos da voz, é necessário dar o valor *optimum* destas propriedades que são algumas vezes numerosas e se misturam com propriedades que não são físicas: pode-se, por exemplo, possuir uma boa dicção mas não saber como servir-se dela (fator intelectual). Como saberemos, por exemplo, se um nível elevado e uma elocução fraca são fatores físicos de uma boa dicção? Reuniremos uma população de indivíduos assaz numerosa, mas que, na prática, estará longe daquilo que a estatística chama de amostragem correta. Selecionaremos então, entre eles, certo número, que pareça, bastante arbitrariamente para o operador, possuir capacidades vocais nitidamente acima e nitidamente abaixo da média. É, evidentemente, difícil de definir *a priori* estas capacidades, porquanto é justamente o que procuramos, e há aí um círculo vicioso. Mas o processo de percurso do referido círculo irá apurar a noção procurada. Partindo de um ponto de vista amplamente inexato, daquilo que pode ser a boa e a má voz, selecionando as vozes típicas a partir deste ponto de vista, estabelecendo uma escala de valores rudimentares e, a seguir, re-selecionando nos indivíduos os que precisamente apresentam tais valores máximos, obteremos sujeitos "mais puros" segundo este critério e recomeçamos assim, durante tanto tempo quanto for necessário:

Uma grande utilização desta técnica mental é feita pelos métodos heurísticos das definições (definição do gênio, da inteligência etc). (cf. Cap. 4, § 9).

Esta infralógica gratuita, combinatória, prepara, com algumas figuras que acabamos de examinar, os modos da lógica tradicional.

§ 8. — ANALÓGICA OU LÓGICA DAS FORMAS

Este modo de ligações dos conceitos pode ser considerado como uma extensão sistemática do prolongamento por paralelismo, assinalado no parágrafo anterior. No exemplo que citamos, a colocação em paralelo das funções emergia da explicação de um termo único de uma função mais geral, a de "vigilância" e considerou-se como irrelevante o fato de que o termo vigilância tivesse sido concebido, desde o princípio, com relação às atividades de um operador humano. Esta é a chave *analógica* que deve ser encarada como uma lógica das formas, independentemente do conteúdo destas.

A fim de "raciocinar" por analogia, o espírito do pesquisador manipula o conceito inicial de modo a despojá-lo sistematicamente de uma parte de sua realidade, esvaziá-lo de alguma maneira de seu conteúdo sensorial, tirá-lo do campo fenomenal para extrair dele apenas uma μορφη externa num certo ponto de vista: "morfê", que mudará, aliás com esse ponto de vista. É a abstração generalizadora ("extrair de") que esvazia o conceito de sua substância para torná-lo uma *categoria* e manipular esta categoria, em particular, fazê-la entrar em função de suas propriedades formais, em combinação com outras categorias, às quais obedecerão indistintamente todos os "conceitos plenos" de sentido ou de percepção, suscetíveis de preencher o mesmo "conceito vazio"; estabelecemos assim uma *analogia formal*. Recaímos aqui com esta noção de *"conceitos vazios"* na ligação clássica entre analogia e abstração. W. James (cap. *Reasoning*) retoma a questão por um outro ângulo: "Se na representação efetiva A, que possui o caráter *m,* apela ao espírito B, C, D, E e F que são análogos a A pelo fato de possuírem, eles também, este caráter, *m* associado quase simultaneamente a concomitantes tão variados, emergirá e atrairá a nossa atenção distinta (Fig. VII-9). O conceito *m* que A, B, C, D, E possuem simultaneamente, é aqui a *forma* externa que atrai a nossa atenção na abstração generalizadora.

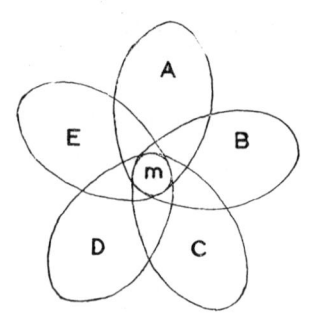

Fig. VII-7: Os conceitos de associação segundo W. James.

Se a abstração generalizadora é um dos mecanismos essenciais do pensamento, a descrição acima esclarece a constatação de Leroy, anteriormente citada (Cap. 3) quanto ao papel nefasto da precisão exagerada no estágio heurístico. "Uma precisão exagerada esteriliza a invenção mais seguramente do que qualquer falta de método." Se se trata de fato de discernir, para abstraí-las, formas comuns a inúmeros conceitos, não convém que as formas sejam desenhadas de modo muito preciso pois o espírito corre o risco de discernir nelas as *diferenças* de pormenor antes que as semelhanças de conjunto (percepção dD na notação de Rorschach). Interessa, pois, muitas vezes não acentuar a *precisão* no dado perceptivo científico além de um limite "filosoficamente suficiente", sob pena de inibir a abstração das formas. Se Galileu houvesse sido mais preciso ao medir os tempos de oscilação do lustre na catedral de Pisa, teria talvez constatado que o período cresce com a amplitude e teria deixado de lado o essencial, o isocronismo das pequenas oscilações. Só depois que ele — ou seu sucessor — tivesse estabelecido de maneira precisa a lei de variação do período com a amplitude, por exemplo, por uma curva cartesiana — cujo princípio, na época, não se encontrava firmemente estabelecido — é que, sobre o gráfico obtido, perceberiam *evidentemente* que tal variação tem por primeiro termo uma constante. Sabemos que há numerosos exemplos científicos de casos onde se começou por estudar a correção antes do termo principal e onde foram precisos anos, ou aplicações técnicas numerosas para descobri-lo (lei de sensibilidade do olho em função das intensidades luminosas, do ouvido para com as intensidades sonoras, relação entre velocidade do influxo nervoso e diâmetro do nervo, etc. . .)

O esquema e particularmente o esquema funcional (cf. Cap. 5) derivam diretamente do analógico: despojam a complexidade do real em uma simplicidade de propriedades conhecidas em número restrito, preparando o raciocínio. O elemento do esquema funcional é um exemplo muito exato de *conceito vazio*.

Para chegar à analogia, a operação generalizadora opera um despojamento da "substância" do fato ou da percepção segundo certos critérios que representam ao mesmo tempo o ponto de vista e o domínio do espírito sobre o mesmo. Entre as vias que o espírito utiliza para aí chegar, cumpre citar o simples esquecimento, filtragem pela memória do indivíduo que joga um papel essencial na formação dos conceitos vazios a partir do conceito diretamente percebido. As psicologias do comportamento consideram em geral o esquecimento como um fenômeno do acaso, menos aliás como afirmação de princípio do que como hipótese de trabalho. Além disso, a psicologia profunda nos ensina que o acaso desempenha no esquecimento um papel bem menor que estamos dispostos a crer. Sabemos desde as notáveis análises de W. James que o esquecimento se faz em função das associações, portanto de relações entre conceitos. Dentre tais relações:

a) um certo número delas são dependentes da forma, do aspecto externo — por exemplo, do aspecto lógico — do conceito mais do que de seu conteúdo;

b) outras são dependentes de nossa apreensão pessoal particular do conceito e de associações "secretas" que fazemos entre esta e outros pontos de nossa sensibilidade — no caso científica — que se liga à nossa perspectiva interior, muitas vezes sem que a nossa consciência o saiba.

A "função de esquecimento" esvazia o conceito de sua substância por ordem de importância crescente, segundo estas mesmas leis, isto é, ela exerce uma *filtragem seletiva*. À medida que o conceito se despoja, ele se abstrai, torna-se um esqueleto, uma caixa vazia que o opõe aos conceitos desenvolvíveis de modo integral pela memória: todos nós conhecemos por experiência interior esta abstração, muitas vezes, puramente verbal, de um conceito ou de uma experiência que se reduz finalmente a muito pouca coisa, mas que continuamos sendo capazes de manipular, associar, alojar numa classificação etc... Neste despojamento, permanece muitas vezes dotado de um resíduo de valor lógico: ocorre esquecimento seletivo, filtragem por ordem de importância. Assim, a "função de esquecimento" de Freud se mostra muitas vezes essencial no processo de abstração analógico, *prefigura* a lógica formal.   W. James já dizia que qualquer pessoa que retivesse *tudo* quanto lhe chegasse à consciência estaria numa situação pior que o da pessoa que nada retivesse.   Whitehead (pág. 59-61) desenvolve com vigor, a propósito da álgebra, uma idéia muito próxima da de "conceito vazio":

> "É um truísmo profundamente errôneo, repetido por todos os manuais e por todas as pessoas eminentes que fazem discursos, que deveríamos cultivar o hábito de pensar no que fazemos. É precisamente o oposto que é verdadeiro: a civilização progride ampliando o número de operações importantes que podemos efetuar sem pensar (...) As operações do pensamento são como as cargas de cavalaria nas batalhas, são em número estritamente limitado, requerem tropas descansadas e não devem ser executadas a não ser em momentos decisivos."

Por exemplo, um dos modos favoritos da *analógica* é a *simetria* concebida como uma operação automática do espírito.   Assim, a analógica representa um passo a mais rumo às lógicas propriamente ditas.   Ela é mais coercitiva do que as lógicas de prolongamento e continuidade e nisto vizinha da antilógica que, por sua vez, carregava uma certa força coercitiva para o espírito.   Aliás, ela pode, mediante um rigor suficiente, transformar-se por graus em lógica simbólica, que tenha em comum com esta algumas de suas operações (a simetria, por exemplo).   Basta que as propriedades de forma dos conceitos sejam aí analisadas, escolhidas, estabelecidas, sem ambigüidade: o *símbolo* origina-se da analogia entre conceitos múltiplos, é em grande parte a *analógica,* no sentido em que aqui a entendemos, que governa os métodos heurísticos que qualificamos precisamente de método de transferência ou de analogia, método dos esquemas, método de classificação, isto na medida em que decorrem da filosofia do *"como se".*

§ 9. — AS LÓGICAS FORMAIS

Devemos enfim mencionar, para sermos completos, as próprias lógicas formais, resultantes dos modos de pensamento infralógicos acima descritos, sobre as quais seremos muito breves, pois são demasiado conhecidas para que seja necessário, de alguma forma, insistir no assunto, bastando a consulta às obras clássicas (M. Boll; P. Février).   Seria ilusório subestimar o papel delas no pensamento científico e convém assinalar que, por mais distante que se nos afigure o espírito criador da perfeição racional, este faz uso constante, mesmo em seu procedimento heurístico, dos raciocínios formais, e caça, a cada instante, o erro das proposições mais ou menos fantasistas que estruturam as infralógicas passando-os pelo crivo do formalismo, mesmo quando este não reveste a forma simbólica da matemática, ou da álgebra. Aliás, são os únicos modos de raciocínio "universais": mais que lógicas *formais,* parece que conviria denominá-las de lógicas *universais,* ao contrário das infralógicas que concedem um lugar considerável ao afetivo e ao individual. É unicamente nesta linguagem que são redigidos os escritos que constituem o edifício científico acabado. Reportar-nos-emos portanto ao Capítulo 2, onde examinamos mais detidamente a natureza do mencionado edifício e seu modo de construção.

Distinguiremos entre as lógicas formais:

1) *a lógica da indução,* ou lógica das probabilidades (Reichenbach), baseada na implicação probabilística: $a > b$ (p), onde p é a esperança matemática de que em grande número de casos onde a ocorrer, b há de acompanhá-lo.

Sabemos (Boll, *loc. cit.*) que se p for menor que $1/2$, deve-se apostar que $a > b$; se p for maior do que $1/2$, deve-se apostar que $b > a$ e que, se temos uma cadeia de implicações $a > b > c > d \ldots$, a partir de um certo momento as induções sucessivas $p_1, p_2, p_3, \ldots$ tornam-se cada vez mais aleatórias, até $p_n \to$ inferior a $1/2$, onde a indução precisa parar, uma vez que ela deve supor que todas as outras implicações foram favoravelmente satisfeitas previamente. Sabemos também que a experiência de um grande número de casos já vistos permite fixar mais precisamente os valores de probabilidade, e portanto aperfeiçoar o valor da indução. Parece aliás que as probabilidades que intervêm na indução são amiúde tiradas da experiência *com amostragens muito fracas* e que o espírito "prevenido" faz algum uso, mais ou menos intuitivo, das regras de emprego das amostragens fracas, que a estatística trabalha atualmente para melhorar.

2) *a lógica binária.* É a da dicotomia:

$$\left\{ \begin{array}{l} a \\ \\ a \end{array} \right. \qquad (?) \qquad a \cup a = E$$

Suas operações obedecem à álgebra de Boole (sejam os dois valores verdade (V) e (F), então: V.V = V, V.F = F.V = F, F.F = F) que foi o tema, sob este ângulo, de recentes trabalhos inspirados pela cibernética (cf. Von Neumann, Mc

Culloch etc...). Ela foi de longe a mais estudada no passado: parece que emergiu das infralógicas por um progresso no rigor que a tornou o ideal do pensamento racional, conservando-lhe os caracteres originais do espírito humano. Os trabalhos sobre a teoria dos números demonstram por exemplo como os sistemas numéricos cardinais, atualmente utilizados em ciência, saíram da consideração de ordem e de esgotamento de um conjunto ordenado, que é regido pela lógica binária 0 — 1. O fato essencial, durante muito tempo considerado como trivial, pelos lógicos escolásticos, por exemplo, é que nestes sistemas de pensamento todo erro sobre uma malha acarreta, em princípio, um erro na conclusão: a abordagem não é, no caso, de colocação. Raciocinando sobre dados exclusivamente funcionais, isto é, independentes do mecanismo interno do sistema considerado, quer seja o cérebro humano ou uma máquina de calcular qualquer, Von Neumann observou que se uma operação do raciocínio pode reduzir-se a, digamos, 10^2 operações elementares, numa álgebra binária (por exemplo), uma seqüência que comporta n operações análogas ou vizinhas requererá, digamos, 10^{2n} operações elementares, onde cada qual deve ser executada *corretamente* se quisermos que o resultado seja logicamente exato. Ora, nenhum sistema natural encontra-se ao abrigo de um erro. Por exemplo, nas máquinas providas de relés, considera-se que estamos próximos da perfeição concebível, se a probabilidade de erro for inferior a 10^{n}. Parece então evidente que, qualquer que seja a capacidade do cérebro ou de uma máquina de calcular, toda a seqüência lógica acabará por superar o número de operações elementares, em que há probabilidade de cometer erro. É este processo que estaria na origem dos erros de raciocínio da lógica formal, onde toda a operação depende, como numa cadeia, da solidez do elo que a precedeu.

Isto vem esclarecer as observações que fizemos no Capítulo 2 sobre o comprimento das cadeias lógicas nas demonstrações.

3) *as lógicas polivalentes,* por exemplo a lógica trivalente, (V) (F) (?) (verdadeiro, falso, duvidoso) e sobretudo as *lógicas numerais,* (V) variando por números inteiros entre 0 e um máximo (saturação) (limiar de percepção por exemplo), parecem dever desempenhar no futuro do pensamento científico um papel primordial. Mais flexíveis que a lógica binária, elas são suscetíveis de se inserir sem esforço nos conceitos numerais que, com o aparecimento das noções de limiar e quanta, parecem dever modelar grande parte dos conceitos

futuros. Atualmente, o conhecimento destes, seu uso *a fortiori*, permanecem ainda fragmentários; a revolução do pensamento científico nada fez senão assinalar seu interesse.

Inúmeros filósofos e lógicos queixaram-se da esterilidade relativa da lógica universal, que parece não se encontrar à vontade senão no enunciado silogístico de resultados já conhecidos e ter, enquanto tal, poucos títulos com respeito às descobertas, fora da matemática.

Couffignal assim se exprime: "A regressão do pensamento cartesiano teve como causa a influência de Kant que restabeleceu o culto escolástico do sorites baseando a verdade das premissas não sobre a observação dos fatos e da experiência como Descartes, mas sobre os *a priori* que não desempenham nos raciocínios outro papel que o Deus de São Tomás de Aquino. Ainda São Tomás baseava a existência de Deus em um *consensus omnium* que, sendo a coisa do mundo melhor partilhada, se confunde quase com a opinião unânime."

A aplicação do princípio de Pascal (substituir o definido pela definição) deveria conduzir naturalmente ao problema da axiomática, que consiste em determinar o campo dos predicados independentes a partir do qual se constrói um sistema de funções lógicas dadas. Pascal não considerou este problema cuja formulação precisa é recente. Parece fora de dúvida que, na ordem dos pensamentos pascalianos e cartesianos, sua solução foi o fundamento de métodos de raciocínio mais poderosos que os codificados pelos filósofos gregos (Aristóteles). A influência de Kant sobre o pensamento moderno deu por objeto deste problema, através de Cantor e Hilbert, construir o Universo sensível a partir de alguns conceitos abstratos convencionais.

Von Neumann, comparando o funcionamento do cérebro humano ao das máquinas de calcular, observou que a lógica é inadequada ao pensamento: "A lógica formal está, pela própria natureza de sua abordagem do pensamento, separada das partes mais cultivadas da matemática (a análise e os conceitos de continuidade) e obrigada a viver na parte mais difícil do terreno matemático, a combinatória."

Aliás, ela não tem nenhum cuidado com o comprimento das cadeias conceituais que constrói, quando isto é precisamente o mais importante para o espírito, como vimos no Capítulo 2.

Por isso não insistiremos de outra forma nos sistemas da lógica universal, isto é, cujos axiomas são invariáveis e explicitamente enunciáveis, pois apresentam um aspecto fortemente artificial que os distancia deliberadamente do aspecto psicológico da criação científica, que é o nosso propósito.

§ 10. — CONCLUSÃO

B. Russell observa: "Os filósofos tiveram geralmente por verdadeiro que as leis da lógica que subentendem a matemática são as próprias leis do pensamento, as leis que regem as operações mentais. Tal opinião deprecia grandemente a verdadeira dignidade da razão, ela deixa de ser uma investigação do próprio coração e da essência imutável de todas as coisas reais e possíveis, e torna-se simplesmente uma pesquisa sobre algo mais ou menos humano e sujeito a todas as nossas limitações".

O exame dos métodos heurísticos utilizados pela criação de conceitos ou de vias diretrizes leva a um estudo da reunião dos conceitos entre si em uma seqüência racional, um "logos" cujos modos e regras constituem formas generalizadas de lógicas: as *infralógicas* cujo estudo deve ser conduzido como estudo extrínseco da lógica formal clássica.

Entre estas distinguimos, partindo dos modos mais primitivos do espírito:

A) *Sistemas infralogicos propriamente ditos*:

1) *A lógica mitopoéica,* modo primitivo da racionalização, autocontraditório, lacunar, normativo, coercitivo, que é a fonte arquetípica de todos os outros sistemas de pensamento;

2) *A lógica de justaposição ou perilógica,* gratuita, heteróclita, não-coercitiva, que é o modo das associações de idéias, e cria as *formas* seqüenciais, imaginárias e verbais do campo racional, ela prepara as regras da linguagem e da gramática. É uma aplicação da filosofia do "Por que não?"

3) *A lógica de oposição ou antilógica,* ao mesmo tempo gratuita e parcialmente coercitiva, organizada; faz grande uso do conceito de simetria entre *a* e *a*. Aplica a filosofia do não;

4) *A lógica do prolongamento.* Esta é descritiva, gratuita, homogênea, em seus elementos. Entre os seus modos, distinguimos a seqüência simples, a multiplicação, a redução, o paralelismo e o prolongamento circular;

5) *A análogica ou lógica das formas*: ela é coercitiva coerente, pouco contraditória. Estabelece a analogia de propriedades por intermédio de *conceitos vazios,* que constituem o processo elementar da abstração. Aplica a filosofia do como se.

B) *As lógicas formais*

6) *Lógica de probabilidades ou da indução,* coercitiva, não-contraditória, coerente, simbólica;

7) *Lógica binária,* é a lógica tradicional, dicotômica, simbólica, que utiliza a álgebra de Boole;

8) *Lógicas polivalentes e numerais,* que representam a norma dos novos modos do pensamento científico.

Estas últimas, muito estudadas (talvez demasiado?), não interessam diretamente, ao menos atualmente, ao pensamento criativo fora da matemática.

Deste exame podemos tirar as seguintes conclusões:

1) A lógica (tradicional) não é nem universal, nem única, nem normativa *a priori;* ela não manifesta as leis de uma razão pura transcendental;

2) As infralógicas são os sistemas discursivos imediatos da descoberta, seu conjunto constitui *o método de utilização do cérebro* e que podemos chamar justamente de "lógica natural" (Couffignal) e que é criada no curso de transformações das espécies que fizeram o nosso *Homo sapiens;*

3) As infralógicas são arbitrárias, têm uma coerência variável, amiúde fraca, são dependentes da estrutura mental do indivíduo;

4) São adaptadas a cada domínio da pesquisa criativa. Se para Carnap existe apenas uma ciência acabada, há uma multiplicidade de modos para estabelecê-la e devemos opor lógicas universais de exposição e lógicas arbitrárias de criação;

5) A lógica formal clássica é um ideal difícil de atingir, muito aperfeiçoado, raramente mantido, essencialmente artificial. No estado atual das coisas, a ou melhor as lógicas formais (terceiro excluído, não-contradição, coerência ilimitada) parecem ser linguagens *universais* de exposição, preparatórias à utilização das máquinas de calcular;

6) As infralógicas esclarecem as origens da lógica universal, como o "patológico" esclarece o "normal";

7) A fonte do pensamento lógico se encontra na psicologia profunda do corpo social (lógica mitopoética);

8) O racional emerge progressivamente do irracional e do simbólico através das "faltas" e das "incoerências", mergulha ainda as suas raízes no subconsciente;

9) Afirmar que a verdade científica é exclusivamente construída segundo as regras da lógica formal significa afirmar que o cérebro humano pode atualmente se reduzir às capacidades de uma máquina de calcular, o que, no estado presente dos conhecimentos, é pelo menos prematuro;

10) No ato da descoberta, o pensamento segue malhas de uma *rede racional,* mais ou menos longa, mais ou menos complexa, por saltos sucessivos limitados pela capacidade da me-

mória.   As malhas desta rede complexa pertencem indistintamente às diferentes infralógicas ou lógicas formais: trata-se
de uma rede mista.   Como percorre o pensamento para chegar a uma direção, como se orienta ele em cada malha, como
se dirige ele em função de seus caracteres individuais?   É
o que iremos examinar no capítulo seguinte.

8. Os Processos de Utilização

Não podemos afirmar que a vontade seja uma causa livre, mas somente que ela é uma causa necessária.

SPINOZA

§ 1. – O PESQUISADOR EM UM LABIRINTO

Nos capítulos anteriores (4, 5, 6, 7) estudamos sucessivamente, baseados no esquema do mecanismo criador em ciência apresentado no começo (Cap. 1)

— *os métodos heurísticos*, elementos do caminho percorrido, fornecendo a cada instante a *perspectiva imediata,*
— *as infralógicas*: modos de *conexão* destes elementos para formar uma *rede de malhas* sobre a qual um trajeto definido é percorrido pelo pesquisador de um ponto origem (perspectiva de partida) a um ponto de chegada.

Certamente, não se deve exagerar a importância deste esquema: numa construção intelectual nunca há mais de um modo de apresentação do real, mas sabemos que um bom esquema subentende a organização do conhecimento; por sua potência simbolizadora, é praticamente necessário ao conhecimento discursivo. Consideraremos, pois, o processo da criação científica como um proceder do espírito numa *rede emalhada*, uma espécie de labirinto de múltiplas vias, tipo de labirinto até agora muito pouco estudado experimentalmente.

No plano desta rede (Fig. VIII-1), ele dispõe apenas de um campo de visão muito estreito: este é limitado por trás pela memória, e de frente, pela capacidade intuitiva. Percebe, portanto, a cada instante, apenas uma pequeníssima parte do caminho percorrido. Em compensação, possui permanentemente um vaso campo de visão (sua própria cultura científica) sobre o edifício da ciência acabada, que se ergue verticalmente diante dele, e dispõe, a cada instante, de elementos e de exemplos que extrai desta visão geral — alimentada e revisada incessantemente pela "documentação". As vias que percorre, cujos segmentos elementares são dados pelos métodos heurísticos, e as bifurcações (modos de conexão entre si), pelas infralógicas, são de duas espécies. Algumas pertencem aos processos dedutivos ligados por operações da lógica formal, são os "caminhos altos", talvez tortuosos, porém seguros e que acarretam o mínimo de trabalho, não importa o lugar de onde venham, para "reconverter" o trajeto fazendo-o passar pelo edifício racional da ciência acabada. As outras, as mais numerosas, são completamente irracionais, fugazes, instáveis, pululam de caminhos sem saída. Foram elas principalmente que retiveram aqui a nossa atenção — deverão ser finalmente abandonadas em favor dos caminhos altos da razão para que o trajeto efetuado se torne aceitável no edifício da ciência acabada. Poder-se-ia assimilar, no esquema apresentado, esta operação de passagem à ciência acabada (que, materialmente, se traduz pela redação de uma publicação) a uma rotação que faz passar do plano horizontal da rede emalhada de perspectiva limitada ao plano vertical da ciência acabada, e no instante em que se *integra* o trajeto racionalmente percorrido.

§ 2. — REDE EMALHADA E REDESCOBERTA

Por mais sedutora que seja, não é prudente levar uma imagem demasiado longe: esta, contudo, coloca em evidência, realmente, alguns fatos essenciais da criação científica ao apresentar a pesquisa como o traçado em uma rede emalhada em pontilhado (todas as vias possíveis do intelecto de um ponto A a um ponto B), de um percurso atualizado em traço cheio (Fig. VIII-1).

a)   há um número enorme — teoricamente uma infinidade enumerável — de trajetos para se ir de A até B. São todos os périplos que podemos executar sobre a rede em pontilhado dos "raciocínios" (no sentido lato) potenciais;

b)   uma única é percorrida, de início, pelo pesquisador: não é forçosamente, e de longe, a mais simples; pode comportar uma prodigalidade de voltas inúteis devidas à visão limitada que o indivíduo possui, a cada instante, de seu percurso como um rato em um labirinto;

c) para racionalizar o seu trajeto, o pesquisador, como em um labirinto de vias múltiplas, o percorre muitas vezes eliminando, pouco a pouco, os caminhos irracionais dos métodos heurísticos conectados pelas infralógicas fantasistas para tomar os caminhos altos da dedução lógica. Se a rede destes é muito menos densa, é também emalhada, havendo portanto, também aí, muitos trajetos possíveis (modos de demonstração) dos quais, em princípio, alguns são mais curtos, mais elegantes, que outros.

d) é portanto normal que os pesquisadores cheguem ao mesmo ponto por vias diferentes ou com pontos de partida diferentes, tanto na rede rarefeita da dedução como na rede densa do irracional. Trata-se do processo da *redescoberta*. Esta redescoberta simultânea por diversos indivíduos totalmente isolados de uma mesma teoria, de um mesmo resultado, de uma mesma invenção, muitas vezes com caracteres funcionais estreitamente vizinhos, dá a impressão, ante duas realizações deste tipo, de duas traduções do mesmo texto simultâneo apresentadas em línguas diferentes. A pesquisa científica faz conceber um caminho muito amplo onde outros avançam mais ou menos depressa ao mesmo tempo que nós. Esta impressão de via comum à descoberta das idéias puras é sobretudo uma prova da unicidade das formas do espírito humano que vem apoiar os conceitos deterministas (M. Petrovitch). A freqüência extraordinária destas redescobertas que formam um processo constante do jogo científico leva a considerá-los como um dos aspectos fundamentais da invenção que, mais do que qualquer outro talvez, demonstra que devem existir mecanismos cerebrais universais da descoberta, enquanto que nossa experiência interior tenderia a nos fazer crer na originalidade do procedimento intelectual e na autonomia de nosso pensamento. A lógica formal tenderia mais a acentuar esta ilusão, pois assimila o mecanismo criador ao mecanismo de raciocínio criado, e nos inclina a crer que há tantos mecanismos criadores quantos raciocínios diferentes, ou seja uma variedade quase ilimitada;

e) a freqüência deste processo (Fig. VIII-2) no esquema de circulação numa rede emalhada aqui representada não terá pois nada que nos espante, mas o interessante é que ela é uma conseqüência indireta desta rede intelectual no domínio estudado, portanto um modo de estimação de sua densidade e sua complexidade.

Se a rede dos procedimentos mentais era uma rede de bifurcação, onde todas as *démarches* mentais se resolvem em

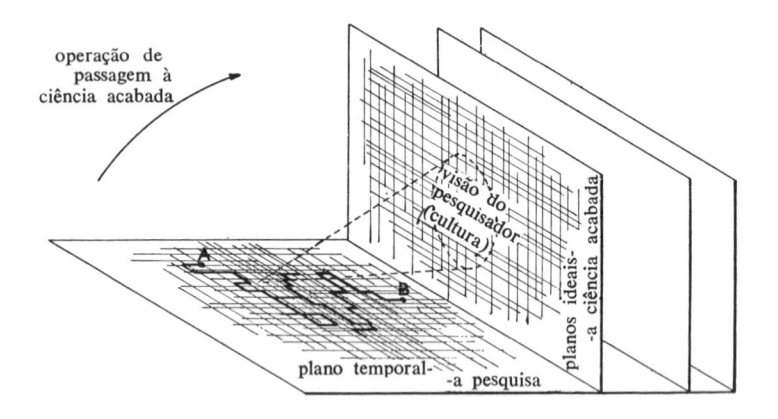

Fig. VIII — 1: O pesquisador traça, na complexidade da rede potencial dos caminhos mentais, um trajeto real mais ou menos tortuoso de A até B. Dispõe, no plano temporal, do progresso da pesquisa, de uma visão estreitamente limitada deste plano no qual se desloca, mas por sua cultura de uma visão assaz extensa dos planos verticais (planos ideais) que figuram o edifício científico. Alcançado um "resultado" refirirá o trajeto segundo vias cada vez mais simples e cada vez mais racionais, preparando a incorporação destas ao edifício científico acabado (publicações).

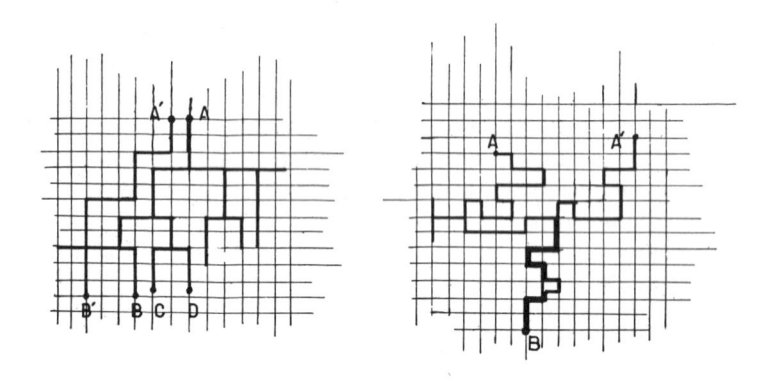

Fig. VIII — 2: O percurso da mesma rede emalhada cognitiva, por vários pesquisadores é suscetível de levar à redescoberta.

Fig. VIII — 3: O percurso de um labirinto não emalhado leva, com pontos de partida diferentes, a resultados diferentes.

uma escolha entre duas alternativas (lógica binária), ela seria assimilável a um labirinto comum naquilo que concerne a determinado fato único B, ao qual se deve chegar a partir de um ponto A (Fig. VIII-3), cabendo apenas observar que todas as outras vias conduzem "alguma parte" a fatos B', B"... Nestas condições, se N for o número de pesquisadores que se encontram, no ponto A, colocados nas mesmas condições sobre a rede cognitiva, a freqüência relativa da redescoberta seria $\pi = N/2^n$, sendo n o número de *démarches* intelectuais elementares que separam A de B — na medida em que são redutíveis a uma cifra. Esta probabilidade decresce pois muito depressa com n. Mas se a rede das operações mentais for "emalhada", isto é, se vários, ou uma infinidade enumerável de itinerários levam aí ao mesmo objetivo, a probabilidade precedente ficará multiplicada pelo número M destes itinerários. Quando os itinerários são em número quase infinito, o que é efetivamente o caso numa rede cognitiva, extremamente extensa (cultura geral), onde os trajetos mais inesperados são seguidos pela dedução ou pelo raciocínio indutivo, devemos introduzir, para satisfazer a realidade dos fatos, um "coeficiente de complicação" dos itinerários, que é razoável, como primeira hipótese, tomá-lo proporcional ao número de malhas *m* de que se serviu: seja

$$\pi = \frac{N \ (M/m)}{2^n}.$$ Na realidade, é certo, mesmo em redes emalhadas muito mais concretas que a rede intelectual cuja imagem procuramos aqui fornecer, que a "lei de complicação" dos trajetos, seguidos pelo "ponto móvel", quer se trate de um rato ou do espírito do pesquisador, nada tem de tão simplista, e que fatores tais como o progresso numa direção geral, a limitação do campo cognitivo eficaz etc. desempenham aí um papel notável: é prudente escrever: $\pi = \frac{NM(m)}{2^n}$,

considerando simplesmente $M(m)$ como uma função decrescente de *m*. Todavia, este raciocínio mostra perfeitamente que, quanto maior a freqüência das redescobertas, isto é, a probabilidade de passar por um mesmo ponto B, menor será o número de trajetos possível, menos *densa* será a rede emalhada dos "raciocínios" possíveis; o estudo estatístico das "redescobertas" deve pois ser um *modo de acesso* à estrutura do campo intelectual, naquilo que possui de universal, de comum a todos os pesquisadores.

O estudo que fizemos dos métodos heurísticos nos sugeriu suficientemente que, se tais trajetos são múltiplos, são em todo caso em número limitado e assaz pequeno. Isto confirma o ponto de vista expresso por Bachelard:

"Inútil repetir que o homem é ondulante e diverso. Ele ondula fracamente e sua diversidade contingente mal esconde uma pobreza profunda. Para encontrar, no próprio homem, uma verdadeira riqueza psicológica, um caminho certo é procurar esta riqueza no cume dos pensamentos (nas realizações intelectuais mais do que nos meios, na complexidade do trajeto mais do que nos elementos A. M.). Pode-se então apreender o homem na sua vontade de obra coordenada, na tensão da vontade de pensar, em todos os seus esforços para retificar, diversificar, ultrapassar sua própria natureza (...) Por si só, o conhecimento é um plano do ser."

Mais adiante o mesmo autor acrescenta: "Se o homem moderno (...) mede a potência de instrução própria à ciência de nosso tempo (...), deverá reconhecer realmente no próprio ser do conhecimento, uma complexidade explícita que nada tem a ver com a vã afirmação de uma complexidade que estaria em reserva nas coisas. Esta última complexidade em profundeza nas coisas está sempre, nas proposições dos filósofos, sistematicamente implícita". (Parece-nos lamentável, aliás, que ela não esteja mais amiúde sistematicamente explícita, pois desempenha um papel enorme no raciocínio.)

§ 3. — ORIENTAÇÃO DO PESQUISADOR: O SENTIMENTO DA DIREÇÃO

Nesta rede complexa de elementos simples, evolui o espírito do pesquisador ao acaso? Como atualiza ele esta rede potencial cujos elementos examinamos, como a utiliza ele? Não tem realmente nenhum objetivo, nenhum guia, nenhuma orientação nestas redes ramificadas? Quais são, em suma, os processos de utilização destas? É o que iremos examinar agora, particularizando as vias seguidas pelo pesquisador.

Observemos antes de mais nada que, efetivamente, o homem comum, mesmo que não possua um longo treinamento de pesquisador, é sempre pouco ou muito cultivado, e dispõe em primeira aproximação dos mesmos elementos, dos mesmos métodos heurísticos, das mesmas infralógicas que o pesquisador; insistimos bastante no Capítulo 7 acerca da simplicidade relativa, da comunidade dos meios e do espírito do pesquisador e do profano. Não há, pelo menos na origem, transcendência do pesquisador com respeito ao comum dos homens; um é recrutado entre os outros e seus processos intelectuais elementares são tirados do fundo comum do pensamento: o racionalismo formal só intervém no estágio último e aperfeiçoado da pesquisa científica. Justamente, o que diferencia de fato o pesquisador do comum dos homens é antes de tudo sua *cultura* especializada, alimentada, atualizada, continuamente revisada, que representa parte muito importante de sua tarefa cotidiana (um terço de seu tempo, afirmam muitos profissionais), cultura que não existe, além dele, senão entre os eruditos.

O que o distingue, a seguir, do profano como do erudito, é que esta peregrinação laboriosa, esta aventura intelectual, que exige uma tenacidade sem desfalecimento se não sem repouso — não se faz, considerando bem, totalmente ao acaso como entre o profano. É neste, precisamente, e somente nêle que o devaneio, a imaginação, engatam ao acaso e sem freio cadeias de pensamentos mais ou menos barrocos. No pesquisador — trata-se de uma definição pragmática — o pensamento *desemboca* em alguma parte, realizado.

Se o homem é a soma de seus atos, o pesquisador é a soma de suas pesquisas: apenas elas o definem enquanto tal; ele chega a *qualquer parte,* segue uma orientação.

Vários trabalhos de psicologia animal estabeleceram a existência no percurso de um labirinto de um "sentido geral da direção" (*forward going tendency*), que explica a diferença da rapidez de aprendizagem entre dois labirintos de dificuldades (número de escolha) equivalente, mas dos quais um conserva uma direção de conjunto definida e o outro, nenhuma (Dashiel Beyroff); Tolman estende o senso da direção a uma representação cognitiva topográfica entre os ratos e entre os homens. Invoca a existência de um "mapa cognitivo" que comporta esquemas fragmentários (são os campos de visão restritos, imediatos do pesquisador dos quais falamos antes), e esquemas de conjunto que representam a capacidade de orientação geral à qual aludimos aqui. Pareceria que o desenvolvimento mais ou menos acentuado de uma ou de outra destas representações mentais exprime categorias da estrutura mental que nos aproximam da caracterologia (espíritos largos e estreitos).

§ 4. — ORIENTAÇÃO DO PESQUISADOR: O PRINCÍPIO DA SIMPLICIDADE

O segundo fator que intervém para guiar o pesquisador nos meandros da rede emalhada cognitiva é o velho princípio da simplicidade de W. d'Ockham: *Entia non multiplicanda praeter necessitatem,* que está presente no espírito do pesquisador de modo permanente e coloca um freio, uma oposição ao espírito de gratuidade, cuja importância vimos nos capítulos anteriores. Por si própria, a gratuidade é luxuriante e de bom grado divagadora; conduz espontaneamente o pesquisador por caminhos laterais — e por que não, no fim de contas? — o princípio escolástico d'Ockham "não multiplicar as entidades além do estritamente necessário" vem corrigir esta gratuidade, ao concentrar o espírito do pesquisador, ao subordinar a criação dos conceitos à necessidade do momento.

Certamente, a "necessidade" aqui invocada não é quase definida, assim como os termos das regras de Descartes (que me parecem *evidentemente verdadeiros*) não estão corretamente definidos como observou Leibniz, mas vimos que o mecanismo do raciocínio não tem pretensão alguma à lógica: este princípio geral permanece constantemente no espírito do pesquisador. O próprio W. d'Ockham insistiu muito no seu valor crítico, e a imagem da "navalha" que, a cada progresso do pensamento vem separar as entidades inúteis que brotam sobre o raciocínio, tem um caráter crítico pronunciado.

Por isso é notável que este princípio escolástico tenha sido revalorizado pelas ciências mais modernas do complexo, e cujo melhor exemplo é a Cibernética, e que o alvará intelectual desta, concebida como ciência da analogia, o situe na categoria de seus princípios fundamentais.

É, com efeito, um dos guias essenciais nos mecanismos complexos onde se dispõe sempre de um método de simplificação arbitrário, aquele que consiste em imaginar conceitos parciais: obriga a examinar estes últimos de modo crítico e a conservá-los apenas se exprimirem o real de modo *necessário, isto é, sem recobrimentos nem lacunas.* Se houver recobrimento, isto é, se objetos pertencentes a dois conceitos diferentes, ou lacuna, isto é, se o conjunto dos conceitos deixa objetos fora de sua pertinência, significa que ou o conceito é inadequado, ou inútil, e tal constatação constitui o primeiro passo para a sua revisão.

O princípio da simplicidade permanece pois como uma das leis do subconsciente científico, uma espécie de *coerção elástica* que pesa sobre as entidades gratuitas, e intervém, de modo secundário, após cada exercício da gratuidade do pensamento. É a expressão precisa daquilo que Poincaré chamava a "comodidade" de um conceito ou de um princípio, e ao que tornava pragmaticamente sinônimo de verdade. Pois, o que é simples é, em geral, cômodo (conceito de elétron, por exemplo), mesmo que seja uma entidade algo mítica. "Aquilo que é simples é sempre falso, o que não é simples é inutilizável." (P. Valéry).

§ 5. — ORIENTAÇÃO DO PESQUISADOR: O PRINCÍPIO DO MENOR ESFORÇO

O terceiro "princípio", que guia o pesquisador nos meandros do pensamento discursivo e realizador, pode ser qualificado de "princípio do menor esforço intelectual".

É uma transposição, no esquema do procedimento intelectual, da dialética de equilíbrio banal/original, que rege uma mensagem qualquer na teoria da informação, em geral, e na teoria da linguagem, em particular. Se, para ir de um ponto A a um ponto B da rede discursiva, há um grande número — uma infinidade enumerável — de virtuais trajetos possíveis, sendo uns mais complicados que os outros, parece normal admitir que, numa série de *démarches* intelectuais, os trajetos complexos serão estatisticamente escolhidos com menos freqüência que os trajetos simples, sem que se possa entretanto chegar a ponto de dizer que "o mais simples" dos raciocínios possíveis será aquele que efetivamente possua a maior possibilidade de ser escolhido, o que estaria em contradição com a experiência que prova que é assaz raro que o mais simples raciocínio dedutivo seja encontrado de pronto.

Pode-se estimar que há equilíbrio entre duas tendências contraditórias: uma que consiste em adotar as vias discursivas mais originais, logo, muitas vezes, as mais complexas na rede cognitiva atual (o que não significa que serão as mais complexas na rede da ciência acabada) consistindo a outra, ao contrário, em se entregar às vias discursivas mais simples e mais banais, cujo exemplo mais evidente é o silogismo usado do tipo Barbara.

Podemos qualificar este equilíbrio entre originalidade e banalidade no raciocínio de *princípio do menor esforço intelectual*. Ele não deixa de ter relações com o princípio enunciado por Zipf nos domínios da lingüística, sobretudo se notarmos, como fizemos no Capítulo 6, que há uma ligação indissolúvel entre as idéias e as palavras que servem para codificá-las; portanto, que deve haver aí, ao menos estatisticamente, uma certa transposição das leis da linguagem e da seleção de termos para as do raciocínio discursivo e da seleção de conceitos que o compõem. Indicando por r o índice de freqüência das palavras no vocabulário geral e por f a freqüência de ocorrência destas palavras no texto ou no discurso de um dado transmissor, o princípio de Zipf se expressa pela relação $f^2 \times r = K$, sendo K uma constante, função do par ij transmissor-receptor, aqui orador-ouvinte. Zipf torna explícita esta relação, perfeitamente verificada pela experiência, baseada em uma dialética entre a tendência (preguiça de

espírito) para explicitar sempre as mesmas palavras-chave e
a tendência do ouvinte que encontra ressonância no espírito
do receptor que deseja termos tão precisos, logo tão variados, porém tão raros quanto possíveis: trata-se da expressão
da dialética banal/original. O estreito paralelismo, acentuado nos Capítulos 5 e 7 entre estrutura do discurso e estruturas mentais, leva a extrapolar este princípio do quadro lin-
güístico ao quadro das idéias e a ver nele, ao menos em
primeira aproximação, uma regra de orientação que rege o
caminho dos meandros efetuados pelo pensamento discursivo
no campo dos trajetos virtuais entre A e B.

Convém todavia insistir no fato de que tal "princípio"
não é nada mais senão uma tendência, que aliás só é válida
para os trajetos, já bastante complexos para que sejam jul-
gáveis, por pouco que seja, por uma apreensão probabilista.
Não teria qualquer valor para a reunião de alguns silogismos
elementares: caso em que o pensamento conserva toda a sua
independência efetiva. No quadro da epistemologia atual,
seria muito difícil ver aí mais do que uma regra *de facto* para
a conduta do espírito, análoga ao princípio de Ockham, enunciado acima e, em particular, de estabelecê-la sobre exemplos.
Por isso não mais insistiremos nela, permanecendo demasiado
evidente o seu caráter especulativo.

§ 6. — ORIENTAÇÃO DO PESQUISADOR: PRINCÍPIO DE
COORDENAÇÃO DAS PRECISÕES

Na quase totalidade da ciência experimental, o trajeto
discursivo do pensamento é, por definição, uma preparação,
um esquema de uma indução baseada na experiência. De
todo modo, apenas a verificação experimental estabelece —
"mostra", no sentido do Capítulo 2 — o fato científico,
o procedimento mental é apenas preparatório.

Jogar com idéias é suficientemente apaixonante para in-
clinar aquele que joga a esquecer o Universo, isto é, para
pôr em funcionamento o jôgo de construção a vácuo, fora de
todas as aplicações e, o que é mais grave, de verificações
experimentais. Por isso todo procedimento intelectual que
não repousa na lógica matemática pura deve, para não ser
divagação estéril, ser seguido de um processo experimental no
campo das percepções materiais. Sendo a verificação praticamente, mesmo no domínio teórico, o único elemento demonstrativo da pesquisa universalmente válida, ela deve ser
atingida o mais depressa possível e a conduta da cadeia mental discursiva deve se fazer de tal modo que ela reencontre
muito rapidamente pontos sólidos do domínio concreto, o que

fornece uma regra de orientação da dita cadeia discursiva: a seqüência dos conceitos precisa, portanto, desenrolar-se de modo tal que assuma contatos tão freqüentes quanto possível com um plano de percepções materiais objetivas.

Considerações de origem experimental vêm exprimir esta regra sob uma forma prática no campo da experiência real: a primeira é aquela da *precisão dos conceitos* e dos *fenômenos perceptivos.*

Com efeito, cumpre distinguir vários "ajustamentos" (*mises au point*) na focalização de um fato científico diante do espírito. Para toda experiência há uma precisão *contingente,* a do fato tal como ele se deixa apreender, e uma precisão *optimum,* a que mais convém à percepção conceitual *hic et nunc.*

De maneira mais geral, podemos discernir quatro escalões de precisão no fato científico considerado:

1) um escalão *teórico* limitado pelo limiar de sensibilidade da própria ciência física; todo *fenômeno* é limitado na precisão de seu determinismo, portanto, de sua expressão, pelo princípio da incerteza: a precisão correspondente é *devida à natureza das coisas.* Esta atua amiúde na microfísica, mas vimos a propósito dos métodos heurísticos (Cap. 6), que os fenômenos *imprecisos por natureza* existem em outras partes além da microfísica;

2) um escalão *experimental*: o *limiar* de sensibilidade efetiva é nele limitado pelo *método de medida,* é contingente, pois, trocando o método, não há razão para que não mude.

Exemplo: A precisão de nosso conhecimento da arquitetura molecular de uma diatomácea não pode evidentemente superar *de jure* o limiar da agitação dos átomos constitutivos de seu esqueleto calcário em torno da posição de equilíbrio destes, à temperatura comum (limiar devido à natureza das coisas). Ao microscópio óptico, a precisão *de facto* deste conhecimento não pode ultrapassar uma fração de mícron por causa dos fenômenos de difração (limiar de sensibilidade contingente devido ao método experimental);

3) um escalão *conceitual* definido pela estrutura do espírito humano e o estado de avanço do resto da ciência. O limiar de precisão é aí substituído pelo *optimum* de precisão, o da melhor percepção do fato como *objeto,* uma coisa destacável de seu contexto e não como um desenvolvimento contínuo;

4) Finalmente, podemos definir um escalão *perceptivo* pelo limiar de sensibilidade do organismo ante um fato físico (exemplo: as vibrações mecânicas de amplitude < 3 mícrons a 10 hertz, são indiscerníveis). Tal escalão intervirá sempre que a ciência encontrar o humano nas aplicações técnicas

(para o exemplo citado no Cap. 4, a medida ou o cálculo das suspensões de automóveis).

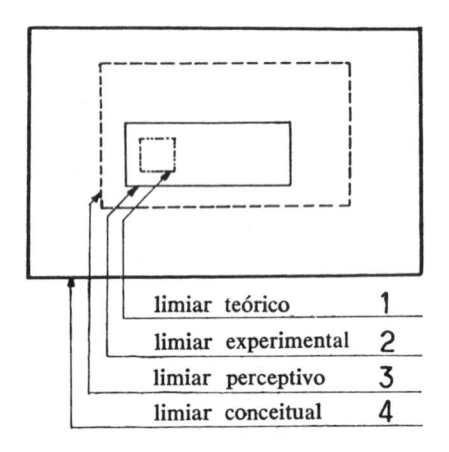

FIG. VIII — 4: Os diversos escalões de precisão

A Figura VIII-4 fornece uma representação bidimensional destes diferentes limiares de precisão superpostos no conhecimento de um fenômeno: as duas dimensões do "quadrado da incerteza" representado como passível de ter uma interpretação física precisa; por exemplo *variável de tensão* e *variável de posição*: fôrças, intensidades, tensões elétricas de um lado, e freqüências, constantes de tempo, atrasos de medida, de outro lado.

Diremos que um conceito está estabelecido de modo:

— filosoficamente suficiente, quando o quadrado (2) é menor que o quadrado (3) — o conceito possui um sentido;

— fisicamente suficiente quando o quadrado (2) é igual ao quadrado (1): o conceito é perfeitamente medido, com uma precisão ilimitada;

— tecnicamente suficiente quando o quadrado (2) é menor que o quadrado (4): o conceito é útil nas aplicações.

Pode ocorrer que o quadrado (1) seja maior que o quadrado (2) e é neste caso que deparamos com experiências que colocam *em evidência a incerteza* (microscópio eletrônico).

Numa seqüência de fatos, numa cadeia experimental ou teórica, o conceito de *coordenação das precisões* e correlativamente de *coordenação das sensibilidades* é extremamente importante — parece não ter recebido a merecida atenção de parte de muitos experimentadores e de um número ainda maior de metodologistas. É não só inútil, mas positivamente nocivo, medir com erro a menos de 1% o peso das gotas de chuva que se destacam de um cabo de alta tensão do qual se mede o potencial disruptivo ou a perditância por efeito Corona (fugas por penachos na atmosfera em torno do condutor) com erro a menos de 20%. Igualmente é pouco indicado, do ponto de vista heurístico bem entendido, que a precisão com a qual se conhece um fenômeno seja muito diferente da teoria geral, na qual se quer introduzi-lo como caso particular, e da capacidade de previsão desta teoria.

Assim, o experimentador possui normas lógicas que o guiam nas seqüências conceituais que preparam a experiência e fornecem um princípio ótimo de utilização do esforço que é da máxima ajuda na prática.

§ 7. — ORIENTAÇÃO DO PESQUISADOR: PRINCÍPIO DA DISTÂNCIA MÍNIMA AO CONCRETO

Se toda cadeia conceitual deve *in fine* se traduzir por uma constatação ou uma experiência, o problema da realização efetiva impõe restrições imperativas ao desenvolvimento desta última, que diferenciam pragmaticamente imaginação e invenção. Um dos primeiros estágios da criação é quase sempre a imaginação, esta tendência que todos nós temos, a propósito de um dado problema, a construir em nosso espírito um projeto mais ou menos realizável, a aperfeiçoá-lo, a enriquecê--lo, a flori-lo com experiências mais ou menos complicadas etc... Trata-se de uma tendência que todos os pesquisadores possuem em grau qualquer: secretar idéias, fabricar teorias, projetar aparelhos, imaginar verificações etc...

Normalmente, esta tendência do pesquisador para ser embalado se vê compensada pelas possibilidades experimentais. De nada serve conceber na cabeça um míssil interplanetário ou um radar para aviões e fazer disto um projeto *in abstracto*; o que distingue, ao contrário, o verdadeiro pesquisador científico do inventor esquizofrênico é uma enorme capacidade de estimar *muito depressa,* sem nenhuma precisão — no caso, acabamos de ver, que a precisão é positivamente nociva — a forma experimental, o tempo e o material necessários para verificar o valor de uma cadeia conceitual a partir de ordens de grandeza, que formam um fundo comum da cultura científica.

Esta é uma estimativa muito delicada. As experiências mais complicadas nem sempre são de realização mais demorada: determinado laboratório aparelhado com um espectrógrafo fará em uma hora uma experiência muito complicada sobre o ruído dos aviões no céu e passará oito dias para reunir as quatro ou cinco peças de vidraria necessárias para realizar um reostato líquido de um modelo não habitual, experiência, todavia, infinitamente mais simples e menos delicada. Mais geralmente, toda tentativa que requeira a intervenção, por mais breve que seja, de um outro serviço, de uma oficina, ou de uma compra etc... Se for possível encontrar nos processos industriais existentes, que ocorrem amiúde em escalas consideráveis, uma verificação do fato pesquisado: por exemplo a formação de grandes monocristais de metais refratários nos fundos de fornos eletroquímicos de refinação, como conseqüência das alternâncias regulares de temperatura, é infinitamente mais cômodo verificar a coisa no local do que passar um mês montando um forno experimental com todos os seus imprevistos.

Significa dizer que as qualidades exigidas do experimentador, imaginação, faculdade de traduzir em termos práticos conceitos teóricos, conhecimento geral da indústria, de seus aparelhos e de seus problemas, exploração das circunstâncias, nítida visão do campo fenomenal, conhecimento da ordem de grandeza dos fenômenos e da "grandeza das cifras", finalmente capacidade de "projetar", no sentido de fazer um projeto, aproximam muito o pesquisador do engenheiro — o que, incidentemente, torna tão preciosa a formação de engenheiro para o pesquisador — a *situação* do pesquisador no laboratório, em meio dos aparelhos, das máquinas, do pessoal, difere cada vez menos da do engenheiro na fábrica. Cumpre-lhe também realizar, submetendo a matéria e com considerações de disponibilidades, de oportunidade, de preço de custo, muito vizinhas. O "projeto" pertence doravante tanto à pesquisa como à construção.

Assim, a orientação do campo conceitual em função do acesso ao campo perceptivo será um dos princípios gerais que guiam o percurso no campo conceitual e a observação dêste princípio diferencia o pesquisador realista do sonhador.

§ 8. — O GÊNIO COLETIVO

A recente evolução da pesquisa científica pura ou industrial para a complexidade teve por corolário o aparecimento de um tipo de pesquisa coletiva, praticamente ignorada pela ciência do século XIX. Não só o pesquisador assume doravante o seu lugar na cidade científica, num corpo social perfeitamente definido, herdeiro de códigos, de tradições, de instituições, mas seu próprio trabalho é freqüentemente coletivo. O pesquisador não é mais forçosamente um gênio individual, porém muitas vezes um gênio parcial de segunda ordem e a colaboração em um microgrupo organizado de muitos pesquisadores cria a *equipe,* cuja tarefa transpõe para o plano do microgrupo todo o estudo precedente, que possuía por eixo o indivíduo.

O primeiro resultado disso é que bom número dos elementos internos e pouco conscientes da pesquisa, os métodos heurísticos por exemplo — e dos mais sutis dentre eles — emergem explicitamente à consciência do microgrupo na troca de idéias e de conceitos que constitui a primeira seqüência discursiva. Dispomos de pouquíssimas informações acêrca da psicologia do grupo criador, acerca daquilo que se chama *"gênio coletivo".* A psicologia funcional desenvolveu-se até o presente pelo lado do trabalhador individual e das aptidões elementares, mas deixou completamente à parte a psicologia da invenção e da pesquisa, que se baseiam em fatores sutis e, afinal de contas, pouco mensuráveis. Um estudo sumário de alguns microgrupos criadores na ciência aplicada permite distinguir um certo número de fatores requeridos pelo grupo para a criação ou invenção entre os quais reteremos:

1) o *dinamismo criador* comporta, além da iniciativa e da atividade física propriamente dita, a posse de um entusiasmo suficiente para fornecer um esforço pessoal (inflamar-se por uma idéia) e a coragem de fazer valer suas idéias. É o *motor* da invenção;

2) a *originalidade,* capacidade específica de liberar a imaginação criadora dos hábitos mentais e das idéias recebidas e de saber ficar descontente daquilo que existe: é ela que *coloca o problema;*

3) a *cultura geral*: no caso do microgrupo, é o conjunto comunicável da cultura dos indivíduos que o formam. É de notar que aquilo que não é comunicável verbalmente ou por escrito na cultura de cada indivíduo, não é utilizável pelo grupo e não pertence à cultura do grupo;

4) a *disponibilidade de espírito,* aptidão para encontrar um problema por um ato gratuito. É esta faculdade que recorre aos métodos heurísticos;

5) a *aptidão para a análise* e pesquisa dos fatores simples;

6) a *aptidão para a síntese.* Estas duas últimas faculdades são amiúde distribuídas de modo muito desigual em um mesmo indivíduo, e a reunião destas duas faculdades pela colaboração de indivíduos é uma das virtudes do gênio coletivo que o diferencia esencialmente do indivíduo;

7) a *sociabilidade*: um grupo difere por definição de uma coleção de indivíduos pelo fato de requerer relações interpessoais. Ora, se os indivíduos são mui diversamente providos, neste sentido, só podem entrar em um grupo aqueles que possuem uma sociabilidade marcada. Esta se traduz pela diplomacia, uma certa ausência de ambição pessoal ao mesmo tempo que um certo orgulho de grupo;

8) a *tenacidade,* que comporta ao lado de uma enorme elasticidade de espírito, uma continuidade no esforço, na perseverança, na aptidão para classificar, e prever quais são os fatores secundários, bem como um certo senso de humor, precioso ante os fracassos parciais;

9) enfim, convém mencionar a *capacidade lógica* e dedutiva que é a linguagem universal dos membros do grupo, portanto, que cada um deve ao menos compreender.

Podemos naturalmente dizer algo mais acerca do número exato das faculdades que intervêm no grupo (cf. Paluev), mas é evidente que a sua propria multiplicidade rarefaz enormemente os indivíduos suscetíveis de apresentá-los simultaneamente em grau suficiente. Se, por exemplo, supusermos ser necessário que a originalidade do indivíduo seja superior à de $N_1 = 100$ pessoas, tomadas ao acaso (último percentil máximo), que sua tenacidade seja superior à de $N_2 = 5$ pessoas tomadas ao acaso etc... isto significa dizer que a probabilidade de encontrar um indivíduo que satisfaça estas condições simultâneas é $1/N_1 N_2 \ldots N_u = N$, probabilidade rapidamente decrescente; é esta pobreza estatística que obvia o *gênio coletivo* que une em um grupo faculdades díspares que se completam umas às outras. Parece então relativamente fácil reunir um grupo de indivíduos que apresentem um conjunto determinado de faculdades — sob a condição, é claro, de saber discerni-las — e tanto mais fácil quanto mais numeroso for o grupo. Mas seria necessário não concluir daí que seja desejável o aumento ilimitado das dimensões do grupo. Com efeito, a capacidade construtiva resultante da comunhão dos recursos intelectuais não existe evidentemente, a não ser na medida em que estas são efetivamente postas em comum, isto é, onde há relações interpessoais estreitas, permanentes e sistemáticas, entre todos os indivíduos do microgrupo. É a definição mais estrita do microgrupo de Moreno que aqui intervém. Ora, sabemos, desde que existem sociedades humanas, que um grupo não hierarquizado não pode ultrapassar em uma colaboração eficaz de um número de participantes da ordem de 5 a 10, embora possa comportar um número importante de satélites (conselhos) em relação ocasional.

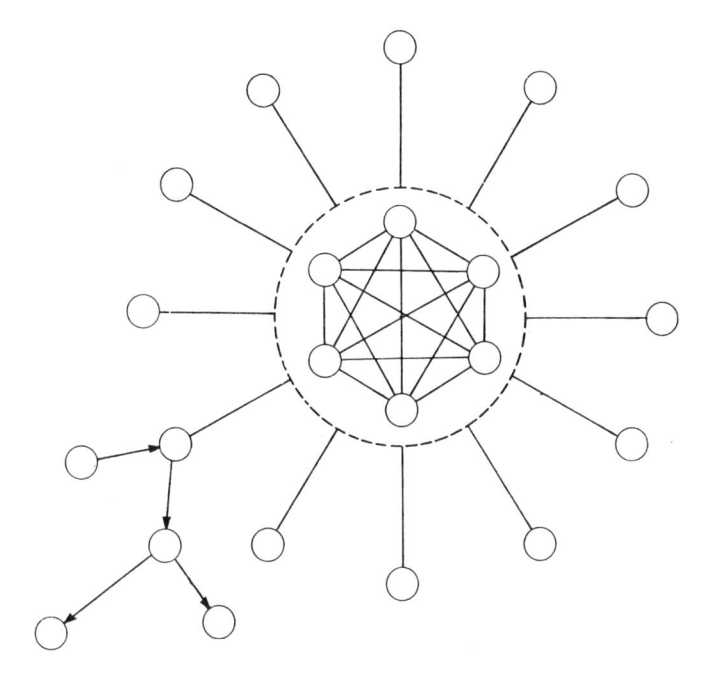

Fig. VIII — 5: Estrutura do "microgrupo" e da "equipe" no gênio coletivo.

Assim, o diagrama sociométrico típico (Moreno) da *equipe científica,* do gênio coletivo, será o da Figura VIII-5; a introdução de uma hierarquia complica e aumenta as dimensões do grupo, mas ela vai além da definição do microgrupo criador que utiliza o "gênio coletivo" e a deixaremos de lado.

§ 9. — O ESTILO CIENTÍFICO

O exame de tendência analítica aqui desenvolvido, sucessivamente dos processos heurísticos, dos modos de ligação conceituais e dos modos de utilização condutores do pensamento do pesquisador, na *démarche* discursiva, mostrou-nos que a multiplicidade *a priori* dos procedimentos possíveis encontrava-se, de fato, restrita pelo apelo que faziam a tal ou qual conjunto de faculdades intelectuais, mais ou menos presentes neste ou naquele pesquisador. Significa dizer que X, Y ou Z adotarão, cada qual, uma atitude particular ligada às suas próprias aptidões e à forma de seu espírito, no processo heurístico, na escolha do sujeito como na forma de tratá-lo, apresentá-lo e integrá-lo na ciência acabada. Poincaré já distinguia os intuitivos e os lógicos; de modo mais geral, o estudo anterior nos sugeriu que havia uma reação direta entre temperamento fisiológico ou caráter psicológico do pesquisador, que são, *grosso modo,* invariantes, e não apenas os métodos, mas os próprios temas da pesquisa.

Já notamos, com efeito, a distinção de fato que é preciso estabelecer entre o "tema" aparente de um trabalho científico e o assunto "intelectual" que é o que interessa aos mecanismos da criação:

Seja uma "questão" tal como a descarga luminosa nos tubos fluorescentes. Sob esta unidade de classificação "tubos de descarga fluorescentes" que constituirá um capítulo de um tratado de física aplicada e interessará aos mesmos utilizadores, encontram-se reunidas unidades intelectuais extraordinàriamente diferentes, por exemplo:

1) "Sobre os deslocamentos do plasma iônico nos longos tubos de descarga fluorescentes" (Física e teoria cinética dos gases),

2) "A toxidez dos compostos do berilo na fabricação dos tubos de descarga fluorescentes" (toxicologia, fisiologia),

3) Cálculo da disposição ótima dos tubos de descarga fluorescentes lineares para a iluminação uniforme de um recinto de forma dada" (Geometria e análise matemática, problemas de Poisson),

4) "A fotometria heterocrômica dos tubos de descarga fluorescentes" (metrologia ótica),

5) "Os harmônicos da freqüência de uma rede causados pela instalação de tubos de descarga fluorescentes e sua eliminação pelas capacidades" (eletrotécnica teórica e aplicada),

6) "A obtenção direta por precipitação dos depósitos de sais de determinada composição na fabricação de tubos de descarga fluorescentes" (química mineral industrial),

e seria fácil alongar indefinidamente esta amostragem.

Se as categorias fenomenais não recobrem de modo nenhum as categorias intelectuais, a adoção do "tema" de pesquisa: os tubos de descarga, *não fixa absolutamente o problema a formular.* O espírito do pesquisador está fixado em um ponto, mas pode ainda se deslocar com uma infinidade de graus de liberdade intelectual. O arbitrário, não apenas no procedimento — pois há um modo empírico de abordar um problema matemático — mas no método heurístico, permanece quase intacto. Somente em um estágio ulterior se cristalizará, em geral sob a influência do próprio pesquisador, o estilo e o verdadeiro tema do trabalho.

Chegamos pois à importante noção de *estilo científico.*

Como caracterizar tais estilos? É ao mesmo tempo a natureza do tema encarado, os métodos heurísticos empregados para encetá-los, o modo de percurso da rede discursiva, o aspecto mais ou menos lógico das ligações entre os conceitos, assim como a própria natureza destes conceitos, que o termo estilo expressa. Por isso não se pode cogitar de pretender uma enumeração, forçosamente lacunar.

Conhecemos entretanto exemplos suficientemente típicos de estilo na pesquisa: assim, é fácil definir em uma *démarche* científica caracteres relativamente independentes tais como:

logicizante	ou intuitivo
amplo	ou estreito
preciso	ou aproximativo
numérico	ou conceitual
teórico	ou experimental
. . . . . .	. . . .

mas, o que é interessante, é que tais traços se encontram com uma certa constância em todos, ou em grande número, dos trabalhos de um pesquisador; levam, pois, a passar do estilo científico de uma pesquisa ao estilo de um pesquisador. O estilo é o homem, em larga medida, o estilo é também o pesquisador. O estilo aparece, exatamente como na literatura ou na pintura, como um invariante fundamental, transcendendo às categorias lógicas ou fenomenais, ligado ao *caráter* do pesquisador e cujos principais aspectos devem estar vinculados aos fatores caracteriais. Somos portanto conduzidos a uma caracterologia do trabalhador científico, considerado como fator determinante da ciência, cuja objetividade e imparcialidade são, no *status nascendi* da descoberta, apenas aspectos bastante superficiais.

§ 10. — ESTRUTURA MENTAL DO PESQUISADOR: CARACTEROLOGIA E PESQUISA CIENTÍFICA

Todas as etapas deste estudo já nos revelaram a influência determinante da estrutura mental e caracterial do pesquisador sobre a pesquisa. Os métodos heurísticos e os metalógicos são a expressão de éticas diferentes do pensamento que podem se relacionar às grandes atitudes filosóficas descritas por Bachelard na sua obra: *O novo espírito científico* e que classificamos assim: (*Ver quadro à página seguinte*).

Na medida em que a filosofia do pesquisador é uma ética de seu pensamento, concebe-se pois que a adoção intuitiva deste ou daquele método participe diretamente do caráter deste, expressão objetiva de sua personalidade, da qual sua "filosofia" é a expressão mais sutil. Conhecer o caráter de um indivíduo significa ser capaz de descrever, ao menos em suas grandes linhas, sua concepção filosófica pessoal; recipro-

Éticas do pensamento	Métodos heurísticos	Modos de pensamento infralógicos
A filosofia tradicional do Como Se (conceito de lei)	de recodificação de matematização do real de aplicação de uma teoria de transferência de renovação	analógicos
Filosofia do Não (*Gegentendenz*)	de contradição de crítica de revisão das hipóteses	antilógica ou lógica de oposição
Filosofia do Por que (conceito de causa)	dos pormenores de síntese de emergência de redução fenomenológica	lógica mitopoéica lógica de prolongamento
Filosofia do Por Que Não?	de mistura de duas teorias dogmáticas da matriz de descoberta da desordem experimental estéticas	lógica da continuidade lógica da justaposição lógica verbal
Filosofia do convencionalismo	de emergência de classificação	lógicas formais (binária, probabilística, polivalentes, contínuas)

camente, os métodos mentais que ele emprega são, por intermédio de sua filosofia, as expressões de seu caráter, o que nos fornece um meio de acesso a uma caracterologia especial do pesquisador.

§ 11. — PAPEL DA INTELIGÊNCIA NA PESQUISA

Sabemos (Berger) que a inteligência desempenha em relação ao caráter o papel de um revelador; dá-lhe profundeza, consistência e interesse. A inteligência geral do pesquisador que, teoricamente, faz profissão de fazer uso dela, acabará por acusar o brilho de seu caráter: o que se chama a "personalidade", que não deixa de ter relação com o relevo do caráter, é função direta da inteligência.

É difícil fazer sistematicamente um estudo caracterológico da profissão científica: a população a estudar é ao mesmo tempo rara e exercitada profissionalmente a dissimular seu pensamento profundo perante si mesmo e perante os outros, particularmente no domínio da criação intelectual. Com respeito aos trabalhos antigos e bem firmados o pesquisador apresenta sempre a tendência de exagerar inconscientemente o aspecto racional e deformar muito rapidamente pòr si mesmo os aspectos incidentais, pessoais, o processo heurístico propriamente dito, mudando arbitrariamente em sua lembrança a importância dos fatores. Para as pesquisas em curso, como o sublinhou Souriau, é o contrário: o pesquisador exagera seu aspecto lúdico, talvez para se premunir oralmente contra o malôgro sempre verossímil: "Não é sério, é jogo".

Por isso os processos clássicos de inquérito caracterológico (Bernreuter, Berger, Woodworth, etc.) parecem dificilmente aplicáveis a não ser como diretivos. Em compensação, a coesão estreita dos meios científicos que permitem um conhecimento aprofundado de uma variedade de temas facilita o inquérito mudo submetido à verificação das conversas de laboratório, cujo papel na pesquisa já assinalamos (cf. Oppenheimer, Hoyle, Kowarski), que fornecem um controle substancial dos retratos caracterológicos estabelecidos.

A tabela abaixo expõe segundo Coggeshall alguns traços, sobretudo intelectuais, extraídos de um grande número de cientistas profissionais, membros de uma sociedade americana de cientistas (*Institute of Radio Engineers*). Orientado sobretudo para as variações de aptidões intelectuais em função da idade, mostra com o decréscimo regular da inteligência

Idades das diversas capacidades expressas em % de seu máximo

	15	20	25	30	35	40	45	50	55	60	65	70	7
Associados do I.R.E.	1	13	100	95	78	67	31	16	8	2	1	0	
Membros	0	0	61	100	80	88	71	8	10	5	0	5	
Membros senior	0	0	0	30	100	83	100	52	22	4	11	0	
Membros vitalícios	0	12	93	100	90	83	52	22	11	3	1	1	
Capacidade de aprendizagem	92	100	98	95	90	83	75	64					
Velocidade de compreensão		100	90	93	88	86	82	74	66	60	54	49	4
Inteligência geral	98	100	98	95	92	88	85	82	79				
Teto de velocidade em carro		98	100	96	96	93	91	89	89	89	86		
Acidentes de carro, por acidente		10	65	80	85	90	100	100	95	80	60		
Metabolismo basal	100	98	98	95	93	88	83	76	67	55			
Pais com filhos	17	58	100	83	67	33	17	8	4				
Idade da primeira invenção	100	100	90	45	26	10	4	1	1	1			
Primeira patente		69	100	69	43	22	7	5	2	1			
Chefe de serviço de laboratório			57	90	93	100	79	50	20				
Trabalhos poéticos notáveis	9	74	100	93	46	30	30	35	30	26	40	40	3
Química, trabalhos notáveis	7	31	83	100	93	22	48	38	29	27	10	12	
Matemática, trabalhos notáveis	15	44	85	96	100	56	48	67	48	46	35	31	1
Invenções importantes a)		54	100	88	85	66	49	37	4	3	1		
Invenções importantes b)		22	56	100	68	84	42	14	13				

geral a partir de 20-25 anos, muito conhecido dos psicotécnicos, o crescimento progressivo do interesse para disciplinas conexas (química, matemática) e o progresso das realizações em detrimento, ao que parece, das aptidões puramente intelectuais.

O nível intelectual propriamente dito não está indicado no quadro, expresso em valores relativos.

D. Wolfle, em um estudo acerca dos psicólogos e alguns outros grupos profissionais, forneceu alguns resultados relativos aos quocientes intelectuais dos psicólogos, que parece mostrar que os pesquisadores e psicólogos importantes são em conjunto mais "inteligentes" (no sentido do conceito de QI, ao menos) que a média dos pesquisadores nos outros campos científicos, fato que o quadro abaixo põe em evidência, ao comparar A e A', B e B', C e C':

Resultados de Testes de Inteligência

(escala geral do exército americano)

		Percentis				
		10	25	50	75	90
A	Estudantes que recebem o equivalente do diploma de psicologia	108	114	123	130	137
A'	Estudantes que recebem diplomas equivalentes em outras ciências	107	114	121	128	135
B	Estudantes licenciados em psicologia	118	125	132	138	133
B'	Estudantes licenciados em geral	109	116	124	132	139
C	Doutorado em psicologia	120	128	137	150	158
C	Doutorados em ciências (geral)	117	125	133	143	153

Tivemos ocasião de aplicar bom número de testes de Quociente Intelectual em adultos cultos, bem como receber a comunicação a respeito de outros aplicados por pesquisadores que nos forneceram alguns dados precisos.

Extraímos, além disso, do trabalho completíssimo efetuado sob a direção de Ferman acerca do estudo genético dos gênios, por C. M. Cox, a distribuição dos quocientes intelectuais entre 301 "Gênios" da história, segundo sua atividade, deixando de lado os homens de ação, políticos, etc...

QI	100	105	110	115	120	125	130	135	140	145	150	155	160	165	170	180
Cientistas	0	2	1	1	4	2	2	7	10	5	6	2	0	0	1	
Filósofos	0	0	0	1	0	3	3	8	3	4	5	1	1	2	5	
Literatos	0	2	0	3	4	7	9	9	7	7	9	3	6	3	0	
Artistas	0	1	4	0	1	2	0	1	1	1	0	0	1	0	0	
Músicos	0	0	2	0	2	1	0	3	1	1	2	0	0	0	0	

Convém notar que o coeficiente intelectual aqui utilizado como um referencial do brilho intelectual foi avaliado em função de um estudo escrupuloso da vida destes "gênios" e de suas realizações, especialmente na juventude. De todo modo não se encontra ao abrigo de toda a crítica.

Na Cidade científica, como notaram Bernal, Kowarski e outros, não é absolutamente necessário, ao contrário de uma idéia muito difundida, ser gênio para ter acesso a ela, e efetivamente a maioria dos cientistas possuem um Q. I. que nada tem de notável entre o conjunto dos intelectuais.

Somos praticamente levados a discernir três classes de inteligência na cidade científica:

Q. I.	Número	Repartição
> 140	Pesquisadores (5%) de envergadura (líderes)	Professores universitários, diretores de pesquisa em atividade científica, grandes engenheiros. Membros jovens das grandes sociedades científicas, líderes de laboratório, livre-docentes, grandes inventores, engenheiros-conselheiros.
120 > QI > 145	Pesquisadores (25%) "de profissão"	Engenheiros projetistas, pesquisadores experimentados, inventores regulares, chefes de departamentos de estudos, assistentes de universidade etc... Diretores administrativos de laboratórios.
110 > QI > 135	Trabalhadores (70%) cientistas	Preparadores, auxiliares técnicos, calculistas, pessoal administrativo etc...

Se, de qualquer modo, o nível intelectual médio permanece aí mais elevado na maioria dos ramos de atividade coletiva, exceto talvez no cinema e no rádio, parece realmente que não é especificamente o Quociente Intelectual que caracteriza de modo absoluto a atividade de pesquisa científica: o interessante é a existência do corpo intermediário de 25%, pois a cidade científica nos propõe uma verdadeira sociologia da inteligência que não teria objeto há cincoenta anos. Esta sociologia evidencia — e os poucos autores que abordaram esta nova organização da Pesquisa concebida como uma profissão definida viram-no perfeitamente (Kowarski, Bernal) — o aparecimento de uma *classe média* de cientistas — mais exatamente de pesquisadores (o termo inglês *scientist* traduz muito mais adequadamente a função do pesquisador moderno que o termo francês *savant* carregado de valor apreciativo, ausente no termo inglês), que é o intermediário entre a classe dirigente das personalidades marcantes, providas de uma cultura geral e matemática muito desenvolvida, e a classe dos trabalhadores científicos executantes, dos quais os melhores evoluirão para a classe dos pesquisadores. Se, na época de Faraday, só excepcionalmente se passava do estágio de agente de laboratório ao de líder, a classe média atual recruta uma parte cada vez mais notável de seus membros dentre os trabalhadores de laboratório, em função de sua inteligência.

Em resumo, parece que se as faculdades que se convencionou agrupar sob o nome de inteligência geral e que são medidas pelos testes de QI (Terman, Pieron, Stanford, etc...) desempenham um papel determinante na função científica criadora, *elas não são as únicas* e outras faculdades mais propriamente ligadas ao "caráter" podem intervir nela de modo preponderante.

§ 12. — OS TRAÇOS CARACTERIAIS

Há de fato um espírito científico? A variedade dos tipos que povoam os laboratórios e os Institutos de Pesquisa permite duvidar disto: o funcionário timorato e respeitoso dos bons autores, o diletante ávido de absoluto, o profissional fleumático que busca a verdade das 9 às 12 horas e das 14 às 18 horas e não se preocupa com mais nada o resto do tempo, o anarquista convicto perpetuamente em oposição aos regulamentos do laboratório assim como do pensamento racional, o nervoso com crises de gênio, quase todos os tipos de caracteres parecem encontrar-se na cidade científica. Entretanto, desde que se procura penetrar no pormenor da estrutura mental, nos damos conta de que o problema não é o de um estudo estatístico estritamente psicológico, dos diferentes traços do caráter, mas o da ligação entre esta estrutura mental, tal como a descreve por exemplo a caracterologia de Berger-Le Senne, e a própria produção científica de um indivíduo.

Fatos estatísticos bem conhecidos, como a fragilidade muito relativa da atividade e a abundância de tipos fleumáticos (nEAS) nas profissões de ciência desempenham, por exemplo, um papel bastante reduzido e um exame separado das modalidades do retrato mental que acarreta tal ou qual fator é mais lucrativo.

Tivemos ocasião de preencher um certo número (uma trintena) de questionários caracterológicos acerca dos membros de laboratórios de pesquisa e engenheiros de departamentos de estudo: eles nos conduziram às conclusões analíticas abaixo, mas convém notar que o princípio mesmo da caracterologia é de fato um instrumento de validade limitada e sobre o qual seria incerto basear estatísticas rigorosas. Em compensação, e foi nesta função que a adotamos, a caracterologia traz um excelente processo de *apresentação,* de despojamento e de análise dos tipos caracteriais.

A paixão intelectual: é o traço com o qual primeiro se sonha para o pesquisador, as modalidades — "Tendes a necessidade de analisar (. . .) as obras (. . .) que admirais". Q 99 — "Em presença de um aparelho, estais interessados em (. . .) suas aplicações (. . .) ou nos princípios técnicos" — são aquelas mesmas do pesquisador. Mas precisamente, por este próprio fato, desprovido de interesse entre os criadores e os pesquisadores, verifica-se que esse traço tem sempre um valor elevadíssimo entre eles, sem variar, quase, não sendo um *fator sensível.* Ora, o que nos interessa para definir as modalidades de espírito do pesquisador e suas reações acerca do estilo da criação, são justamente os fatores sensíveis, aqueles que variam notavelmente de um tema a outro. Deste ângulo, a Paixão Intelectual, fator comum a todos os pesquisadores, serve apenas para definir a pertinência a esta categoria social, coisa que aqui não nos concerne, mas que seria de interesse em orientação profissional, para definir os pesquisadores mal orientados — nas profissões puramente realizadoras, por exemplo —; é, com efeito, a paixão intelectual que diferencia o criador científico, o pesquisador, do artífice ou *bricoleur* [1] (Berger) . . . "aquele cuja paixão intelectual é muito forte persiste raramente nas atividades rurais ou artesanais. Desde que tenha compreendido o processo ou dominado a técnica, busca outra coisa". A. Huxley testemunha a favor disto: "Para mim, o ideal artesanal não passa simplesmente de um pesadelo". Deixaremos, pois, de lado, esse fator, uma vez que não apresenta interesse para o nosso objetivo presente.

(1) *Bricoleur:* indivíduo que por distração ou profissionalmente faz toda sorte de trabalhos manuais e reparos.

Do mesmo modo a *ternura* permanecerá aqui um fator irrelevante; como não atua quase sôbre as coisas e os fenômenos, nós o abandonaremos.

Eliminando pois a paixão intelectual e a ternura, examinaremos fatores mais diretamente implicados no retrato mental do pesquisador.

A *emotividade*, primeiro fator da caracterologia tradicional, desempenha apenas um papel reduzido para o pesquisador. A fim de exercer uma função útil, deve permanecer inferior, isto é, dominada pelos outros fatores: atividade, secundariedade[2], etc... Do contrário interfere de maneira molesta na placidez de princípio, que é a atitude teórica do cientista ante o universo. Está na fonte do entusiasmo, que, se não absolutamente necessário, e mesmo algo nocivo à honestidade do trabalhador científico, está sempre presente em certo grau no líder que tende para o tipo apaixonado ou sangüíneo, e lhe é necessário para superar os empanados obstáculos que lhe atrapalham o caminho.

Combinada a um certo *interesse sensorial,* se traduz por um forte sentimento estético que inclinará o pesquisador ao uso de metódos heurísticos tais como o método estético, os processos mais ou menos místicos, que qualificamos de "pitagorismo" (magia da harmonia pré estabelecida, etc...) e para associações de idéias, amiúde irracionais, porém fecundas, as que se alçam da infralógica mitopoéica por exemplo, etc... Um interesse sensorial fraco inclina fatos para idéias e separa o teórico do experimentador, quando está combinado em uma atividade sobretudo intelectual.

A *atividade* desempenha um papel específico no pesquisador ao qual se aplica, mais particularmente que à maioria dos outros homens, a máxima de Sartre: "O homem é a soma de seus atos". A atividade continua sendo um traço essencial do pesquisador em seu período produtivo. A capacidade de efetuar um esforço, ao menos momentâneo, é universal nos criadores científicos; criam por sua atividade. Entre os nervosos, os ciclotímicos, ela se manifesta por crises — a "crise de trabalho" que dura alguns dias, algumas semanas ou alguns meses. Entre os fleumáticos, que constituem uma percentagem ponderável (30%?) da população dos laboratórios, a atividade é um fator permanente: sua "produção" é regular, trabalham em horas fixas sem ter de resolver o difícil problema de pôr em marcha, conhecido por todos que apresentam uma certa emotividade e que corresponde

---

(2) Designa a influência dos acontecimentos psicológicos passados que continuam a repercutir no psiquismo de certos indivíduos, segundo o sistema caracterológico de Heymans e Wiersma.

àquilo que muitos escritores chamaram de "vertigem da página branca". Entre os "líderes" que tendem amiúde para o tipo apaixonado EAS ou sangüíneo nEAP, a atividade é algumas vezes superabundante.

Os ativos secundários de atividade média serão em geral teóricos, apreciarão mais, dentre os métodos que descrevemos, os que pertencem de preferência às combinações mentais e tenderão a usar as lógicas mais evoluídas. Emprego de grandes teoremas, aplicação das teorias, método dogmático, método dos limites (Cap. 4, § 7), recodificação matemática (Cap. 5, § 5) (Cap. 6, § 1), etc... lhe serão familiares.

Alguns dentre eles, o que mostra nitidamente a orientação de sua atividade, rejeitarão o menor esforço material; descer ao laboratório para fazer uma experiência os esgota e construirão não importa que doutrina para evitar de fazer uma experiência, ainda que tenham os preparadores para efetuá-la. Esta preguiça física, que pode perfeitamente seguir *pari passu* uma atividade extravasadora, os atrai espontaneamente para domínios onde não correm o risco de receber da experiência desmentidos demasiado flagrantes: a mecânica, a física teórica, serão seus campos de ação preferidos.

Os *ativos* primários, com interesses sensoriais assinalados, são em compensação tipicamente experimentadores; devoram o trabalho e absorvem as experiências uma após outra (*I shall muddle through* ...). Apreciam pois os métodos de caráter operatório propriamente dito (desordem experimental (Cap. 5, § 3), matriz de descoberta (Cap. 6, § 4), redução fenomenológica (transferência ou analogia) (Cap. 4, § 10, etc...). Conforme a dose de secundariedade residual que manifestam, nós os subdividiremos em duas categorias:

Os *tenazes* (primariedade relativamente fraca) que, em geral, conseguem fazer emergir do magma das dificuldades experimentais, técnicas, etc... um resultado definido, os métodos de renovação, de transferência ou de analogia nos quais a passagem de um campo experimental a outro suscita numerosas dificuldades, dando-lhes oportunidade de exercer sua tenacidade (*to stick to the job*). A tenacidade separa-se, portanto, quer da atividade, quer da secundariedade. Ela assume no cientista o aspecto de um fator autônomo.

Os *diletantes* (primários puros, ávidos) que empreendem algumas experiências fáceis e as abandonam ante a primeira dificuldade mais séria. Praticarão de bom grado os métodos heurísticos dos resíduos (Cap. 6, § 2), da desordem experimental (Cap. 5, § 3), da crítica (Cap. 4, § 12), da mis-

tura de duas teorias (Cap. 6, § 5), de classificação ou de
emergência (Cap. 6, § 2 e 3). Contrariamente ao que se
poderia crer, este, se porventura não forem handicapiados
por defeitos caracteriais demasiado profundos — incapacidade de construir um projeto, por exemplo — podem desempenhar na pesquisa, sobretudo no início, um papel muito importante. Du Bois Reymond e Leonardo da Vinci são exemplos célebres do caso. Beneficiam-se da observação de que
a aquisição dos conhecimentos em um domínio cresce, não
como o tempo que lhe consagramos, mas como o logaritmo
deste. Isto significa dizer que, ao cabo de um certo prazo,
é preciso cada vez mais tempo para adquirir um conhecimento substancialmente maior. Se pudermos admitir que a
capacidade criadora seja, ao menos no começo, função da
visão que temos do domínio fenomenal, os diletantes estanca-
rão na primeira parte, a mais rapidamente ascendente da curva
de conhecimento de um domínio que os autoriza, agora e já,
a fornecer uma contribuição original e fecunda — sobretudo
nas ciências em rápido desenvolvimento. Eliminar-se-ão espontaneamente das ciências solidamente estabelecidas, o que
é muito visível na evolução atual da Cidade científica.

O *campo de consciência* é um fator sensível na determinação do estilo da criação intelectual. Os campos de consciência *amplos* — mais raros na criação científica que na
criação artística ou literária — tendem amiúde para uma
cultura geral extensa. Partindo de um problema particular
colocado por uma circunstância qualquer, possuem a capacidade de se interessar por não importa qual desses problemas, como o reflexo de um problema mais largo *e servem-se
dele como trampolim para atingir o geral.* Ora, o aspecto
mais geral dos fatos é sempre teórico, está resumido na álgebra das idéias: os trabalhos destes tipos caracteriais serão,
portanto, essencialmente, construções de idéias; serão racionalizantes, logicizantes, sintetizantes. Muitos pesquisadores
com amplo campo de consciência, e forte secundariedade, es-
pecializar-se-ão nas grandes teorias; é mais particularmente
para eles que a filosofia das ciências terá um valor construtivo. Adaptam-se à complexidade por uma passagem alternativa do elemento ao todo. A verdade apresenta para êles
múltiplos aspectos, ela é flexível e cambiante, é evolutiva.

Os campos de consciência *restritos,* ao contrário, vão de
problema em problema, em uma cadeia onde cada elo tem
exatamente as mesmas dimensões; para eles nada é pormenor. São os metódicos, os meticulosos. São essencialmente
analistas, e partem o problema em elementos constitutivos

muito pequenos para que tenham o todo completo no seu campo de visão: "dividir as dificuldades, dizia Descartes, em tantas partes quanto será requerido para melhor resolvê-las". Adaptar-se-ão à complicação melhor do que à complexidade, pois não se apaixonam o suficiente pelo conjunto para fazer a síntese de elementos que concebem individuais; em compensação, são competentes em desenredar pacientemente a meada emaranhada de um sistema complicado. Acomodam-se mal a distorções da verdade que é *UNA*. Como o pormenor exerce um papel notável para eles, sobretudo se forem tenazes, são de bom grado meticulosos e adoram os valores numéricos e a pesquisa de decimais: pouco capazes de entusiasmo, adotarão com prazer os processos de revisão das hipóteses (Cap. 4, § 6), ou de pesquisa metódica dos resíduos no sentido em que a descrevemos no Capítulo 5, § 2, ou a crítica sistemática de seus adversários: os secundários, com amplo campo de consciência, edificadores de grandes teorias mal estabelecidas. Se é muito raro que os primeiros cheguem a arruinar o edifício, não é infreqüente que sobre os seus trabalhos, negativos ou positivos, é que se construam as grandes teorias.

A *polaridade* (vencer ou convencer) desempenha um papel essencial mais na enformação do raciocínio que na sua construção; estabelece a diferença entre um Kronecker e um Laplace. É de tradição na cidade científica a tentativa de convencer seus cidadãos mais sobre a base do código lógico do que lhes impor uma verdade, e a maioria das publicações científicas são feitas com este espírito; mas não é lei imperativa para a descoberta e grande número de caracteres pertencentes tipicamente à polaridade "vencer" manifestam uma *Gegentendenz*, uma tendência à oposição — que diferencia os "anarquistas", aqueles que trabalham na contradição de doutrinas estabelecidas (métodos de crítica (Cap. 4, § 12), de contradição (Cap. 4, § 11), dogmático (Cap. 4, § 1), etc...) ou empregam a "antilógica" anteriormente definida na vinculação das idéias entre si (Cap. 7, § 5): o papel dos oponentes é essencial em ciência. Os "discípulos" ao contrário (polaridade "convencer") se submetem exteriormente à autoridade estabelecida, adotam seus métodos e doutrinas como base de partida, e não é senão depois que sua personalidade se faz sentir em uma distorção progressiva da doutrina estabelecida, na medida em que a prolongam até chegar algumas vezes a uma transformação tão total dos pontos de vista iniciais, que ela fornece uma doutrina perfeitamente oposta. Cabe assinalar aqui que o pensamento científico é *lento,* como aliás pouco mais ou menos todo o pensamento propriamente criador: são necessários *anos* para ter uma idéia, isto é, ser capaz de formulá-la e integrá-la no sistema mental, reorganizando-o. É o estágio da incubação, notado por Helmholtz.

A *avidez* comporta dois aspectos: o primeiro *material e social* que determina a vida do pesquisador, sua carreira, etc... e que pouco nos interessa aqui, salvo naquilo que constitui uma das molas da ambição, isto é, um motor da atividade.

O outro é a *avidez intelectual,* fator mais sensível que a paixão intelectual e um dos traços essenciais do cientista. Sempre elevada no pesquisador propriamente dito, assume dois aspectos segundo a amplitude do campo de consciência.

Nos campos de consciência ampla, esta avidez, que pode tornar-se voracidade, se traduz por uma extensa cultura geral e pelo percurso de grande parte do edifício da ciência acabada; ela levará às perspectivas gerais, à curiosidade difusa, pois o apetite de conhecimento é insaciável, propriamente falando. Conduzirá também aos mecanismos e aos teoremas gerais. Nos campos de consciência estreitos, a avidez torna-se curiosidade intelectual, pesquisa das causas imediatas do espírito que coloca perpetuamente porquês? É ela que fornece ao cientista o frescor de espírito que lhe é necessário e o aproxima do deslumbramento e do apetite da criança diante do mundo. Ela justifica a observação de que não há diferença de natureza, na origem, entre a atitude da criança que desmonta um despertador para ver o que há dentro e a do físico que desmonta os átomos para "brincar com".

Finalmente, introduziremos, ao lado dos fatores clássicos da caracterologia de Berger Le Senne (Emotividade, Atividade, Secundariedade, Avidez, Polaridade, Amplitude de Campo de Consciência, Interesses sensoriais...) um outro fator que deveria, num estágio mais avançado do estudo caracterológico, ser reduzido aos precedentes, mas que se torna mais simples conservar aqui, como entidade distinta:

A *atitude frente ao valor verdade* expressa, finalmente, o impacto sobre a atitude do pesquisador e o estilo de sua pesquisa, daquilo que se convencionou chamar, em termos vagos, "sua filosofia", sua "metafísica", sua "concepção do mundo".

Na realidade, a doutrina filosófica sustentada pelo criador científico, quando ele possui explicitamente uma, é, ela também, como seu trabalho de descoberta e o estilo de sua evolução nos campos dos conhecimentos, uma conseqüência de sua estrutura mental. Criação científica e criação filosófica são dois resultados de uma mesma causa e sabemos que o resultado do conhecimento caracterológico de um dado indivíduo consiste precisamente em ser capaz de prever sua "metafísica", seu ponto de vista em face do mundo.

Duas atitudes mais ou menos conscientes são facilmente discerníveis:

— "A Verdade é una e universal, ela é dada". Trata-se da atitude clássica, é também a do materialismo, dos espíritos que respeitam a verdade como um valor que transcende uma experiência pessoal. Esta crença na transcendência da verdade e de um mundo real do qual ela é expressão acarreta um estilo científico abstrato e especulações teóricas;

— "a verdade é uma das regras essenciais do jogo científico", é um valor dentre outros; é a coincidência de nossas percepções e de nossas concepções. Levar uma e outra a coincidirem é tarefa de uma doutrina.

Concebe-se facilmente o quanto estas duas atitudes, que refletem pontos de vista filosóficos diferentes, podem reagir sobre a escolha do tema, dos métodos heurísticos, das infralógicas que terão a preferência do pesquisador, de tudo aquilo que, em suma, determina o estilo da pesquisa. Daremos disso apenas um exemplo bastante típico, o das concepções diferentes que regem a "bibliografia": tradição fortemente estabelecida de toda publicação científica em forma.

O comprimento de uma lista bibliográfica caracteriza muito mais o caráter do pesquisador do que o assunto que ele trata; revela quer um espírito inteiro selecionando arbitrariamente na maré da literatura científica segundo critérios — interesse, valor documentário, língua da dissertação, que são a própria expressão de sua personalidade — quer um espírito que respeite anterioridades históricas, até as mais vagas, ou preocupado com a erudição, ou tendente para a totalidade (bibliografias de seiscentas referências), etc...

Mais típico ainda é o modo como é feita a bibliografia que acompanha quase todo trabalho de certa importância. Os que concebem a pesquisa como a descoberta de um fragmento da verdade "una", alimentarão seus trabalhos com vastas bibliografias levantadas *antes* que tenham empreendido a pesquisa: "Uma vez que a verdade é só uma, outros já descobriram fragmentos dela: é bom que eu me informe deles previamente". No limite, tenderão à erudição, espécie de afogamento na bibliografia, onde o trabalho acaba sendo apenas um reordenamento de trabalhos anteriores.

Aqueles para os quais a verdade é apenas uma das regras do jogo científico pensarão muitas vezes que, de todo modo, como a bibliografia não recobre o tema de que se ocupam, é despida de todo interesse: suprimi-la-ão ou reduzi-la-ão a um pequeno número de trabalhos que encaram como de interesse para o seu próprio e estrito ponto de vista. Compõem esta bibliografia *após* ter executado o trabalho. As referências bibliográficas são para eles testemunhos em favor da *tese* que sustentam e devem prestar um serviço ao leitor, permitindo-lhe adquirir um complemento de informação útil, mas de modo algum necessário.

Resumiremos os diferentes traços que destacamos, sem pretender de forma alguma a exaustão, aplicando-os a alguns tipos de retratos caracteriais de trabalhadores científicos, deixando de lado a paixão intelectual (sempre mais elevada) e a ternura (irrelevante).

1) *Tentativa de retrato caracterial do teórico*

	Emotividade	Atividade	Secundariedade	Avidez intelectual, secundariedade	Interesses sensoriais	Polaridade vencer	Largura do campo de consciência	Tenacidade	Valor Verdade
Grande		■	■	■				■	
Média	■								■
Pequena									

<————>
Fatores comuns
a todos os pesquisadores de ciência

2) *Tentativa de retrato caracterial do experimentador*

	E	A	S	Av	IS	Polar.	Larg.	Tenac.	Verd.
Grande		■			■	■			■
Média	■		■	■		■			■
Pequena	■								

<————>

3) *Tentativa de retrato caracterial do sintetizador*

	E	A	S	Av	IS	Polar.	Larg.	Tenac.	Verd.
Grande		▓		▓			▓	▓	▓
Média	▓		▓						▓
Pequena	▓		▓						

<———>

4) *Tentativa de retrato caracterial do diletante*

	E	A	S	Av	IS	Polar.	Larg.	Tenac.	Verd.
Grande	▓	▓	▓	▓			▓		
Média	▓		▓						▓
Pequena	▓		▓					▓	▓

<———>

5) *Tentativa de retrato caracterial do amador de decimais*

	E	A	S	Av	IS	Polar.	Larg.	Tenac.	Verd.
Grande		▓	▓					▓	▓
Média									
Pequena	▓			▓		▓	▓		

<———>

6)   *Tentativa de retrato caracterial do anarquista científico*

	E	A	S	Av	IS	Polar.	Larg.	Tenac.	Verd.
Grande		▓	▓	▓	▓		▓	▓	
Média	▓		▓		▓		▓	▓	
Pequena			▓						▓

É escusado dizer que tais retratos são de uma nitidez que ultrapasa o real. A maioria dos pesquisadores representa tipos intermediários, variáveis, de um trabalho a outro, conforme revele mais ou menos o seu caráter. Aqui, como em toda a caracterologia, coloca-se o problema do caráter íntimo e do caráter aparente, particularmente para a emotividade, os interesses sensoriais, a polaridade, sobre os quais a vontade (atividade + secundariedade) exerce uma ação amiúde muito especial, transformando o caráter íntimo em um caráter aparente, operacionalmente válido. Por isso o caráter, embora tenha o mérito de pôr em evidência a noção fundamental de estilo científico, deixa uma grande margem de indeterminação à criação científica.

§ 13. — CONCLUSÃO

Neste capítulo tentamos destacar os processos de utilização das ferramentas intelectuais da criação que são os métodos heurísticos e as infralógicas ou modos de ligação dos conceitos entre si.

1)   O processo criador pode ser descrito como um procedimento do espírito que atualiza um trajeto numa rede emalhada;

2)   A organização do campo fenomenal por um método heurístico (Cap. 4, 5, 6) define, a partir da origem do percurso, uma perspectiva de partida;

3)   As ligações entre os conceitos se fazem segundo sistemas lógicos ou infralógicas. Os trajetos que respondem às conexões lógicas de conceitos são vias principais, que não são forçosamente as mais curtas;

4) O fato notável da *redescoberta* por uma multiplicidade de pesquisadores independentes de um mesmo resultado prático ou teórico, pode ser explicado pela multiplicidade dos percursos possíveis desta rede, desembocando no mesmo ponto resultado, a partir de pontos diversos de partida, por trajetos diferentes a partir de um mesmo ponto de partida;

5) Se tais trajetos forem múltiplos, não serão percorridos totalmente ao acaso, mas segundo uma orientação global, cuja existência é estabelecida pelos estudos realizados em psicologia animal acerca dos percursos dos labirintos; o pesquisador dispõe simultaneamente de regras de orientação na rede que são mais ou menos conscientes. Entre tais regras se encontram:

6) O princípio de simplicidade ou de redução das entidades inúteis (W. d'Ockham), que reduz a floração espontânea do pensamento que tende a complicar o sistema cognitivo, para simplificar suas combinações explicativas;

7) O princípio do menor esforço (Zipf) que determina a "excursão" média na rede cognitiva potencial por uma dialética entre a tendência à precisão e a tendência à simplicidade;

8) O princípio de coordenação das precisões: as diferentes etapas do pensamento devem corresponder a entidades concebidas com margens de incerteza dogmáticas ou operacionais vizinhas;

9) O princípio da distância mínima ao concreto que implica o contato freqüente do plano conceitual com o plano operacional e a capacidade de *projetar,* que liga o pesquisador tanto ao engenheiro quanto ao artista. Trata-se de um aspecto caracterial;

10) A realização de uma seqüência conceitual, que é a pesquisa, se efetua muitas vezes não pela operação de um só indivíduo, mas pelo *gênio coletivo* de um microgrupo de cinco a dez pessoas, que une capacidades variadas: atividade, originalidade, cultura, gratuidade, capacidades de síntese, ou de análise, sociabilidade, tenacidade, ... amiúde contraditórias, onde os fatores caracteriais desempenham um papel preponderante;

11) O objeto do trabalho e o modo pelo qual a rede é percorrida definem objetivamente *estilos científicos,* estatisticamente estáveis, que são a expressão da personalidade caracterial do pesquisador ou do microgrupo.

12) A inteligência não desempenha um papel exclusivo na criação científica. As categorias de inteligência defi-

nem, na cidade científica moderna, líderes, pesquisadores profissionais e simples trabalhadores científicos;

13) O caráter do pesquisador influi diretamente na escolha dos temas, dos métodos heurísticos, e dos modos de conexão das idéias; é ele que define o estilo científico;

14) A partir dos diferentes fatores de caracterologia, podemos definir *tipos* freqüentes entre os espíritos científicos, por exemplo, o teórico puro, o experimentador, o sintetizador, o diletante, o amante das decimais, o anarquista, etc... A maioria dos caracteres é uma combinação desses tipos extremos.

Uma psicologia profunda do ato criador deveria explicitar os graus de liberdade da *démarche* intelectual, reduzindo-a às tendências fundamentais do indivíduo particular, modeladas por seu caráter. Isto será objeto do capítulo seguinte.

9. As Fontes Profundas da Criação Científica

Geschrieben steht: "Im Anfang war das Wort*"*
Hier stock ich schon! Wer hilft mir weiter fort?
Ich kann das Wort so hoch unmoeglich schaetzen.
Ich muss as anders übersetzen.
Wenn ich von Geist recht erleuchtet bin
Geschrieben steht: "In Anfang war der Sinn
Bedenke wohl die erste Zeile,
Dass deine Feder sich nicht übereile!
Ist es der Sinn der alles wirkt und schafft?
Es sollte stehen: Im Anfang war die Kraft!
Doch auch indem ich dieses niederschreibe
Schon warnt mich was, dass ich dabei nicht bleibe.
Mir hilft der Geist! auf einmal seh'ich Rat
Und schreibe getrost: Im Anfang war die Tat.

GOETHE, Fausto.

§ 1. – ARBITRÁRIO E MARGEM DE INCERTEZA NA PSICOLOGIA DA CRIAÇÃO

No conjunto deste trabalho, esforçamo-nos por perseguir o mais de perto possível a realidade psicológica da criação científica por uma análise de seu mecanismo em partes separadamente inteligíveis.

Sublinhamos à primeira aproximação que se trata no caso de um mecanismo estatístico, isto é, que nenhuma das partes do raciocínio criador está rigidamente determinada, mas dá lugar a um arbitrário irredutível:

— arbitrário na escolha dos métodos heurísticos;
— arbitrário na escolha do assunto que é muitas vezes uma conseqüência do anterior.
— arbitrário nas conexões infralógicas, associações de idéias etc...
— arbitrário mais ou menos grande nos próprios processos de utilização ou de percurso da rede racional.
— arbitrário, enfim, na demonstração.

As tentativas de repertório – aliás não exaustivas – das técnicas mentais utilizadas pelo pesquisador, não podem indicar precisamente qual será a utilizada na prática, nessa ou naquela circunstância. Acabamos de ver, com efeito, que algumas regras definidas de orientação e evolução não têm valor coercitivo: a *démarche* da criação intelectual segue um percurso aleatório, baseando-se na estrutura caracterial do pesquisador. Este ou aquele processo de descoberta, este ou aquele modo de reunião dos conceitos serão utilizados mais freqüentemente do que outros por determinado indivíduo de determinado caráter, mas nenhuma proibição recai sobre qualquer deles, e é particularmente difícil pretender levar mais adiante uma explicação se não se quer incidir nem no sistema nem na afirmação inverificável, tendo em vista o intricado, a complexidade, a fugacidade dos processos mentais. Ora, métodos heurísticos e infralógicas estão destinados a ser finalmente eliminados do espírito após terem cumprido o seu papel: será particularmente difícil tornar a chamá-los à consciência.

Estas dificuldades são inerentes à própria natureza da explicação caracterial: a psicologia do caráter, como a da inteligência, redunda em procurar *fatores* cujas combinações reproduzem os aspectos do comportamento do ser. É impossível levar além de um certo limite o determinismo caracterial, como base da previsão do comportamento mental no domínio da criação, pois isto significaria prever, em função das circunstâncias do ambiente, a própria invenção, ou seja, a executá-la.

Para explicar de modo adequado o futuro de um indivíduo, a psicologia, baseando-se em uma correlação elevada entre o futuro e o passado do mesmo, pesquisa na história de seu comportamento passado fatores *inteligíveis* e constantes que permitam prever a reação destes fatores a possíveis solicitações do ambiente. Tais solicitações não podem, evidentemente, ser concebidas senão em seu aspecto unitário, pois o conhecimento simultâneo de seu conjunto significaria imaginar o conhecimento da *situação* do pesquisador neste campo fenomenal, o que é *a priori* impensável. Sendo precisamente a tarefa do pesquisador a de *criar* este campo por seu trabalho experimental ou cultural, ele modifica, por sua própria ação, o campo que determina as suas reações caracteriais, portanto os seus atos ulteriores. Há círculo vicioso, que se traduz, em princípio, por uma margem irredutível de incerteza. Poder-se-ia definir a pesquisa científica como *o ato de criar seu próprio campo fenomenal.*

Esta incerteza seria máxima se o pesquisador determinasse inteiramente seu próprio ambiente por efeito da experiência científica, uma vez que a psicologia de suas reações, por mais perfeita que seja, introduziria como dado suas reações precedentes, resultado de outros dados, etc... Não é assim porque precisamente ele está muito longe de determinar inteiramente este ambiente. O que designamos aqui sob o nome de campo fenomenal, de campo perceptivo dado, é certamente o resultado de sua ação: a experiência científica, mas também as "circunstâncias", no sentido geral do termo.

Podemos afirmar que, na explicação psicológica, ao lado de uma margem irredutível de incerteza, que introduz um acaso extrínseco na reação própria do indivíduo sobre o campo perceptivo, há uma certa margem de incerteza redutível, a que se deve às circunstâncias objetivas que determinam o campo fenomenal.

Tomando à teoria da informação um de seus temas essenciais, diremos que, na construção pelo pesquisador desta mensagem, que é uma criação intelectual definida, o arbitrário fica reduzido por tudo que sabemos *a priori* acerca da mensagem e das leis (o código) às quais obedeceu o pesquisador na sua criação. O papel do presente trabalho é precisamente o de encontrar este "código", conjunto de leis da criação científica.

§ 2. — FATORES PSICO-SOCIAIS NA CIDADE CIENTÍFICA

Há primeiramente, e com toda a evidência, uma sociologia externa da pesquisa. Os temas do trabalho científico e suas modalidades são essencialmente determinados por fatôres inerentes ao "bairro" da cidade científica no qual o indivíduo se encontra alojado e nunca se poderia sublinhar em demasia esta forma assumida pela contingência.

Certo grande especialista de óptica sê-lo-ia em metalurgia se, por ocasião de seus primeiros trabalhos, houvesse encontrado acolhida em um laboratório de metalurgia: seu primeiro diploma, que lhe foi sugerido pelo líder do laboratório ou por seus próprios gostos, teria tido todas as probabilidades de versar sobre algum problema de metalurgia. Se lhe fosse dada uma inclinação de espírito matemática, teria tolerado páginas de equações, se possuísse a mentalidade do químico, suportaria dosagens e análises, se se interessasse por vibrações, se dedicaria às cavitações das pás das turbinas ou à ruptura à fadiga, etc... Se o pesquisador tem valor, tornar se á com seu estilo pessoal, um grande metalurgista como um grande óptico; a prática da pesquisa individualizará seu estilo científico, mas intervirá na ciência que ele trata efetivamente apenas em segundo lugar, pelo desvio do conjunto dos conhecimentos usuais que ele, de fato, é levado a adquirir e armazenar na memória: tais a familiaridade com as ordens de grandeza e as constantes usuais. Em outros termos, as técnicas mentais se realizam inerentes à estrutura do indivíduo, os conhecimentos são apenas contingentes, o que explica as notáveis mutações de cientistas célebres de uma especialidade à outra (Du Bois Reymond, Helmholtz, Leonardo da Vinci, Lord Kelvin, Einstein).

A escolha do "assunto" da pesquisa, do tema sobre o qual se exerce a atividade, participa igualmente de um outro fator cuja importância raramente se acentua: a *Moda*. Há em ciência Modas, como em arte, em literatura ou no vestuário; os pesquisadores não gostam muito de insistir na contingência irracional e na obediência que a noção de moda manifesta, mas as bibliografias aí estão para denunciar este fator. Poincaré comparava a exploração do edifício científico àquela que uma multidão faria de uma casa com múltiplas salas fechadas. Desde que um pesquisador tenha, por qualquer processo, quebrado uma porta de um dos quartos, um grande número precipita-se atrás dêle, explorando minuciosamente a sala e não a abandona senão quando decididamente não há mais muita coisa de novo para achar nela.

A análise regular dos periódicos científicos, expressão da produção da ciência no dia a dia, revela muito claramente a existência destas "modas": eis por exemplo uma série de temas em moda levantados de um periódico (*Revue Générale de l'Electricité*), analisando tudo o que se refere de perto ou de longe à eletricidade: as análises deste periódico são feitas por uma multiplicidade de especialistas e por resenhas, o que elimina a hipótese de um interesse particular de um autor por um assunto.

Número de artigos que tratam da questão:

	1944	1945	1946	1947	1948	1949	1950	1951	1952	1953
Lâmpadas de descarga fluorescente	5	5	5	4	10	11	17	32	14	13
Raios cósmicos ...	2	3	8	3	3	6	28	21	10	12
Supracondutores .	0	1	2	0	2	3	7	7	13	
Semicondutores ...	1	1	2	10	3	11	15	5	6	7
Transístores		0	0	0	0	1	2	3	4	8

A "Moda" não se revela apenas na escolha dos assuntos, mas, em menor grau, nos métodos empregados para tratá-los. Por exemplo, o cálculo dos regimes transitórios dos sistemas vibrantes pode ser feito, quer pela Integral de Fourier, quer pelas transformações de Carson Laplace — trata-se do cálculo operacional de Heaviside — quer pela experiência, e entre os anos de 1936 e 1950 estes três métodos foram sucessivamente aplicados, embora se conhecessem desde o início suas possibilidades (Mac Lachlan, K. W. Wagner, etc...). Estudou-se uma multidão de sistemas vibrantes e de transdutores conforme uma certa moda, mais do que conforme a eficácia dos métodos, que é sensivelmente a mesma.

A existência dessas modas revela:

1) uma certa plasticidade de muitos trabalhadores científicos que correm sem dificuldade no canal deste ou daquele assunto, ao gosto das circunstâncias;

2) a progressiva aproximação das condições de produção científica e da indústria onde a "produção" num dado ramo, função da "procura" e dos "mercados" provoca tais variações bruscas de produção — ainda que seja mister observar que o fenômeno das modas científicas, particularmente acentuado na época moderna, existiu, mais ou menos, desde o século XIX;

3) aliás, a analogia estabelecida no estágio propriamente intelectual entre criação científica e artística que manifestam assim uma comunidade de leis sociológicas. Especificaremos este ponto mais adiante (§ 8);

4) a multiplicidade assim provocada por pesquisadores numa zona estreita do plano de investigação implica uma probabilidade de redescoberta aumentada, o que a prática verifica profusamente. Se se admitir que o gênio coletivo, formado por uma equipe de pesquisadores colocados em um laboratório, torna-se a forma cada vez mais freqüente da pesquisa aplicada, poderemos perfeitamente admitir que a "inteligência" (?), em todo caso o gênio inventivo dos grupos, são sensivelmente os mesmos de um grupo a outro. Neste momento, as descobertas dependerão muito mais do equipamento material do grupo, fator extrínseco à descoberta, que, no entanto, irá determiná-la.

É preciso, contudo, observar que a "moda" desempenha um papel muito restrito naquilo que se convencionou chamar as "grandes descobertas", que na realidade são as descobertas que se *verificam importantes*. Sendo um de seus caracteres, precisamente, o de serem *inesperadas,* elas se revelam fora de toda a questão de moda em um determinado canto, ele

próprio imprevisto, do edifício científico e conservam uma
espontaneidade manifesta por métodos heurísticos, baseados
na originalidade mais do que na segurança (cf. Cap. 4, 5,
6). São elas portanto que nos devem interessar sobretudo
aqui, e não insistiremos mais nos aspectos sociais da criação
científica que reduzem o que consideramos acima como a
contingência do ambiente. Não há, ou quase não há, psicologia profunda a trazer à luz no método disciplinado da aplicação de uma teoria que quase não difere do exercício de
curso: a psicologia deste tipo de pesquisador se detém em
uma caracterologia.

§ 3. — PSICOLOGIA INTERNA DO PESQUISADOR

A eliminação das contingências externas da criação científica deixa em evidência o arbitrário fundamental que sublinhamos no § 1. Pode-se ir mais longe e estudar, ao menos
sumariamente, as molas internas do pesquisador na escolha de
uma ou de outra perspectiva, de um ou de outro giro elementar do pensamento? Pode-se fazer, em outros termos,
uma psicologia profunda do pesquisador? Bachelard, de um
modo mais geral, fala a este respeito de uma psicanálise do
espírito científico: vimos no capítulo anterior a variedade dos
"espíritos científicos", e como esta reagia diretamente sobre
a produção intelectual deles. Ultrapassando, pois, os dados
caracteriais, somos levados, senão a uma psicanálise específica, que é de caráter estritamente individual, ao menos a uma
psicologia profunda do espírito na sua atitude científica.

Assim, na descrição do mecanismo de julgamento sob a
forma como a apresenta A. Reymond (Cap. 3, § 2), descrevemos os conceitos sucessivos da seqüência comum hauri-
dos no reservatório do subconsciente. Na infralógica da continuidade notamos que, se a associação de palavras, — e
portanto das idéias — era um processo aleatório, podia se
discernir aí modos inumeráveis. De um modo mais geral
ainda, em todas as infralógicas de conexão das idéias, sublinhamos apenas o arbitrário, o *trial and error* das sucessivas
bifurcações na rede emalhada conceitual, mas fazendo cada
vez alusão ao "subconsciente" do pesquisador como determinante escondido dêste aparente arbitrário.

Ora, sabemos que o subconsciente obedece a leis que
incumbe exatamente à psicologia profunda estudar, e que
não possuímos acerca de seu comportamento, ao menos estatístico, noções que se precisem a cada dia. É, pois, indicado,
depois de abordada a parte do imprevisível sob a forma da
situação fenomenal do espírito do pesquisador, tal como está

determinada por seu meio, circunstâncias e ação anterior, tentar inventariar o conteúdo do subconsciente concebido como reservatório de conceitos ou de movimentos elementares:

Para tanto destacaremos três fatos essenciais:

1) o espírito científico, ou mais exatamente o espírito do indivíduo na sua atividade científica, é eminentemente social. O que encontramos nas profundezas do subconsciente quando procuramos sua atividade criadora pertence ao fundo comum de todos os homens, pois é precisamente aquilo que é propriamente humano, a faculdade criadora, que nos é transmitida pela educação. O "subconsciente científico" será pois, antes de tudo, subconsciente coletivo, seu simbolismo será arquetípico e não individual, o que dá mais facilmente acesso ao inventário objetivo;

2) o motor primeiro da atividade criadora do homem não é a ordem teórica, mas *prática,* mais exatamente técnica. A fonte de toda a ciência é técnica. Foi o espírito grego que, numa época já avançada da evolução da humanidade, descobriu o conceito de ciência teórica e de explicação do mundo: mas contrariamente ao que nos parece hoje o único procedimento razoável, antes de explicar este mundo o homem quis atuar sobre ele, ao menos sobre o aspecto mais imediato deste, seu ambiente, e ele se esforçou por fazê-lo, de início, pelo *rito,* primeiro esboço de uma técnica de ação sobre o mundo. A ineficácia do rito com respeito à eficácia da técnica só aparece a espíritos modernos. O que diferenciou a técnica do rito, foi a capacidade de abordar problemas simples, a alavanca, a roda, a regra de três, separando-os dos problemas complicados: o retorno periódico da fertilidade das terras inundadas ou a influência da lua sobre as colheitas. Para o espírito primitivo, todos os problemas de ação sobre o mundo são igualmente complicados, a simplicidade da redução aos elementos do problema é *já* análise, isto é, pensamento racional. Para evidenciar o papel ou a ausência de papel das encantações nos retornos das chuvas, na cura do ser amado ou no fim da epidemia, cumpre dispor de uma ciência de correlações que é já um estado muito avançado do pensamento racional — foi somente no século XIX que Stuart Mill enunciou o método das variações concomitantes — *e ter ocasião de aplicá-lo um número suficiente de vezes para que as correlações assumam um sentido.*

Isto requer seqüência nas idéias, frieza ante os fatos — isto é, um aparente desinteresse — e capacidade de transcrever os acontecimentos (previsão dos eclipses) para se livrar da memória individual e passar à memória coletiva, todas qualidades de espíritos relativamente modernos. Por isso não é de espantar que "doutrinas" tais como a da "lua vermelha", que se encontram no limite exato entre superstição e ciência, tivessem de esperar até os nossos dias para serem deslindadas. Elas mostram que, entre técnica e ritual, a fronteira da eficácia permanece ainda tênue, podendo determinado ritual acarretar um epifenômeno de início escondido que, por sua vez, se acha ligado racionalmente ao efeito procurado. A prática corrente do laboratório ou da produção industrial o confirma facilmente: um certo ritual científico e técnico reina mesmo nos templos do pensamento racional.

"Colocai uma tela magnética entre o transformador e o potenciômetro, do contrário tereis uma auto-reação etc..." "Passai à estufa vossas caixas de Petri", "Procedei por dupla pesagem"... "Tornai racionais vossos denominadores"... todos estes imperativos são *slogans* de laboratório. Sem dúvida, se deveu justificar racionalmente, mas é certo que a tela magnética não atue na maioria dos casos como uma tela elétrica ou uma proteção contra as vibrações, que as caixas de Petri esterilizadas não tenham sido lavadas na mesma ocasião, que a dupla pesagem não tenha vantagens anexas quanto às repartições das temperaturas sobre os travessões da balança etc...!

Na realidade, as fórmulas da prática científica se confundem amiúde com um ritual que se mostra — em geral — eficaz, e se não o é, ou se o é por razões que nada têm a ver com a razão "invocada", pouco importa em suma.

Abel Rey afirma do mesmo modo:

"O estudo das técnicas não apenas entre os primitivos, mas nos impérios do Oriente, nos deixa perceber que estão estreitamente comprometidas com o ritual religioso ou mágico, por exemplo: a captação e produção do fogo, uma das primeiras dentre elas, ou a técnica da metalurgia na Babilônia."

A técnica é pois um ritual eficaz e não se distinguiu do ritual religioso, a não ser quando soube medir sua eficácia e discernir os problemas simples, por essência.

Assim como assinalamos no Capítulo 7, a propósito da lógica mitopoéica, a religião é o conjunto das crenças que efetua o primeiro esforço para racionalizar o ritual, assim como a ciência constitui o esforço de racionalização da técnica. Foi o pensamento grego que destacou a *Ciência* como *valor autônomo,* gratuito, explicando antes de aplicar, criando assim a ferramenta extraordinariamente eficaz que é a ciência moderna, geratriz de técnicas mentais e operacionais, instrumento, aliás, do qual não soube se servir (eolípila de

Heron de Alexandria), mas que estava inteiramente preparado para a curiosidade experimental da Renascença.

Ação   Ritual ————————— Técnica
                 ⇅   ⇅
Racionalização   Religião ————————— Ciência

3) Isto nos conduz a uma última observação essencial acerca da psicologia profunda do espírito criador que é traduzida pela fórmula de Goethe ao fim da Glosa do Fausto sôbre o Verbo: *Im Anfang war die Tat.* No início era a Ação. Na sua ação profunda como na sua ação primitiva, o homem é antes de tudo *homo faber,* quer realizar, *fazer,* antes de querer comprender. "Compreender" é um modo do "fazer", e os motores profundos das criações serão todos traduzidos por desejos de ação: os arquétipos da invenção são atos *contra* a natureza. O papel do homem é o de transformar o mundo e de realizar os seus sonhos de ação: voar, criar a vida, fabricar ouro, estar ao mesmo tempo em toda a parte... são todos *mitos dinâmicos.*

Paul Valéry, numa notável passagem da *Crise do Espírito,* definia assim, com clareza, os métodos dinâmicos:

"...o homem é incessantemente e necessariamente oposto àquilo que é pelo cuidado daquilo que não é e gera laboriosamente, ou então por gênio, o que é necessário para dar aos seus sonhos a potência e a precisão próprias da realidade, e, de outro lado, para impor a esta realidade alterações crescentes que a aproximam de seus sonhos.

Os outros seres vivos são movidos e transformados somente por variações exteriores. Adaptam-se, isto quer dizer que se deformam, a fim de conservar os caracteres essenciais de sua existência e assim se colocam em equilíbrio com o estado de seu meio.

Não possuem qualquer hábito, que eu saiba, de romper espontaneamente este equilíbrio, de deixar, por exemplo, sem motivo, sem uma pressão ou uma necessidade exteriores, o clima ao qual estão acomodados. Procuram seu bem cegamente; mas não sentem o ferrão deste bem maior que é o inimigo do bem e que nos compromete a arrostar o pior.

Mas o homem tem em si mesmo com o que romper o equilíbrio que mantinha com o seu meio. Tem o que é preciso para se descontentar com aquilo que o contentava.

... Que sonhos fez o homem?... E entre estes sonhos quais são aqueles que penetraram no real, e como aí penetraram?

Olhemos em nós mesmos, e olhemos em volta de nós. Consideremos a cidade, ou então, folheemos alguns livros ao acaso, ou melhor ainda observemos em nossos corações seus movimentos mais ingênuos...

Desejamos, imaginamos com complacência muitas coisas estranhas, e estes desejos são muito antigos, e parece que o homem jamais se resolverá a não formá-los... Relei o Gênese. Desde o limiar do livro sagrado e os primeiros passos no primeiro jardim, eis aparecer o sonho do Conhecimento e o da Imortalidade: estes belos frutos da árvore da vida e da árvore da ciência nos atraem sempre. Algumas páginas mais adiante, encontrareis na própria Bíblia os sonhos de uma humanidade toda unida e colaborando na construção de uma torre prodigiosa. "Eram um único povo e tinham entre si a mesma língua..." Nós ainda sonhamos com isto.

Encontrareis aí também a estranha história do profeta que, engolido por um peixe, pôde mover-se na espessura do mar...

Entre os gregos, há heróis que construíram para si aparelhos voadores. Outros sabem domesticar as feras, e sua palavra miraculosa desloca as montanhas, move os blocos, opera construções de templos, por uma espécie de telemecânica maravilhosa...

Agir à distância; fabricar ouro; transmutar os metais; vencer a morte; predizer o futuro; deslocar-se nos meios interditos à nossa espécie· falar, ver, ouvir, de uma ponta do mundo a outra; ir visitar os astros; realizar o movimento perpétuo, que sei eu, — fizemos tantos sonhos que a sua lista seria infinita. Mas o conjunto destes sonhos forma um estranho programa cuja procura está como que ligada à própria história dos humanos.

Todos os projetos de conquista e dominação universais, quer materiais, quer espirituais aí figuram. Tudo aquilo que nós chamamos civilizações, progresso, ciência, arte, cultura... se relaciona a esta extraordinária produção e dela depende diretamente.

Podemos afirmar que todos estes sonhos opõem-se a todas as condições dadas de nossa existência definida. Somos uma espécie zoológica que tende por si própria a fazer variar seu domínio de existência, e poder-se-ia formar uma tabela, uma classificação sistemática de nossos sonhos, considerando cada um deles como dirigido contra qualquer das condições iniciais de nossa vida. Há sonhos contra a gravidade e sonhos contra as leis do movimento. Há outros contra o espaço e outros contra a duração. A ubiqüidade, a profecia, a Água da Juventude foram sonhadas, e continuam sendo, sob nomes científicos.

Há sonhos contra o Princípio de Mayer e outros contra o Princípio de Carnot. Há os que são contra as leis fisiológicas e outros contra os dados e as fatalidades étnicas: a igualdade das raças, a paz eterna e universal pertencem ao seu rol...

S. K. Langer afirma igualmente:

"O herói da cultura é o homem que sobrepuja as forças superiores que o ameaçam. Como os heróis dos contos de fadas, é o veículo dos desejos humanos e o cenário de seu drama é cósmico: a tempestade e a noite são seus inimigos; o dilúvio e a morte, as provações. São estas realidades que inspiram seu sonho de libertação: sua tarefa é dominar a natureza, a Terra, o céu, a vegetação, os rios, as estações e sobrepujar a morte".

§ 4. — OS MITOS DINÂMICOS E AS ORIGENS DAS CIÊNCIAS

Assim, parece que os motores internos da atividade criadora se resumem, em sua esmagadora maioria, na luta contra as condições naturais, tal como ela é sugerida pelas limitações do homem: o homem não pode voar, não pode ver o que se passa atrás de uma parede ou em outro lugar, mas pode conceber o desejo de fazê-lo e, desde tempos imemoriais, exprimiu estes desejos por meio de mitos que obedecem, ponto por ponto, à definição que deles deu Jung: *universais, coletivos, estéticos,* se apresentam nas lendas e nos sonhos, são *ambíguos,* como se o homem desejasse e temesse ao mesmo tempo as possibilidades que lhe permitiriam libertar-se de sua condição (a caixa de Pandora, o aprendiz de feiticeiro, etc...).

A título de exemplo, examinaremos aqui alguns, os mais evidentes que se traduziram em efetivas realizações científicas do mundo moderno.

Desde os tempos mais remotos, um dos desejos que excitam o espírito humano, foi o de voar como fazem os pássaros: lendas e mitologias das mais variadas origens nos propõem heróis, mais ou menos divinos, que por algum processo mágico souberam libertar-se da gravidade, voar para o céu e se transportar de um ponto a outro sobrevoando os obstáculos: trata-se do tapete mágico do folclore muçulmano. Encontramos na mitologia germânica o javali de ouro forjado pelos anões Brokk e Sindri para que Freyr o atrelasse ao seu carro e atravessasse os ares a uma velocidade maior que a de um cavalo a galope. Na mitologia grega, nos é familiar a história de Dédalo que, para escapar do labirinto onde Minos o mantinha prisioneiro, construiu para seu filho Ícaro e para si próprio asas presas às espáduas por meio de cera. Sabemos que Ícaro, cheio de orgulho (o orgulho prometéico do cientista ou do aventureiro) aproximou-se demasiado do sol e que a cera de suas asas fundiu-se. O mito acaba mal como a maioria dos mitos da invenção: o homem teme o seu próprio poder sobre a natureza, pois é sacrilégio perturbar a ordem do mundo. O sonho de voar, prefigurado pelos mitos, obcecou o cérebro de todos os espíritos prometéicos; conhecemos as tentativas feitas pelos primeiros construtores de autômatos, sabemos também que, o primeiro, Leonardo da Vinci, chegou por um método correto, estudo da anatomia das aves e dos princípios da resistência do ar, a uma solução satisfatória do problema que foi retardado, tanto pelo esquecimento como pela ausência de um motor de potência mássica suficiente.

O Mito de Prometeu que furtou sementes de fogo à roda do sol, as trouxe para a Terra escondidas em um caule de férula e foi por isso condenado por Zeus a um eterno suplício, preso por correntes de ferro sobre o Cáucaso, é por demais conhecido para que valha a pena insistir no assunto. Nas diversas civilizações este mito sofreu consideráveis modificações. Trata-se quase sempre (Índia, Lituânia, Fino-Ugros, América) de um semideus que confiou, deu, vendeu aos homens um segredo roubado ou do qual ele é o guardião.

Este mito assumiu tal importância que se tornou, na civilização moderna, o próprio mito da ciência: o mundo moderno é prometéico (Berger); o homem não tem mais (?) medo de suas próprias descobertas e achou o sentido mesmo de sua vida no seu poder sobre a natureza. Tornou-se banal denunciar o espírito prometéico na conquista da energia atômica e de redescobrir, nas reações do grande público ante as descobertas da física nuclear, a ambigüidade entre medo e curiosidade, que deu sua forma trágica ao mito de Prometeu e regeu de modo tão especial um problema que, do ponto de vista estritamente científico, não é mais nem menos importante que qualquer outro. Se não é duvidoso que, do ponto de vista prático, as conseqüências sobre a evolução da humanidade da descoberta e do domínio da energia nuclear devam ser comparadas àquelas da descoberta do fogo sobre a humanidade primitiva, parece que, do ponto de vista estrito das idéias, haja aí apenas um encadeamento de descobertas onde a curiosidade e a paixão intelectual dos cientistas foram formalizadas pelo mito desde que se concebeu a possibilidade de fazer aparecer a energia por desaparecimento de uma fração de matéria, como o conceito arquetípico da alforria do homem da tutela da energia. Basta ver a repercussão entre o público, mesmo culto, das famosas comparações baseadas na equação de Einstein $W = M c^2$: "o desaparecimento de 10 g de carvão seria suficiente para que um navio atravessasse o Atlântico..." e outras fórmulas análogas que acentuam a liberação da energia em quantidade quase ilimitada. A leitura do relatório Smyth permite perceber, no entusiasmo que animava a equipe que trabalhava na Pilha de Fermi, o impulso do subconsciente coletivo oculto atrás do desejo de uma grande obra humana: exatamente o da liberação do homem das contingências da natureza; sua passagem para a escala do próprio mundo onde ele vive.

É devido apenas à própria natureza das coisas que a realização da transmutação se achava ligada, ainda recentemente, à energia nuclear. O "desejo de raio", que é o anseio prometéico por excelência, permaneceu por muito tempo totalmente independente do problema da transmutação dos elementos uns nos outros e, em particular, dos elementos vis (chumbo, ferro) em elementos nobres (ouro, prata, mercúrio). Este desejo que iluminou toda a alquimia, e que, nos diz Berthelot, nasceu da experiência dos antigos artesãos egípcios, que constataram ser possível mudar as aparências dos "metais", deu forma à reação química; não será exagero afirmar que toda a química racional, ciência extremamente recente, está baseada na alquimia. O conceito de base de transmutação que se confundia com o conceito de transformação ou de reação na época em que as próprias noções de *elemento* e de *espécie química* eram pouco claras, revelou ser não um desejo quimérico, mas um conceito operacionalmente exato, primeiro para as espécies químicas, e depois para os próprios elementos, após ter sofrido um momentâneo eclipse nos meados do século XIX. Os tratados de alquimia apresentam, ao lado de uma coleção de receitas — exceto as notações — que não estariam deslocadas em um tratado moderno de química industrial, um desejo um tanto místico de transmutar as espécies, que é a manifestação do subconsciente coletivo (cf. Jung), concretizado posteriormente no século VII pela noção de "pedra filosofal".

Em um dos mais antigos domínios da invenção, o dos instrumentos de música, os notáveis trabalhos de Kurt Sachs evidenciaram a profunda ligação existente entre a criação num estágio primitivo e a sexualidade, fato que decorre da própria forma dos instrumentos de música (tambor de tenda, sistro, osso talhado, trombeta, arco), que são tocados segundo a sua forma por um ou outro sexo, sendo a própria visão dos mesmos reservada estritamente por tabus sancionados, algumas vezes, por penalidades muito graves. Podemos verificar nestes tabus a ligação dos mitos com os profundos impulsos essenciais do indivíduo, pois todos os mitos relativos à música (Orfeu, Anfião, Pã) estão estreitamente vinculados à sexualidade. O jogo do instrumento é um ato de substituição, uma *técnica* mais ou menos ritualizada, cuja eficácia subsiste através dos séculos e do racionalismo.

§ 5. — O MITO DO GOLEM E A CIBERNÉTICA

Vamos precisar enfim um mito extremamente antigo e que desembocou na mais nova das ciências, a Cibernética, porque representa o maior poder sobre o mundo natural: a criação artificial da vida.

Já a lenda atribui a Prometeu o segredo da criação de homens plasmando-o com terra argilosa. No mito de Pigmalião, rei de Chipre de origem semita, que moldou uma estátua de mulher em marfim, apaixonou-se por ela e recebeu da deusa Afrodite o favor de animar a estátua, emerge o conceito da criação da vida sob forma humana. Na lenda fino-ugriana, encontramos uma variante importante do mito da criação da vida: "o herói Leminkainem teve o seu corpo despedaçado pelos filhos de Tuoni. Sua mãe procurou os pedaços, ajustou a carne à carne, os ossos aos ossos, as articulações às articulações, as veias às veias, e depois invocou a deusa das veias Suonetar, e, com a sua ajuda, restituiu ao filho sua vida primeira. Mas o homem não tinha palavras. Então, a mãe chamou Mehulainem a abelha, e mandou que procurasse para além do nono céu um bálsamo maravilhoso que lhe restituiu a palavra".

Encontramos no Talmude e na Agadá (coletânea Sanedrim 656) o relato do Rabi Hanina e Rabi Oschoia que, todas as sextas-feiras ocupavam seus lazeres para criar, segundo a fórmula de uma obra perdida, o Sefer Yetzirá, um vitelo de três anos que eles comiam, e o conto já mais desenvolvido de Raba que criou um homem e o enviou ao Rabi Ziva; este último viu que ele não podia falar, e exclamou: "Tu foste criado pela arte da magia, retorna ao pó de onde vieste, pois, disse ele, a criação do homem cabe a Deus". É o início do célebre mito do Golem (ser sem forma), que data da época rabínica, mas que segundo parece sofreu a influência da lenda fino-ugriana que citamos mais acima, particularmente na Europa Central. Este mito encontra-se muito difundido no judaísmo e foi retomado numerosas vezes. Assim, Ibn Gabirol de Valença é considerado o criador de um Golem para servi-lo, assim como Rabi Samuel, na França, no século XII. Parece firmado que estas lendas alimentaram a história cristã do Doutor Fausto que data do século XV e exprime todo um aspecto da ciência alquímica (elixir da longa vida) e que elas geraram no plano científico tentativas como as primeiras transfusões ou, mais perto de nós, as de Voronoff, de Bogomoletz, etc... Vemos aí aflorar o conceito de homem mais poderoso que a natureza, que ele comanda e domina, conceito que nutriu o arquétipo do "sábio" em seu laboratório até uma época muito recente. A "técnica", o "processo", o "método" tomam no caso, pouco a pouco, precedência sobre o conto maravilhoso: o mito torna-se *dinâmico*. A lenda moderna do Golem de Praga, que não vai além do século XVI, põe nitidamente este ponto em evidência:

Às quatro da manhã, do segundo dia do mês de Adar (1580), o Mahral, Judá Loew e seus dois assistentes foram à margem do Moldávia e modelaram com argila da ribanceira a forma de um homem. Um deles rodeou sete vezes a figura da esquerda para a direita. O Mahral fez então uma encantação e o "Golem" se pôs a brilhar como fogo. Depois, o outro assistente deu sete voltas em torno da figura, da direita para a esquerda, pronunciando outros encantamentos e o fogo do Golem extinguiu-se e um vapor elevou-se de seu corpo. Viram então que em sua cabeça haviam crescido cabelos e que em seus dedos haviam aparecido unhas.

Então o próprio Mahral deu sete voltas em torno do Golem e eles recitaram em conjunto a passagem do Gênese II: 7: "E ele soprou em suas narinas o sopro da vida e o homem tornou-se um ser vivo". O Golem abriu então os olhos e mirou os três homens. Depois ele se ergueu e eles o vestiram como se fosse um ajudante do rabi. Este Golem não podia falar, pois somente Deus era capaz de conceder o dom da palavra (comparar à lenda fino-ugriana supracitada e a primeira lenda talmúdica).

Existe aí a expressão de uma técnica ritual. O homem torna-se "homo faber": ele fabrica e as versões mais modernas do referido mito, em particular a célebre obra de Mary W. Shelley (Frankenstein) diretamente inspirada nele, conservaram e ampliaram este papel *técnico* do demiurgo. É provável que o êxito da forma moderna do mencionado mito junto ao grande público, ampliação do sucesso do Golem na tradição judaica, deva ser encarado como a própria expressão do subconsciente coletivo que encontra aí um dos desejos fundamentais do homem.

O mito do Golem é o do moderníssimo ramo da ciência, conhecido sob o nome de Cibernética. Com efeito, esta visa ao estudo dos *autômatos* partindo do princípio da analogia funcional entre os mecanismos criados pela mão do homem e os mecanismos dos seres vivos. Como primeiro objetivo propõe-se pois estudar a *complexidade* que constitui o caráter essencial do ser vivo. O êxito considerável, imediato, algo inesperado, de uma ciência cujos princípios e métodos (máquinas de calcular, teoria dos servos-mecanismos, cálculo de probabilidades, etc...) são *a priori* extremamente abstratos, merece atrair nossa atenção. Tal êxito, mesmo junto ao grande público culto (basta lembrar a emoção provocada pelas antigas experiências de Stéphane Leduc) parece ligado a esse "arquétipo do Golem" da criação da vida, cujo objetivo é (ou será) a realização de um dos sonhos do homem: criar autômatos é, em larga medida, criar a vida, e por seus próprios princípios, a Cibernética, desde o começo, *realizou voluntariamente uma certa confusão* entre mecanismos automáticos e mecanismos cerebrais, ou sistema nervoso, porquanto pretendia precisamente utilizar uns para explicar os outros e efetuar a sua síntese. É suficiente percorrer a literatura já numerosa da citada ciência, por exemplo as resenhas do Hixon Symposium (Von Neumann, Mac Culloch, Lashley, Lorente de No) ou das Conferências da Macy's Foundation (Strand, Kubie, Förster, Wiener) para verificar que os próprios especialistas desta ciência têm perfeita consciência do desejo de construir seres funcionalmente dotados de certas aparências da "vida", tais como o pensamento. Não há dúvida que este "método de ambigüidade" prestou grande serviço à definição dos termos vagos "vida", "pensamento", etc... fornecendo-lhes um preciso significado *operacional*. São numerosas as provas dessa interpretação arquetípica:

> Daí vem por exemplo o enorme interesse despertado no público pelos modelos mecânicos de Grey Walter — que ultrapassou de muito as intenções de seu autor, cujo objetivo era demonstrar por uma experiência precisa como a complexidade funcional brotava da simplicidade orgânica — ao passo que o mesmo público concedeu apenas uma vaga atenção às realizações dos foguetes teleguiados e outros autômatos cem vezes mais complexos, mas que se afastavam do desejo subconsciente de apreender os segredos que lhe parecem caracterizar a vida?

Notamos que, em todas as formas do mito do Golem que citamos, mesmo as mais remotas, havia sempre um ponto especificado: o ser assim criado é mudo, "pois a palavra é um dom divino". Foi só tardiamente, com as primeiras construções de autômatos, que os inventores se deram conta de que a palavra estava diretamente ligada às idéias na combinação de palavras para formar as frases; portanto que o problema de criar um ser "falante" se identificava ao de criar um ser "pensante". Por isso o mito dos seres ou dos objetos "falantes" permaneceu, desde sua origem, distinto do autômato ou do Golem, desde a lenda grega das pedras falantes de Menon até as realizações de Vaucanson, de Jacquet Droz e sobretudo van Kempelen, que estabeleceram os fundamentos da fonética experimental. Foi efetivamente sob o impulso do anseio de criar uma máquina falante que os rudimentos da classificação fonética foram estabelecidos por van Kempelen e as acusações de feitiçaria elevaram-se veementemente contra aqueles que pretenderam imitar a voz humana (o jogo de tubos chamado no órgão "voz humana" foi durante muito tempo considerado como um segredo algo diabólico que os fabricantes de órgãos transmitiam uns aos outros).

§ 6. — A EXPRESSÃO MODERNA DOS MITOS DINÂMICOS

É em grande parte a essa força interna constitutiva dos arquétipos do subconsciente coletivo que cumpre ligar os aspectos essenciais da difusão da ciência, de seus métodos e de suas ambições fora do grupo social dos profissionais. A *vulgarização científica* é um de seus aspectos: ela consagra a separação entre o profissional especializado e o publico culto — ou semicultivado, informa este último das novas da cidade científica encerrada atrás da muralha dos técnicos, onde ele próprio não mais pode penetrar e lhe comunica os decretos dos líderes do mundo intelectual, cuja aplicação regerá sua vida futura. Se dá a um só tempo sua confiança, seu respeito e sua colaboração — com algumas reticências — à aplicação da ciência na vida moderna, é que encontra aí, em contrapartida, consecução de seus desejos. A paixão intelectual propriamente dita, de origem platônica, a vontade de compreender o Universo *in abstracto* — e portanto de fornecer o esforço adequado, que é, no fim de contas, a sua única medida — quase não ultrapassam, em compensação, as fronteiras da cidade científica. A vulgarização insiste muito na *aplicação* vinculada à realização dos desejos e à emancipação das condições naturais que todo homem deve daí colher.

Na racionalização de suas metas de pesquisa, é o mesmo motor interno que agita o cientista. Ele "faz" a ciência por paixão intelectual em um estado de espírito lúdico, no instante da criação, mas a *mola de sua atividade é humana,* trata-se do arquétipo da conquista do mundo natural e, no plano do subconsciente, ele não se acha tão diferente do homem comum.

Os arquétipos do subconsciente coletivo encontraram recentemente sua expressão em um notável fenômeno literário. a *ficção científica,* que surge como um gênero de romance destinado ao grande público e acessível a este, pretendendo desenvolver as conseqüências sociais e psicológicas da descoberta, da ciência aplicada, prefigurar de alguma maneira o mundo de amanhã (função catártica da Utopia — Ruyer), e por aí mesmo nos preparar para ele. A ficção científica, de origem muito antiga, mas de florescimento muito recente, é, a despeito das aparências, a expressão da seriedade com que a ciência é encarada pela sociedade; é um fenômeno social. O cientista não é mais, aos olhos do corpo social, um inocente pesquisador de quimeras, um contador de mitos maravilhosos, um alquimista debruçado sobre um conhecimento semi-místico, mas o *construtor da sociedade*: ficção científica e utopia exprimem a conquista do mundo e a libertação em face das condições naturais. Trata-se do mito moderno da ciência e vemos reflorir nele os mitos antigos dos quais apresentamos alguns exemplos acima, que exprimem uma esperança ambígua na conquista do mundo: "Tudo se tornará possível".

§ 7. — PODE-SE APREENDER O FATO DA CRIAÇÃO EM SUA TOTALIDADE?

Apreendemos no subconsciente coletivo, em exemplos precisos, as fontes de entusiasmo criador e da paixão intelectual aplicada a um escopo definido, o que não impede, aliás, de modo algum, que toda a superestrutura racionalizante, estudada nos capítulos anteriores, funcione adequadamente, até que possa pretender explicar a totalidade da descoberta científica: é freqüente, com efeito, que os cientistas neguem o papel da paixão intelectual nas suas próprias descobertas e não queiram ver nelas senão o produto do acaso e das coincidências ou, ao contrário, de um plano preestabelecido (mas como é possível estabelecê-lo *a priori,* lá onde a descoberta renova o conjunto do campo fenomenal e subverte suas perspectivas). Uma e outra atitudes parecem petições de princípio: convém levar em conta, nos mecanismos da criação, todas as "dimensões" do pensamento.

Poyer discerne, em um notável estudo, sete Universos do pensamento, sete *planos de liberdade* dentro dos quais se move nosso espírito:

O Universo do senso comum: quadro da vida cotidiana e da orientação espaço-temporal: 90% dos homens quase não saem dele durante a vida inteira;

O Universo lógico: caça reservada aos lógicos mas também apreciada pelos esquizóides, maníacos e delirantes que "trabalham" na lógica;

O Universo das crenças coletivas: oposto à lógica como aliás ao senso comum, é rico de formas patológicas;

O Universo lúdico: conjunto de convenções do indivíduo consigo mesmo nos quais ele faz de conta que acredita é o do jogo, do romance e do teatro, é em larga medida, já o vimos também, o da ciência;

O Universo da mentira coletiva ou individual, a cujo respeito Poyer nota que o fato de ser este reprovado pelos moralistas não constitui razão suficiente para deixá-lo de lado, pois a "veracidade" é um produto de civilização altamente refinado;

O Universo do devaneio: independente dos anteriores, é aquele em que se criam as associações e as seqüências infralógicas, permanece no indivíduo estreitamente ligado ao mundo social;

Enfim, *o Universo do sonho,* emergência do subconsciente, domínio do psicanalista individual ou social, está povoado de arquétipos e símbolos que expressam a resultante das tendências coletivas e pessoais.

Ora, o cientista, o pesquisador científico, é um *homem que pensa* e não um lógico feito homem. Deve portanto mover-se não apenas no Universo lógico, como a ciência acabada no-lo sugere, mas simultaneamente em todos esses "planos de liberdade" e seu ato, a descoberta, para que seja corretamente apreciado, deverá ser considerado do ponto de vista heurístico na totalidade de suas dimensões. Se a função científica se opõe deliberadamente, desde sua origem, ao universo do senso comum e o da mentira coletiva ou individual, o espírito vê-se realmente obrigado, por isso mesmo, a reconhecer sua existência na luta incessante que ele trava contra a rotina das idéias recebidas. Já assinalamos suficientemente nos capítulos anteriores a evolução do espírito do pesquisador no Universo lúdico, de modo que se faz inútil retornar aqui ao caso. Dentre esses Universos do pensamento, os que nos interessam em particular são o Universo do sonho e o das crenças coletivas; é precisamente a combinação dos movimentos do espírito nesses planos múltiplos que contribui para constituir os arquétipos que modelam o desejo de ação do pesquisador. A ficção científica, passando discretamente do Universo lógico ao Universo da mentira coletiva (pois abona afirmações que a ciência se recusa a tomar em sua conta), encontra suas fontes nos mesmos planos do pensamento.

§ 8. — CRIAÇÃO CIENTÍFICA E CRIAÇÃO ARTÍSTICA

Depreendendo do presente estudo o mecanismo psicológico da criação científica independentemente de seu resultado e de suas conseqüências, caracterizamo-la da seguinte maneira:

1) o ato criador é essencialmente gratuito *in statu nascendi,*

2) escolha e tratamento do tema são influenciados por:
   a) as contingências materiais,
   b) o ambiente,

3) a idéia original nasce do aspecto do campo fenomenal no espírito do pesquisador,

4) o pesquisador trata essa idéia com uma mentalidade lúdica sem preocupação de êxito,

5) ele a desenvolve segundo os modos de pensamento infralógicos opostos à lógica formal, satisfazendo porém a normas estéticas,

6) o desenvolvimento e o modo de associação e de construção definem um *estilo* da pesquisa ou da descoberta, função do *caráter* do pesquisador,

7) a ação criadora alimenta seu dinamismo motor na parte do subconsciente coletivo que se encontra no espírito do cientista. A maioria das grandes descobertas satisfaz a um arquétipo das civilizações,

8) o juízo de valor de um procedimento qualquer só é estabelecido *a posteriori* por um ato da sociedade,

9) o cientista, caso seja movido implicitamente pelas tendências do subconsciente coletivo, encontra explicitamente a recompensa de seu esforço na satisfação da paixão intelectual: ele age *para* compreender o Universo, mas o motor de sua ação é transformar o Universo.

Ora, o conjunto destes caracteres que opõem tão fortemente a criação científica à ciência acabada é comum à criação científica e à criação propriamente artística. *No ato criador o cientista não se diferencia do artista:* em princípio não há diferença entre criação artística e científica, elas trabalham sobre materiais diferentes do Universo. Valéry, no texto característico da *Introdução ao Método de Leonardo da Vinci,* que assinalamos no Capítulo 4, § 1, o revelava de maneira bem explícita.

A aparente oposição entre artista e pesquisador — a cujo respeito se insistiu, segundo parece, exageradamente — provém:

1) dos aspectos diferentes do campo fenomenal sobre os quais operam: para o artista, ao menos na época clássica, e para certas artes (pintura, escultura etc...) este campo era quando muito *escolhido,* mas poucos esforços eram envidados a fim de modificá-lo por meio do método experimental. Para o músico, o campo fenomenal pertence como para o cientista ao mundo das "idéias", das formas mentais;

2) o arbítrio da criação artística permanece visível na obra acabada. Não é eliminado como na criação científica pelo recurso à verificação e à construção lógica; impõe-se *a priori;*

3) o artista reconhece explicitamente esse arbitrário ao contrário do cientista que o dissimula por trás das racionalizações da ciência enformada;

4) a obra artística dispõe — ao menos à primeira vista — de uma independência maior em comparação a outras obras do que a criação científica, que está ligada desde o início a todo o edifício da ciência acabada;

5) a criação científica define inteiramente a obra que quase não se distingue dela — salvo na música talvez onde a interpretação introduz modificações muito profundas na criação do compositor — ao contrário da obra científica que se afasta rapidamente da idéia criadora, quer por passar pelas mãos de uma equipe, quer por ficar submetida a bifurcações sucessivas e contingentes que transfiguram completamente o conceito inicial;

6) finalmente, o artista usufrui muito menos que o cientista do conhecimento adquirido. Este último, em compensação, deve a cada instante manter uma bagagem de conhecimentos que é a *matéria-prima* sobre a qual trabalha.

Do ponto de vista estritamente heurístico que nos interessa, tais diferenças são superficiais; a arte moderna tende aliás a atenuá-las: ela conhece cada vez mais a obra coletiva (cinema, teatro, desenho animado, rádio) que, exatamente como na obra científica, transforma o conceito criador ao recorrer, por seu turno, ao gênio coletivo. Aliás, a experimentação adquire na arte, por exemplo na música, um dos lugares mais importantes com o fim explícito de modificar arbitrariamente o campo fenomenal para fazer brotar dele novas perspectivas. Os modos fundamentais da criação intelectual permanecem, de fato, os mesmos qualquer que seja o objeto criado. Destarte, os modos de ligação em seqüências por associação de palavras (probabilidades dos diagramas na notação moderna) já foram entrevistos por Platão: "As palavras são como ímãs que se atraem", e expostos explicitamente como método heurístico por Valéry (*Introduction du Cours de Poétique, Variétés* V). A arte surrealista, nas suas pesquisas experimentais, deparou-se curiosamente, por exemplo, com procedimentos propriamente científicos quando não os precedeu (pintura surrealista e interpretação dos sonhos), poesia surrealista e fonética experimental, escrita automática e teoria da linguagem, etc. música espacial e estereofonia. Conceitos como o do objeto musical ou temporal criados pelo registro fornecem às artes do tempo (música, cinema) uma materialidade que as torna próximas dos conceitos científicos e técnicos concretizados em escritos ou máquinas, o que suprime a oposição em que cientistas e artistas insistiam tão fortemente em outros tempos.

Enfim, os progressos da estética experimental e teórica revelaram, paralelamente à psicanálise do espírito científico, as conexões amiúde extraordinariamente estreitas entre obras de arte, a qualquer especialidade que pertençam, e souberam ligá-las aos arquétipos do subconsciente coletivo; enquanto que, embora de maneira muito discreta, os mais notáveis entre os cientistas começam a reconhecer mais explicitamente a parte de arbitrário, de estética, e de irracional, que existe na criação racional. Fatores secundários, tais como a socialização paralela do cientista e do artista, restringem ainda mais o afastamento entre os dois, ao menos no estágio heurístico: não há diferença substancial entre a organização, o espírito e os modos de trabalho do microgrupo que realiza um filme de cinema ou da equipe que trabalha no Sincrotron de Cambridge.

Sem dúvida, não se pode ir a ponto de dizer que o cientista é um artista em idéias, pois a realização tecnológica de suas idéias assume rapidamente uma universalização e um alcance social impossíveis de serem contidos, enquanto que a obra artística permanece ainda dominável; mas parece de fato ser inútil separar, no princípio, criação científica e criação estética: existe apenas *uma única criação intelectual* e elas aplicam, uma e outra, os mesmos métodos heurísticos com estilos que só diferem pelos hábitos de espírito e bagagem de conhecimentos — exigidos do cientista infinitamente mais do que do artista.

O lugar da concepção do mundo na criação, que é um dos aspectos do campo fenomenal, permanece muito maior no cientista e implica uma importância mais direta da "filosofia" na criação científica. É sua concepção do Universo que determina sua estética interna para o criador científico, enquanto o artista determina sua concepção pessoal a partir da visão imediata que tem do campo fenomenal, portanto de sua própria estética.

§ 9. — CONCLUSÃO

Neste capítulo, destacamos os seguintes pontos:

1º) a consideração dos fatores que regem a pesquisa:

a) a escolha do tema,

b) os métodos de descoberta,

c) as infralógicas de prolongamento das cadeias seqüenciais em função do caráter do pesquisador,

não esgota a margem de arbitrário deixada no estudo da psicologia da criação científica;

2º) permanece uma margem de contingência pura, irredutível por princípio, em toda a explicação psicológica. Devemos, em compensação, explicitar o papel das contingências sociais que regem a cidade científica e, em particular, *a moda* que existe na pesquisa como em todo outro domínio da atividade social;

3º) o espírito, na sua atividade científica, permanece eminentemente social: aquilo que encontramos nas profundezas do subconsciente de um pesquisador pertence ao fundo comum da humanidade;

4º) é este fundo comum que determina o impulso motor, a atividade do pesquisador. Embora este não possua, muitas vezes, consciência de sua própria paixão intelectual, é movido pelo desejo de atuar sobre a natureza mais do que compreendê-la;

5º) este fundo comum coletivo se exprime na análise psico-sociológica pelo conjunto de arquétipos, traduzidos explicitamente por *mitos dinâmicos,* tais como o mito de Prometeu, de Ícaro, do Golem, de Orfeu, da pedra filosofal, etc... e podemos facilmente seguir nas grandes descobertas modernas a influência destes mitos, originários do subconsciente coletivo. Os mitos dinâmicos estão na origem das ciências;

6º) a criação científica é um ato do espírito que, utilizando todas as "dimensões" deste, todos os seus planos de "liberdade" e apreensão fenomenológica, não pode se limitar a um universo lógico e a um universo lúdico de gratuidade, mas deve apreender todos os aspectos da liberdade de espírito;

7º) a expressão moderna dos mitos dinâmicos fora da cidade científica nos é fornecida pelo estudo da literatura de divulgação e pela da ficção científica que prefiguram, para o grande público, o mundo tal qual será configurado pela ciência;

8º) verifica-se, pois, ao termo desta análise, que a criação científica não difere fundamentalmente da criação artística: uma e outra não são senão aspectos da criação intelectual a exercer-se sobre duas "matérias" diferentes, mas a utilizar, essencialmente, os mesmos métodos pensamento;

9º) em compensação, o modo de criação da ciência se opõe fortemente a seu resultado, a ciência acabada, que constitui o edifício, ao mesmo tempo móvel e indestrutível, mas sem a menor analogia no seu estilo, sua arquitetura e seus elementos estruturais com os processos que serviram para edificá-lo.

Trata-se de uma das idéias dominantes que se depreendem deste estudo da criação científica.

10. Conclusão

§ 1. – MECANISMO E NATUREZA DA CRIAÇÃO CIENTÍFICA

A evolução recente da ciência que a fez passar do *certo* ao *provável* e depois ao *percebido* tende a reaproximá-la da Filosofia da qual se apartara desde a Renascença. A Filosofia, de seu lado, tende a depurar-se das ciências em gestação para tornar-se uma *ética do pensamento* e assumir um caráter positivo circunscrevendo o campo de validade das doutrinas variadas que a compõe, eliminando assim o paradoxo das contradições entre filósofos, assinalados por Berger.

Nosso propósito foi o de pesquisar os processos próprios da criação científica, independentemente da importância mais ou menos grande de seus resultados, assim como da diferença entre ciência "pura" e "aplicada", que nos parece inteiramente contingente. Nós nos colocamos pois deliberadamente no *status nascendi* da criação científica sem nos interessarmos pelos "objetos de pensamento" criados.

Desde o início, constatamos a oposição formal nos métodos, nos objetivos, no estado de espírito, na forma, entre a ciência em via de fazer-se, o *processo heurístico* do qual não restarão no fim senão alguns poucos traços, e a ciência acabada, edifício complexo materializado nas publicações, nas obras, nos cursos, que obedece a regras rigorosas e segue, em particular, os cânones da lógica formal: a primeira, que constitui a *heurística* propriamente dita, nos interessa aqui exclusivamente. Nossas hipóteses de trabalho são sensivelmente idealistas: o problema da inteligibilidade do mundo, que é o da ciência, passa à frente do problema de sua realidade, que é questão de ponto de vista. A tarefa do cientista é de compreender o Universo; a ciência construiu o mundo à imagem da razão.

Negligenciando como prescrita e logicamente inexata a concepção do determinismo segundo Laplace e contentando-nos com uma causalidade aproximativa em grande escala, sublinhamos a coerência de conjunto do edifício intelectual que constitui a ciência acabada. A técnica, fazendo com que o homem viva em simbiose com as máquinas, introduziu na ciência teórica a noção fundamental de complexidade: a classificação das ciências, secundária para a ciência acabada, que é una, desempenha importante papel na explicação das relações entre domínios criadores. Estes devem classificar-se:

1) em função das técnicas experimentais,

2) em função dos algoritmos mentais que utilizam.

O aspecto essencial do novel espírito científico é o reconhecimento explícito da *gratuidade* da *démarche* criadora, da disponibilidade do pesquisador em uma filosofia do por que não?: se ele não constrói o que lhe apraz, *escolhe* pelo menos o que lhe apraz construir.

O procedimento do pensar criador resulta de como se situa o pesquisador no campo fenomenal. Este campo, cuja tela de fundo é feita de planos sucessivos da ciência estabelecida, da qual possui um conhecimento mais ou menos extensivo, é formado pela percepção dos fatos mediatos ou melhor dos dipolos dialéticos, teóricos ou experimentais em uma *perspectiva* estreitamente limitada, que assemelha o procedimento criador ao progresso em um labirinto em rede emalhada, onde as vias se recortam e onde muitos trajetos podem levar ao mesmo ponto (processos de redescoberta). As perspectivas iniciais e sucessivas deste procedimento são fornecidas por algoritmos mentais que chamamos de métodos heurísticos.

Os modos de percurso da rede que fornecem estas perspectivas e as justapõem em uma seqüência ideal não pertencem, a não ser excepcionalmente, à lógica formal, mas sim a sistemas de pensamento *infralógicos* que mergulham mais profundamente nos mecanismos reais do espírito humano, sem entretanto atingir seus impulsos motores essenciais: estes últimos surgem da caracterologia e da psicologia profunda. A ciência acabada que forma o Universo científico existente se apresenta sob o aspecto de uma rede emalhada coerente de múltiplas dimensões, cujos fios são a demonstração dos fatos e cujos nós são os teoremas. O elemento desta estrutura é a *evidência.*

A evidência não é coerção externa, mas coloca o indivíduo em acordo com o Universo; ela é o estágio último do conhecimento: a demonstração não é senão a construção da evidência de um fato a partir de evidências elementares; trata-se de uma mensagem de um indivíduo a outro e, como tal, deve obedecer à teoria geral da mensagem, considerando seu repertório comum de conhecimento (matriz de informação ou código). A demonstração desaparece pois do edifício da ciência acabada após ter desempenhado o seu papel.

O valor verdade é apenas o sentimento de acordo que nasce do confronto do mundo teórico e o das sensações, no instante em que se quer agir sobre o segundo utilizando o primeiro: a verdade é um valor operacional. É a coerência interna do edifício assim construído, superação da contradição uma vez colocado o problema original, que mede o progresso de uma dada ciência.

§ 2. — MÉTODOS HEURÍSTICOS

O exame de um certo número (21) de métodos heurísticos mostrou-nos que eram de importância desigual. Uns procuram explorar de alguma maneira um mecanismo intelectual, uma doutrina, uma teoria já existente: a originalidade situa-se no seu modo de utilização. Dentre eles, são particularmente interessantes:

O método dos limites, que utiliza o axioma, *natura non fecit saltus,* base da ciência do contínuo (metrologia), propõe-se a estudar os domínios limítrofes e separar na realidade as dicotomias grosseiras Sim/Não, que formam as primeiras aproximações de uma noção.

O método das definições ilustra a conquista do real pelo poder da idéia: a pesquisa de uma definição que faz brotar contradições e ajustamento teórico de experiências ao contato dos fatos.

O método de transferência, um dos mais preciosos, universalmente reconhecido, que parte de uma analogia, muitas vezes superficial, aplica um conceito em um novo domínio e tira dele, nesse domínio, novos resultados.

O método da contradição, típico da "filosofia do nao" que não se deve confundir com o método dos contrários, existentes simultaneamente. (A. Reymond).

Outros procuram deliberadamente criar *ex nihilo* uma perspectiva de pesquisa, um ponto de vista, um impulso inicial qualquer. Mais informes, mais plásticos, exprimem mais claramente os mecanismos do espírito. Lembrá-los-emos:

O método dos pormenores ilustra a importância da *gratuidade* e da *curiosidade* na pesquisa;

O método da desordem experimental, característico da mentalidade lúdica do pesquisador que joga, por exemplo, com um novo aparelho adquirido pelo laboratório;

A matriz de descoberta, racionalização do método precedente, um dos mais fecundos da *álgebra do espírito,* ilustra a distância que pode haver entre lógica formal e pensamento criador impregnado do "por que não?"

Enfim, o *princípio de recodificação,* enunciado por Wertheimer assume formas muito variadas, desde a simples expressão verbal, até a física matemática; manifesta-se antes de tudo na linguagem e em suas mudanças, mas também na representação gráfica ou em leis tão gerais quanto a de Fechner, nos esquemas e tabelas que abstraem progressivamente o real: esquemas construtivo, estrutural, funcional, diagramático.

A redução fenomenológica é idealizante; põe em evidência o conceito de forma como mais importante do que o de medida: a idéia brota da forma e não da medida: coloca a medida em lugar de um sucedâneo da percepção.

Outros métodos heurísticos, enfim, assinalam ainda mais nitidamente um idealismo conquistador, que toma precedência sobre um materialismo baseado nos conceitos de "real" e de "verdade".

O método dogmático, o método de classificação impõem ao mundo das aparências uma estrutura *a priori* gratuitamente afirmada, e busca neste mundo uma verificação dessa estrutura. Toda classificação baseia-se em "critérios classificadores" (exaustividade, especificidade, ausência de ambigüidade, simplicidade operacional, valor dicotomizante) que a definem na prática; tais critérios são parcialmente contraditórios, pois põem em conflito poder racionalizante e poder heurístico.

O progresso da epistemologia gerou o aumento do poder integrador e heurístico da classificação, rompendo este dilema pelo artifício dos quadros polidimensionais, em particular a duas ou três dimensões que constituem as formas particulares do referido método heurístico.

O método de emergência traz à luz um dos conceitos fundamentais da ciência moderna, o de *ruído de fundo,* transposição da antiga oposição figura/fundo dos psicólogos da forma, concebido como limite irredutível de nosso conhecimento do Universo e que introduz relações de incerteza a prefigurar o aspecto novo da *ciência do perceptível.*

Finalmente, um certo número de métodos muito gerais (método estético, simetria, pitagorismo quase místico do número), extraordinariamente potentes, figuram precisamente entre os mais opostos à lógica formal elementar. Deram por exemplo origem às cosmogonias e à alquimia, fonte de toda a química e de boa parte dos conceitos da física nuclear. O fato de seu profundo irracionalismo não ter jamais prejudicado, mas ao contrário, seu poder heurístico, parece indicar que o espírito humano está ainda longe de se encontrar à altura da lógica que ele criou e que continua sendo ainda estranha para ele, como um produto artificial: rigor e abstração acham-se entre os produtos mais refinados da civilização.

Múltiplos exemplos citados nos demonstraram a ausência completa, quanto ao método heurístico, de diferença entre invenção, técnica e ciência "pura" e, de um modo mais geral, a unicidade do espírito humano que aplica às ciências, as mais heteróclitas, a mesma álgebra do pensamento, apenas com um material de conhecimentos diferentes: isto sugere a possibilidade de "estilos científicos" comuns em ciências tão diferentes quanto a botânica e a astrofísica (classificação, por exemplo).

§ 3. — OS CARACTERES DOS MODOS INFRALÓGICOS

Continuando o exame do procedimento criador, estudamos, após os métodos heurísticos que fornecem perspectivas e linhas de progresso, as *infralógicas* que reúnem os procedimentos elementares, exame que confirma os "estágios" do processo intelectual assinalados com algumas variantes por diversos autores (Wallas, Poincaré, Newman, Maier), a saber: reflexão ativa, brotar da intenção criadora, que progride rapidamente por associações metalógicas, verificação, formalização definitiva. As infralógicas são verdadeiros sistemas de pensamento, bem caracterizados, mas que deixam de lado o princípio de não-contradição ou o de dicotomia (terceiro excluído); portanto abandonam a coerência universal, para alargar desmesuradamente as possibilidades de associação dos conceitos em seqüências ordenadas: a própria linguagem é um sistema infralógico.

Dentre essas infralógicas, distinguimos, aproximando-nos progressivamente das lógicas formais:

A *lógica mitopoéica*, modo primitivo da racionalização, auto-contraditória, lacunar, normativa, coletiva, ela se vincula estreitamente à religião, primeira tentativa de explicação do mundo;

A *lógica de justaposição* ou perilógica, gratuita, heteróclita, que é o sistema de associação das idéias, das palavras ou das imagens e cria formas seqüenciais;

A *lógica de oposição* ou antilógica, gratuita, organizada e coercitiva, que utiliza elementos homogêneos;

A *lógica das formas ou analógica,* que rege os métodos de recodificação, de tradução, de expressão, por meio de *conceitos vazios* manipulados independentemente de seu conteúdo. É o estágio infralógico mais próximo do rigor formal.

Enfim, as *lógicas formais* (lógicas das probabilidades ou indutiva, binária, numeral) que interessam sobretudo à matemática e às ciências altamente dedutivas, isto é, uma porção ínfima do edifício científico.

O *conjunto dessas infralógicas* constitui o *método de utilização efetiva do cérebro* (lógica natural): sua falta de rigor é compensada por seu poder.

"A" lógica formal não é senão um ideal altamente aperfeiçoado, difícil de atingir, artificial, mas cuja origem está prefigurada nas infralógicas, em particular na lógica mitopoéica. Sua utilização prática encontra-se muitas vezes limitada pela capacidade restrita do espírito de apreender a complexidade de seqüências ideais, demasiado longas.

§ 4. — OS FATORES PSICOLÓGICOS E SOCIAIS DA CRIAÇÃO

O percurso do pesquisador na rede emalhada dos procedimentos heurísticos, cujas conexões elementares são fornecidas pelas infralógicas, não se faz inteiramente ao acaso, mas segundo uma orientação global assaz vaga, análoga ao sentido da direção no percurso dos labirintos. Outras regras mais ou menos conscientes guiam o pesquisador em suas peregrinações intelectuais:

a) o princípio de redução das entidades inúteis (navalha de Ockham) reduz as exuberâncias supérfluas do pensamento que tendem sempre a expandir-se na criação de novos conceitos, complicando o imaginário para simplificar a explicação do real;

b) o princípio do mínimo esforço (Zipf) determina a "excursão" média na rede média cognitiva de uma ponta a outra do trajeto mais curto por uma dialética entre tendência à precisão e tendência oposta ao menor esforço;

c) o princípio de coordenação das precisões: as diferentes etapas do pensamento devem corresponder a entidades cujas margens de incertezas dogmáticas (conceituais) e operacionais (que resultam da experiência ou são utilizáveis na experiência), são vizinhas uma da outra;

d) o princípio da distância mínima ao concreto implica a possibilidade de inúmeras trocas entre a seqüência desenvolvida no plano conceitual e uma seqüência análoga desenvolvida no plano concreto (experimental, por exemplo); o espírito encontra aí de novo sua força dedutiva no contato com o plano concreto.

A "redescoberta", processo constante do jogo científico, constitui o encontro em um nó da rede conceitual de dois espíritos que percorreram trajetos distintos da rede a partir, algumas vezes, de pontos iniciais idênticos; ela é tanto mais freqüente quanto o número de malhas da rede e quanto mais restrito o número de bifurcações; ela traí uma certa quantificação das *démarches* do espírito.

Os estilos da ciência têm sua origem no *caráter* exatamente como o sistema filosófico adotado pelo pesquisador — quando possui explícitamente um tal sistema. O caráter é o liame de correlação entre estilo científico e concepções filosóficas.

O estudo do caráter do pesquisador, dificultado pela organização particular que rege a cidade científica, mostra, afora o aspecto eminentemente social dessa forma de criação, que uma *atividade* considerável somada a uma *paixão intelectual* muito elevada, constituem traços comuns a todos os pesquisadores, mas os fatores sensíveis do caráter são:

1) primariedade/secundariedade

2) avidez,

3) interesses sensoriais,

4) polaridade: vencer/convencer,

5) emotividade,

6) atitude ante o valor verdade,

que determinam os diferentes tipos caracteriais dos pesquisadores (teórico-experimentador, diletante-amador de decimais, etc.).

O gênio coletivo, que é a forma mais avançada de pesquisa conhecida pela cidade científica, repousa em uma sociologia de atitudes de um microgrupo restrito (doze indivíduos, no máximo). As diferenças de estilo entre um grupo e outro apresentam-se, no caso, notavelmente atenuadas com respeito à criação individual e o poder heurístico desse sistema é considerável na pesquisa aplicada. O fenômeno de "redescoberta", que se explica pelo percurso, na rede emalhada cognitiva, de dois trajetos diferentes que chegam ao mesmo ponto, será aí tanto mais freqüente quanto mais próximas as capacidades dos grupos e suas condições de partida. A eficácia do microgrupo depende então enormemente de seu equipamento material. Parece, no entanto, que a pesquisa fundamental nos domínios mal explorados ou incertos permanece ainda estritamente individual e requer uma fortíssima personalidade caracterial que lance, num arbitrário perfeito, as bases das doutrinas que serão mais tarde criticadas.

Finalmente, no determinismo exterior da pesquisa intervêm contingências própriamente sociais, tais como a *moda,* e fatores estritamente materiais (educação e escolha do laboratório, por exemplo). A criação científica encontra seu profundo impulso na parte do subconsciente coletivo presente no pesquisador, e a criação só aflora à consciência que conhece tão-somente a paixão intelectual e vê apenas a atividade espontânea, mas ela anima a maioria das grandes descobertas originais fora da pesquisa estritamente aplicada, que participa da tarefa cotidiana e não exige, em princípio, nenhum entusiasmo especial.

De fato, o ato de criação intelectual não pode ser isolado sobre um plano particular, lógico, ou lúdico, de espírito; participa de todos os "planos de liberdade" deste espírito e notadamente do plano das crenças coletivas e do sonho que estão precisamente na origem dos mitos arquetípicos de Jung, no subconsciente coletivo.

Por isso podemos depreender os desejos fundamentais que fazem parte da psicologia profunda do pesquisador nos *Mitos de ação* ou *Mitos dinâmicos,* visando a libertar o homem das condições naturais e a satisfazer desejos irrealizáveis. Tais mitos são equívocos: exprimem tanto a ambição do *homo faber* de tornar-se um semideus, de voar (mito de Ícaro), de ser ubiqüitário, de produzir ouro (mito da alquimia), de deter o raio (mito de Prometeu), ou de criar a vida (mito do Golem) e o terror de modificar a ordem da natureza, o que é sacrílego e ímpio. O que caracteriza a civilização científica moderna é a libertação progressiva — e incompleta — dos antigos terrores na conquista da Natureza pela técnica.

Fenômenos sociais tais como a literatura de divulgação e a ficção científica estabelecem esta expressão da conquista do mundo. A atitude idealista da ciência pura — no sentido platônico — concebida além das aplicações práticas como um jogo do espírito ou uma satisfação puramente estética, parece ser *de facto* a melhor atitude para chegar à ciência realizadora: a pura gratuidade do teórico é mais lucrativa no fim de contas que as "técnicas rituais" de onde surgiu a ciência e das quais se liberou pela lógica.

Estudando a idéia moderna da ciência na sociedade atual, Sullivan declara lídis:

"Se devemos julgar a partir do testemunho superabundante fornecido por atividades tais como a política, os negócios, a finança, devemos concluir que a atenção e o respeito concedidos à ciência estão inteiramente dirigidos a seus resultados e que seu espírito (o espírito grego) constitui a coisa mais *impopular* do mundo moderno.

Poder-se-ia, todavia, sustentar mui razoavelmente que é no seu espírito que reside o valor essencial da ciência."

Esta atitude de gratuidade, averigua-se, não difere daquela que preside à criação artística: fatores, métodos e objetivos imediatos (o prazer estético) são os mesmos, apenas a matéria difere. Não há no ato de criação intelectual diferença de base entre o cientista e o artista, mas seus caminhos divergem rapidamente desde a primeira realização, assumindo a descoberta resolutamente um aspecto coletivo, tornando-se tributária de toda uma estrutura social e incorporando-se no edifício da ciência acabada, enquanto que a obra artística tradicional só penetra na sociedade muito depois de sua realização. A despeito destas diferenças de pormenor, o espírito humano surge como *um* em todas as suas manifestações criadoras.

Em suma, discerniremos no movimento do espírito para a criação científica:

a) uma corrente subconsciente *profunda,* coletiva, arquetípica, de conquista do mundo pelo homem, revelada pelos mitos dinâmicos, que se traduzia antigamente pelo ritual técnico-científico eficaz;

b) uma atitude visível *superficial,* semiconsciente, criação do espírito grego, de paixão intelectual, de jogo gratuito do conhecimento, que se traduz pela Ciência para a honra do espírito humano.

Estas duas correntes se completam: a primeira é a expressão do corpo social que quer o poder sobre a natureza, e utiliza a paixão intelectual do cientista, cuja atitude idealista de gratuidade, cuja mentalidade lúdica, se mostra operacionalmente mais eficaz. É no reconhecimento mútuo, recente, desta eficácia *de facto* que repousam o papel da ciência na sociedade e as relações do cientista e do corpo social: nem um nem outro se compreendem mutuamente, mas cada qual se utiliza um do outro.

§ 5. — RELAÇÕES ENTRE CRIAÇÃO INTELECTUAL
E CONCEPÇÃO DO MUNDO

A expressão das tendências do espírito criador se encontra na ética do pensamento que ele adota, o que se convencionou chamar sua filosofia — sua concepção do mundo e de suas relações com este.

Tanto para o cientista como para o artista, concepção do mundo e tendências estão estreitamente ligadas à sua época, época esta que coloca os criadores numa ambiência conceitual que cabe aos filósofos expressar. Há pois correlação estreita entre ciência e filosofia, sendo o espírito de uma e de outra tão-somente o "espírito da época" na medida em que é suscetível de ser enunciado e definido objetivamente. Deve-se todavia observar aqui uma diferença temporal sistemática de um em relação ao outro. Se o cientista está adiantado com respeito à técnica de seu tempo, o filósofo está à frente, com respeito ao pensamento de seu tempo, em particular do pensamento racional que reclama um certo prazo para impregnar-se da ambiência da época, pois a cidade científica não alimentava, pelo menos até uma data recente, senão relações longínquas com a cidade simplesmente. Assim, as teses de Renan só obtiveram a sua conclusão perfeita no cientificismo trinta anos depois que as enunciou, as de Brunschvicg levaram uma vintena de anos para encontrar sua expressão no retorno a um certo idealismo da física. Parece, contudo, que este atraso, que se afigura corresponder ao atraso necessário para que uma doutrina influencie uma nova geração pelo ensino, diminui, pouco a pouco, com a aceleração das trocas de informação e idéias.

A filosofia, restrita a uma ética do pensamento, surge pois como um reservatório de *preconceitos,* inteiramente *gratuitos,* mas transportáveis numa verificação experimental que lhes dá um valor operacional. Ora, durante todo o estudo dos métodos heurísticos e das infralógicas, vimos que êstes constituem essencialmente uma álgebra das idéias, uma compilação de processos e de regras para *combinar conceitos* entre si sem preocupação exagerada com o valor do resultado que ulteriormente passará pelo crivo de uma lógica verificadora. A este título, a filosofia aparece propriamente como *criadora.* Sua contribuição para as ciências em devir, em particular no seu início, nos oferece inúmeros exemplos disso. É ela quem cria para uma grande parte as perspectivas do campo fenomenal com os elementos fornecidos pela percepção. Eis alguns exemplos:

A noção de espessura do presente, de origem filosófica, viu-se confirmada pelos trabalhos dos psicólogos e subseqüentemente pelo dos psicofísicos, pertencendo daí por diante à prática corrente do laboratório.

A noção de escala de sensações dupla, tripla de uma outra... considerada ilusória (Fabry) pelos físicos, mas que permanece um conceito válido para a filosofia, se impôs ao psicofisiologista após numerosas vicissitudes (Piéron).

As observações de Berkeley e de Kant sobre a perspectiva foram sucessivamente utilizadas pelos ópticos, pelos estudiosos de acústica; encontramo-las nos tratados de registros fonográficos.

P. Lévy, nas Conferências Politécnicas sobre o Cálculo de Probabilidades, trazia à luz os fundamentos filosóficos de um modo de pensamento que domina daí por diante as ciências: o cálculo das probabilidades, que pode basear-se quer numa teoria empirista, quer numa teoria subjetiva. Ele mostrou que somente a teoria subjetiva evita todas as dificuldades. A ciência que pretende ser objetiva pode apoiar-se em noções subjetivas, desde que em cada caso de passagem do subjetivo ao objetivo se verifique escrupulosamente haver de fato eliminado todas as causas de erro sistemático, deixando-se subsistir no máximo desvios aleatórios, purificando-se por assim dizer o aleatório.

Se as referências filosóficas são escassas nas obras de ciências puras é porque raramente o cientista remonta às fontes: ele utiliza em geral um conceito no momento em que este se *banalizou* no mundo culto. Aliás, a idéia fornecida pelo filósofo é amiúde confusa, senão meio falsa, por falta de contato imediato com a experiência, razão pela qual so chega já transformada aos escritos científicos. Basta, por exemplo, lembrar que as teorias da mecânica ondulatória sobre o dualismo onda/corpúsculo abeberaram-se largamente, segundo a confissão de seus criadores, nas "disputas" filosóficas da época de Descartes, Gassendi, Leibniz, Newton.

Spencer construiu a primeira idéia das ações cerebrais, que permaneceu na base das teorias — desta vez propriamente científicas — do córtex. Forneceu a definição de homeostasia, retomada por Cannon: "A vida é o ajustamento contínuo das relações internas às relações externas". Proporcionou igualmente uma das fórmulas fundamentais da teoria da Informação, a dialética ordem/desordem nos termos confusos da passagem da homogeneidade incoerente e indefinida à heterogeneidade coerente e definida, etc...

Sabemos que uma grande parte de suas brilhantes generalizações careciam totalmente de bases sólidas. Será esta uma razão para rejeitar um conceito como isento de valor? O método dogmático, procurando o domínio no qual tal afirmação é válida com base em "todas as coisas são verdadeiras, basta procurar seu domínio de aplicação" (Cap. 7, § 2), nos mostra que a imaginação é um valor essencial da ciência em devir.

Já aludimos ao papel, no desenvolvimento da ciência, dos alquimistas, herdeiros dos cabalistas e dos pitagóricos; foi o conceito puramente filosófico da unicidade da matéria que os levou a admitir que o calor transformava toda substância em seus elementos, conceito prematuro na época do início da química, mas que animou os trabalhos sobre as altas temperaturas e levou a verificá-la, trezentos e sessenta anos após R. Boyle ter tomado a posição oposta, nos fornos elétricos e nas estrelas (Moissan, Eddington, Bethe).

L. de Broglie cita o conceito de Bergson, que prefigura, com quarenta anos de avanço, o pensamento de Heisenberg: "Não há no espaço senão partes de espaço e qualquer que seja o ponto onde se considere o móvel obter-se-á apenas uma posição".

O surgimento da teoria da informação cujos caracteres já salientamos (Cap. 1) parece destinada a acentuar a tendência a admitir explicitamente a origem filosófica dos conceitos científicos através de suas numerosas variações. As questões de "ponto de vista" (definição do código, por exemplo), de "intenção" do transmissor (definição do ruído, por exemplo), de escolha (definição do sinal em um ruído, por exemplo), etc... desempenham aí um papel essencial.

Aliás, a *complexidade* da ciência atual, fato em que insistimos várias vezes no curso do presente trabalho e que continua sendo um dos problemas não resolvidos do conhecimento, torna muitas vezes confusas as explicações nítidas, as teorias com perspectivas definidas, com as quais lidava o cientista dos últimos séculos. A própria natureza da explicação faz-se algumas vezes pouco clara, o que permite que uma explicação rigorosa possa ser insatisfatória. O fato é particularmente claro no estudo dos sistemas múltiplos em auto--reação (servomecanismos, por exemplo). Assim, mais de um terço da obra de W. Ross Ashby já mencionada consagra-se a um estudo de lógica científica com o fito de definir o que é uma "explicação" adequada dos fenômenos, apresentada pelos seres vivos e deduzir daí a significação exata dos termos empregados (conceitos operacionais). Do mesmo modo, os mecanismos do ouvido ligam-se tão intimamente à transmissão ao cérebro de uma certa informação e a natureza da verificação experimental (reflexos condicionados ou resposta) é tal que a noção mesma de "Teoria Física do Ouvido" se torna confusa do ponto de vista lógico, pois é difícil diferenciar aí a parte do órgão dos sentidos e a dos mecanismos cerebrais. Por isso se faz necessário definir previamente os desideratos aos quais deve responder uma *explicação que satisfaça o espírito* da transdução de informação pelo ouvido. O jogo de hipóteses que é a teoria da evolução dos seres organizados, um dos aspectos menos satisfatórios de nossa visão do Universo, repousa ainda quase inteiramente sobre conceitos filosóficos.

Esse tipo de problema multiplica-se na recente evolução da ciência. Os princípios "tão grandes e tão evidentes que é impossível não vê-los", de que fala Pascal, se adelgaçam e se embaraçam nas perspectivas demasiado longínquas. Von Neumann, fazendo notar a inadequação da lógica formal para resolvê-los, declara:

"Suspeitamos todos de uma maneira vaga da existência de um conceito de "complexidade". Tal conceito e suas propriedades ideais jamais foram claramente formulados." "Somos entretanto tentados a supor que as operações efetuadas por um autômato devem possuir um grau de complexidade inferior ao do autômato que as produz (...) Embora esse fato seja plausível, está em contradição evidente com o que deparamos na natureza: os organismos se reproduzem eles mesmos, isto é, produzem novos organismos cuja complexidade não decresce. Demais, há na evolução longos períodos em que a complexidade aumenta: os organismos derivam indiretamente de outros de complexidade inferior.

O mesmo autor reclama uma ciência da complexidade e uma teoria dos "autômatos" convenientemente estabelecidas, que sejam suscetíveis de manipular cadeias complexas de conceitos. Ele vai de encontro, em outros termos, à declaração de Couffignal, citada no Capítulo 7, § 8, que demanda um estudo intrínseco do "modo de utilização do espírito". Diversos autores, dentre os quais Turing, efetuaram algumas tentativas nesse sentido, mas seus trabalhos, orientados sobretudo para a teoria das máquinas de calcular, correspondem apenas, de maneira muito parcial, às exigências anteriores: é este precisamente o papel da *Ética do pensamento* à qual assimilamos a Filosofia e tal papel só pode desenvolver-se num futuro imediato.

Se, com efeito, a civilização tecnológica se acha em sensível atraso com respeito às noções científicas que lhe servem de base — um atraso que se avaliava ser da ordem de vinte a trinta anos, há um século, e da ordem de cinco a dez anos, hoje em dia — estas se encontram, por sua vez, em retardo ante os conceitos filosóficos que lhe deram origem. As realizações técnicas influenciam o ambiente intelectual no instante em que penetram na sociedade, e devido a isto reagem finalmente, por seu turno, sobre a concepção de mundo da época. Há pois um ciclo de auto-reação do pensamento científico sobre o pensamento filosófico por intermédio das aplicações. A ciência pura, isolada, não é por si só capaz de modificar as concepções filosóficas de uma época, porquanto seus próprios conceitos são decorrências destas, mas as aplicações tecnológicas, estas, têm uma *força fecundante da imaginação suficiente* para modificar nossa concepção de mundo: elas são mais fortes que a ciência. As sutis e profundas observações de um Valéry acerca desse mundo finito que começa, acerca do nascimento das redes de transporte de forças, acerca das conseqüências psicológicas e sociais desses progressos tecnológicos, constituem os melhores exemplos dessa tomada de consciência que é *também* uma das tarefas da filosofia — e encontramos curiosamente prefigurada em alguns de seus escritos, o espírito tanto cético quanto realizador que animou certos trabalhos recentes, tais como o papel da estatística, a teoria entrópica da imaginação ou a medida da quantidade de originalidade.

§ 6. — POR UMA FILOSOFIA APLICADA

Destarte, ciências, filosofia, aplicações técnicas vêem-se ligadas em um mesmo progresso por um ciclo de auto-reação que se acelera rapidamente. Decorre daí que, assim como a filosofia não pode, atualmente, desinteressar-se dos mais recentes progressos das ciências, sob uma forma ao mesmo tempo extensiva e pormenorizada, fato que requer dela um considerável esforço de documentação e atualização, muito análogo ao dos próprios cientistas, do mesmo modo seria perigoso para estes últimos, ao menos para os criadores propriamente ditos, pretender ignorar a evolução do pensamento contemporâneo, tal como é ilustrada pelo artista ou escritor e expressa pela filosofia. Eles correm no caso o risco de abandonar a maior parte dos recursos da *imaginação criadora*: a filosofia, na sua acepção mais positiva, apresenta-se como um relé de imaginação, uma fonte de criação contínua de conceitos.

A prova mais concreta dessa influência nos é fornecida pela verdadeira experiência de sociologia científica em grande escala, que é representada pelo *isolamento* através das barreiras da linguagem e da inércia das civilizações que tendem, a despeito de todos os esforços individuais, a se ignorarem mutuamente. A característica intelectual dos empiristas ingleses, de Bacon, de Mill e de Spencer, acha-se, mais do que nos escritos dos filósofos anglo-saxões, no princípio da homeostasia de Canon ou nos princípios da Cibernética de Grey Walter, como a de Hegel e de Goethe se encontra no espírito dos Enciclopedistas ou nos tratados alemães de cardiologia.

Ora, se as trocas de informação entre especialistas são bastante intensas no que concerne à sua especialidade para superar, melhor do que em qualquer outra parte, aliás, as barreiras lingüísticas, cumpre admitir como um fato que tais trocas permanecem, na enorme maioria dos casos, limitadas à especialidade. Em outros termos, se os filósofos franceses estão mais ou menos a par da filosofia alemã e anglo-saxônica, como os físicos franceses estão inteirados dos trabalhos de seus colegas do M. I. T. ou de Heidelberg, em compensação, os cientistas franceses possuem, salvo exceção, apenas um conhecimento muito superficial dos trabalhos de Cassirer ou dos escritos de Locke. De fato, a cultura geral dos cientistas é herdeira direta da ambiência local, mas não participa da filosofia estrangeira, a não ser pelos nomes mais importantes — os mais interpretados — desta. A ambiência intelectual de uma outra civilização mantém-se fechada ao cientista fora de sua ciência particular: não é impossível, aliás, que este estado de coisas mude rapidamente. Essa noção de civilização local, enquanto ambiência intelectual, é uma das mais sutis e das mais lábeis que existem e cabe pensar que a expansão tecnológica das comunicações, que é o acontecimento do século XX, deva contribuir para suprimi-la. É esta a idéia invocada por C.P. Snow no seu livro *Two Cultures*.

Neste sentido, as·matemáticas assemelham-se em numerosos pontos à filosofia. Elas se desenvolvem de maneira quase autônoma, submetidas às suas exclusivas regras internas, que são as do pensamento puro, haurindo de bom grado temas, pretextos de estudos ou sugestões nas ciências do real, e são totalmente despidas de aplicações imediatas em suas partes mais avançadas. Elas conseguiram, entretanto, impor para além de tõda dúvida, a todos os espíritos, a crença em seu valor, na amplitude coerente de seu edifício e na possibilidade de aplicá-las ao mundo real: as *matemáticas aplicadas* quer na Física ou na Biologia, quer na Técnica, constituem um sistema estabelecido.

Por que não poderia o corpo de disciplinas filosóficas, similares à matemática em tantos aspectos, desempenhar, ele também, um papel análogo no desenvolvimento das ciências do real? Vimos no curso da presente exposição que a incoerência, tão freqüentemente invocada contra os sistemas filosóficos, não era muito mais, no fim de contas, que um aspecto secundário na ciência atual, que *vive* da contradição e se sente aí muito bem, deixando justamente à matemática e à sua extensão, a lógica formal, o cuidado de prover a coerência universal.

Assinalamos acima o papel preponderante que a limitação filosófica exerce na evolução criadora do pensamento. O extraordinário desenvolvimento da psicologia experimental com base nesta metafísica, que foi o rebento sistemático de toda metafísica efetuada pela teoria do comportamento, a luta entre a escola gestáltica e a escola behaviorista, são exemplos sólidos da aptidão construtiva da ética do pensamento, aplicada em domínios onde, por formação, os cientistas estavam preparados para recorrer a ela.

O corpo das doutrinas filosóficas atuais se desenvolveria em uma *Filosofia aplicada,* composta de peças díspares e tentativas de aspecto decididamente experimental, esforçando-se, segundo o voto de Russell, no sentido de tornar-se capaz de inventar hipóteses que, mesmo se não forem verdadeiras, permanecerão todavia frutuosas após as correções necessárias. Uma tal filosofia aplicada seria para a descoberta do mundo das relações o que são as matemáticas para a ciência experimental. Como elas, seria uma filosofia *criadora* que teria como um de seus primeiros objetivos elaborar, por exemplo, uma doutrina da complexidade e tornar explícitas as relações entre ciências distantes.

Em outros termos, é possível dar um lugar a uma *Heurística,* enquanto disciplina nova desempenhando um papel análogo ao das matemáticas aplicadas? É a questão que colocaremos à guisa de conclusão, convidando os filósofos a resolvê-la.

Bibliografia

O papel da Bibliografia é:

a) fornecer indicações sobre as fontes que serviram ao autor;

b) fornecer uma documentação sobre as questões tratadas independentemente do ponto de vista do autor;

c) fornecer referências sobre os trabalhos efetuados sobre o mesmo assunto ou assuntos conexos.

Para responder ao primeiro *desideratum* do modo mais simples, sem sobrecarregar inutilmente o texto, fizemos uma bibliografia de autores.

Para responder ao segundo e terceiro *desiderata,* incorporamos neste repertório trabalhos não referidos no texto mas que, por uma ou outra razão, têm uma relação direta com o mesmo acompanhando-os eventualmente de um breve comentário.

As referências acompanhadas de um asterisco são aquelas que não consultamos pessoalmente por este ou aquele motivo, seja porque a citação de segunda mão fornecida foi suficiente para o fim que perseguíamos, seja porque não pudemos alcançar a fonte indicada. Essas últimas que podem, todavia, apresentar um interesse documentário fora de nosso objetivo preciso, são pois dadas a título indicativo e sem qualquer garantia de nossa parte.

Os textos referidos no nome de autor constituem uma lista dos trabalhos efetuados por ele, desde a publicação original deste livro em 1957 no domínio da criatividade.

F. HEGEL: *Morceaux choisis par LEFEVRE et GUTERMAN,* N. R. F., 2ª ed., 1939, 350 págs. in-8.

S. K. LANGER: *Philosophy in a new key,* Mentor Books Ed., M. 25, 1948, in-12, 248 págs. (Edição brasileira: *Filosofia em Nova Chave,* Perspectiva, S. Paulo. 1971.)

P. FRANCK: Le principe de causalité et ses limites,
                    Flammarion, Coll. de Philosophie scienti-
                    fique, 1938, in-12, 250 págs.

E. HUSSERL: Méditations cartésiennes, Vrin, 1947, Paris,
                    in-8, VII — 134 págs., Sorbonne 8º SPn
                    2196.

E. HUSSERL: Idées directrices pour une Phénoménologie,
                    N. R. F., 1950, in-8, XXXIV, 568 págs.

G. BERGER: Le Cogito dans la Philosophie de Husserl,
                    Aubier, 1941, in-8, V. em particular as
                    págs. 68 e ss.

G. BERGER: Cours de Psychologie générale 1949-1950
                    na Faculté des Lettres d'Aix — não pu-
                    blicado.

R. DESCARTES: Règles pour la direction de l'esprit, in
                    Oeuvres Complètes, publicadas por V.
                    Cousin, T. XI, 1826.

A. COMTE: Cours de Philosophie Positive, Editions po-
                    sitivistes, Crès, 1900.

S. HAMPSHIRE: Spinoza, Pelican A 253, Harmondsworth,
                    1951, in-16.

B. SPINOZA: Éthique, 2ª parte in Oeuvres Complètes,
                    Bibliothèque de la Pléiade, N. R. F., 1954,
                    in-12.

F. NIETZSCHE: Also Sprach Zarathustra, Aubier éd., Paris,
                    1946, 698 págs. in-12.

W. JAMES: Le Pragmatisme, Flammarion, in-8, 1912.

B. RUSSELL: Selected Papers, Modern Library, Random
                    House, N. Y., in-12, 250 págs.

B. RUSSELL: Mysticism and Logic, Pelican Publ. A 270,
                    220 págs. in-12, 1953.

L. BRUNSCHVICG: L'idéalisme français contemporain, Alcan,
                    in-8, Paris, 1905.

H. SPENCER: First Principles of Philosophy, N. Y, 1910.

R. ARON: Introduction à la Philosophie de l'Histoire,
                    N. R. F., Paris, 1938, in-8, 357 págs.

H. BERGSON: La Pensée et le Mouvant, P.U.F., in-8.

H. FRANKFORT,   Before Philosophy, Pelican A 198, 275
WILSON. JACOBSEN: págs., 1951, in-12, Harmondsworth.

E. CASSIRER: Philosophie der symbolischen Formen, B.
                    Cassirer, Verlag, Berlim, 1928, 3 vol. in-8.

P. VALÉRY: De l'histoire: in Crise de l'Esprit — Re-
                    fléxions sur le monde actuel, N. R. F.,
                    in-12, Paris, 1938.

G. BACHELARD: Le nouvel esprit scientifique, P. U. F.,
                    Paris, 1952, in-12.

G. BACHELARD: L'activité rationaliste dans la pensée con-
                    temporaine, P. U. F., 1950, in-8, 280 págs.

G. BACHELARD: *Le matérialisme rationnel*, P. U. F., 1952, in-8, 220 págs.

B. RUSSELL: *Mysticism and Logic*, Pelican A 270, 1952, 218 págs. Harmondsworth.

E. BOREL: *Le hasard*, Bibliothèque scientifique Alcan, Paris, 1928, in-12, 300 págs.

H. POINCARÉ: *La science et l'hypothèse*, Flammarion, Paris, 1932, in-12, 292 págs.

H. POINCARÉ: *La valeur de la science*, Flammarion, Paris, in-12, 1942, 278 págs.

H. POINCARÉ: *Science et Méthode*, Flammarion, Paris, 1909, in-12, 314 págs. — em especial pág. 44: capítulo sôbre a invenção matemática.

L. BRUNSCHVICG: *Les étapes des mathématiques*, Alcan, Paris, 1912, in-8, 591 págs.

P. S. LAPLACE: *Réflexions philosophiques sur le calcul des probabilités*, Gauthier Villars, 1921, 2 vols., 100 págs. in-16.

K. PEARSON: *The grammar of science*, Dutton Everyman's, N. Y., 1937 — Sorbonne 8º S Pn 1493.

L. POINCARÉ: *La Physique moderne*, Flammarion, 1922, in-12, 280 págs.

L. DE BROGLIE: *Physique et Microphysique*, Ed. Albin Michel, Paris, 1947, in-12, 370 págs. — Col. Sciences d'aujourd'hui.

L. DE BROGLIE: *La Physique nouvelle et les quanta*, Ed. Flammarion, Bibl. de Philosophie scientifique, Paris, 1937, in-8, 310 págs.

L. DE BROGLIE: *La Physique quantique restera-t-elle indéterministe?*, Revue d'Histoire des Sciences, T. V., nº 4, Out.-Dez., 1952, págs. 289-311.

M. R. COHEN et NAGEL: *An introduction to logic and scientific Method*, Harcourt Brace Co., N. Y., 1934, in-12, 467 págs.

A. EINSTEIN: *Comment je vois le monde*, Flammarion, Paris, 1952, in-12 — cf. em particular as págs. 150 e ss. sôbre a ciência e o método científico.

I. B. CONANT: *On understanding science*, Yale University Press, New Haven, 1947.

E. MEYERSON: *Identité et réalité*, Alcan, 4ª ed., 1932, in-8.

A. REYMOND: Comunicação à Secção de Filosofia de Congresso da Associação francesa para o avanço das ciências, Genebra, 1949.

J. A. SULLIVAN: *The limitations of modern Science*, Mentor Books, N. Y., in-12, 250 págs., 1948.

H. DUBS: *Rational Induction*, 1930, págs. 48-50, University of Chicago Press, in-8, 510 págs. — Sorbonne SPn 2846 8º.

J. DAUJAT: *L'oeuvre de l'intelligence en Physique*, P. U. F., in-8, 1946, 190 págs.

E. GOBLOT: *Traité de logique*, A. Colin, Paris, 1918, in-8, 412 págs.

R. W. BRIDGMAN: *The Logic of Modern Physics*, Macmillan, N. Y., 1946, 228 págs. Esta obra clássica define os conceitos operacionais.

I. J. GOOD: *Probability and the weighing of Evidence*, Griffin, 1950, in-8, 120 págs.

M. BOLL: *Éléments de logique scientifique*, Dunod, 1942, págs. 205-209.

S. S. MILL: *System of logic*, Longmans Green, N. Y., 1930, in-8.

R. CARNAP: *Abriss der Logistik*, Springer, Viena, 1929, 114 págs. — Sorbonne C 1294 2D 8º.

R. POIRIER: *Logique et modalité du point de vue organique et physique*, A. S. I. 1163, Herman, 1952, 113 págs. in-8.

A. N. WHITEHEAD: *An introduction to Mathematics*, 1945, in-12, 256 págs., N. Y. — Sorbonne L 2413 (18).

P. FÉVRIER: *Structure des théories physiques*, P. U. F., in-12.

P. FÉVRIER: *Les nouvelles logiques*, P. U. F., in-12, 1950.

J. L. DESTOUCHES: *Principes fondamentaux de Physique théorique* — T. I. 1942, in-8, C. N. R. S. Ed. 573 págs. in-8 — Prefácio de L. DE BROGLIE.

P. DUHEM: *La théorie physique, son objet, sa structure*, 2ª ed., 514 págs., Paris Rivière — Sorbone Sφ 813 8º.

F. ENRIQUES: *L'évolution de la logique*, Paris, Chiron, 1926, 204 págs. in-8.

C. E. GUYE: *L'évolution physico-chimique*, Chiron ed., 1922, in-8, 114 págs.

J. PIAGET: *Introduction à l'épistémologie génétique*, Paris, P. U. F., 2 vol., in-8, 280 págs., 1953.

M. WERTHEIMER: *Productive thinking*, Harper Pub., N. Y., 1945, 224 págs. in-8 — Sorbonne L 5948, in-8.

J. PICARD: *Essai sur les conditions positives de l'invention dans les sciences*, F. Alcan, Paris, 1928, 324 págs. — Sorbonne HFUf 116 a (41) 8.

Th. RIBOT: *Essai sur l'imagination créatrice,* Alcan ed., Paris, 1900, in-8, 304 págs.

E. LEROY: *La logique de l'invention,* Revue de Métaphysique et de Morale, 1905, T. XIII, págs. 193-197.

R. S. WOODWORTH: *Experimental Psychology,* N. Y., Holt, 1938. Capítulos XXIX e XXX.

N. MAIER: *Reasoning in humans,* J. of Comparative Psychology, 1930, vol. 10, págs. 115-144.

W. JAMES: *Briefer course of Psychology,* Holt Publ., N. Y., 1948, págs. 270-350.
Os Capítulos Associação, Imaginação, Raciocínio (págs. 270-350) são dedicados à criação.

C. STORRING: *Experimentelle Untersuchungen über einfache Schlussprozesse* — Archiv der gesamten Psychologie, 1908, 11, 1927.

P. DOROLLE: *Le raisonnement par analogie,* P. U. F., 1949, in-8, VII, 182 págs.

J. HADAMARD: *Psychology of Invention in Mathematical Fields,* Princeton University Press, 1945, Princeton, N. J.

A. MICHOTTE: *La perception de causalité,* Vrin ed., Lovaina, 1946, 8º VIII — 296 págs. — Sorbonne C 2773 (6).

M. PETROVITCH: *Processus communs dans les phénomènes disparates,* Alcan, Paris, 1921, in-12, Sorbonne SPn 1005.

E. BRIGHT WILSON: *An Introduction to scientific research,* Mc Graw Hill, 1952. Ver especialmente o capítulo 10 que trata da lógica das probabilidades aplicada à pesquisa.

C. HELMHOLTZ: *Vortraege und Reden,* 1896, I.

PLATT & BAKER: *Journal of Chemical Education,* 1931, 8, págs. 1969-2002.

DEWEY J.:   *How we think,* Boston, Heath and Co., 1910.

J. E. DOWNEY: *Creative Imagination,* N. Y., Harcourt Brace, 1929.

DUNCKER K.:   *On Problem solving* Psychol. Monographs, 1945, 58, nº 270.

GOLDSTEIN K. and M. SCHEERER: *Abstract and concrete Behavior* — Psychol. Monographs, 1941, 53, nº 239.

PATRICK C.: *   *Creative Thought in poets* — Archiv Psychol., N. Y., 1935, 26, nº 178.

PATRICK:*   *Creative Thougth in Artists* — J. Psychol., 1937, 4, 35-73.

PIAGET J. e outros: *La représentation du Monde chez l'Enfant,* P.U.F., Paris, 1947, in-8, 425 págs.

K. SPEARMAN: *Creative Mind,* Londres, 1931.

B. GHISELIN Ed.: *The Creative Process,* University of California Press, 1952, in-12, 251 págs. Antologia de textos de 38 personalidades criativas sôbre os mecanismos da criação.

G. A. MILLER: *Language and Communication,* Mc Graw Hill Co., N. Y., 1951, in-8, 298 págs.

C. SHANNON and W. WEAVER: *Mathematical Theory of Communication,* University of Illinois Press, Urbana, 1950, in-8, 116 págs.

G. K. ZIPF.: *The psycho-biology of language,* Boston, Houghton Mifflin Publ., 1935, in-8, 336 págs. — Sorbonne L 2511 (8º).

G. K. ZIPF: *Human behavior and the principle of least effort,* Addison Wesley Press, Cambridge, Mass., 1949, in-8, I-8, XI-573 págs. — Sorbonne L 6022.

F. GALTON: *Enquiries into the human faculties,* Everyman's Library, Londres, in-8, 261 págs., 1910.

C. L. HULL: *Principles of Behavior,* Appleton Century Crafts, 1943, N. Y., in-8.
O mais preciso aspecto do behaviorismo.

M. MERLEAU-PONTY: *Phénoménologie de la Perception,* N. R. F., Paris, 1945, in-8.

W. ROSS ASHBY: *Design for a brain,* Willey, 1952, N. Y., in-8, 260 págs. Os primeiros capítulos da obra colocam muito claramente o problema behaviorista do papel da comunicação e da natureza lógica da explicação científica.

CRAFTS and SCHNEIRLA: *Recent Experiments in Psychology,* Mc Graw Hill, 1952, cf. caps. XXII e XXIII sôbre o raciocínio indutivo.

KARKOWSKY and BERTHOLD: * *Psychological studies in semantics,* J. Soc Psychol., 1945, 22, págs. 87-102.

KARKOWSKI and SCHACHTER: * J. Soc. Psychol., 1948, 28, págs. 103-120.

P. GUIRAUD: *Les caractères statistiques du vocabulaire,* P. U. F., in-8, 116 págs.

E. THORNDIKE and LORGE: *The teacher's Book of 30 000 words,* N. Y., Publicações Teachers College, Universidade de Columbia, 1944.

G. E. VAN DER BEKE: *French Word Book.* Publicações das comissões americana e canadense das línguas modernas, vol. XV, N. Y., Mc Millan, 1929.

C. G. JUNG: *Studies in Word Association,* Londres, Heinemann, 1918.

L. BOUMAN: *Onderzoekingen over vrije woord associatie,* Amsterdã, Müller, 1935, 225 págs. in-4.

KENT and ROSANOFF:* *A study of association in insanity,* Am. Journ. of Insanity, 1910, 67, págs. 32-96 e 317-350.

FOLEY and MACMILLAN: * *Mediated generalization and interpretation for verbal Behavior,* J. of Exper. Psychol., 1943, 33, págs. 299-310.

JEFFRES, VON NEUMAN, MAC CULLOCH e outros: *Cerebral mechanisms in Behavior* (The Hixon Symposium), Wiley, 1948.

L. COUFFIGNAL: *Machines à penser,* Editions de Minuit, 1952, in-8, 155 págs.

N. FORSTER e outros: *Conférences on Cybernetics,* 4 vols., in-8, 1949, 50, 51, 52, Josiah Macy's Foundation.

A. MOLES: *Structure Physique du signal musical et phonétique* — Tese, Sorbonne, 1952, 150 págs., in-4 — Sorbonne ψ Phys. 1952 (12) 4º.

D. HOWES: *On the interpretation of word frequency as a variable affecting speed of recognition,* J. of Exp. Psychol., vol. 48, nº 2, 1954, pág. 106.

W. A. RUSSELL and

L. H. STORMS: *Implicit verbal chaining in paired associate learning,* J. of Exp. Psychol., vol. 49, nº 4, 1955, pág. 187.

H. QUASTLER: *Information Theory in Psychology,* Free Press, Glencoe, 1955, in-8, 436 págs.

E. BRIGHT WILSON: *Introduction to scientific research,* 1ª ed. Mc Graw Hill, 1952, 300 págs. in-8.

S. S. STEVENS: *On the theory of scales of measurements,* Science 103, págs. 677-680, 1946.

S. S. STEVENS e outros: *Handbook of Experimental Psychology,* Wiley and Sons, N. Y., 1953, 1800 págs. in-8.

S. S. STEVENS: *Report on quantitative estimates of sensory events.* Advancement of Science, 1, 331, 349, 1940.

E. TEMPLE BELL: *Men of Mathematics,* Pelican, 2 vols., A 276, A 277, 1954, in-12.

H. SHAPLEY and S. RAPPORT: *A treasury of Science,* Harper Books, N. Y., 1943, in-8.

R. LANGLOIS--BERTHELOT: *Echauffement et rendement des machines électriques,* Bull. S. F. E., 1950.

A. MOLES: Tese Ciências Físicas, Sorbonne, 1952, 150 págs. in-4, Cap. VIII.

A. CAILLEUX: *L'homme est le plus évolué des animaux* — Science et Vie, nov. 1952, pág. 342.

V. O. KNUDSEN e
C. HARRIS: *Acoustical designing in Architecture.* Wiley, 458 págs. in-8, 1950. Exposição moderna sôbre o papel do tempo de reverberação segundo os trabalhos de Sabine.

L. BRILLOUIN: *Mathématiques*, Masson, 2ª ed., 1947.

G. BRÜHAT: *Traité de Physique* — Electricité, Masson, 6ª ed., 650 págs. in-8, 1945.

Y. ROCARD: *Cours d'électricité à l'usage de l'enseignement supérieur*, Masson, 1951, 539 págs. in-8.

FAIVRE-DUPAIGRE e
LAMIRAND: *Cours de Physique à l'usage de la classe de première*, Masson, 1934, in-12, 300 págs.

J. FALLOU: *Leçons d'Electrotechnique générale*, Gauthier-Villars, 1939, 2 vols. in-8.

A. MOLES: *Etude critique de la notion de haute fidélité dans les canaux électroacoustiques* — Onde Electrique, Janeiro de 1952, nº 298, págs. 11-25.

A. MOLES: *Le rôle de la dynamique dans l'expression des contrastes sonores*, Bull. Union Européenne de Radiodiffusion, Genebra, 1950, 1, nº 4, pág. 351.

F. HOYLE: *La Nature de l'Univers*, P. U. F., 1952, in-12 180 págs.

K. KUPFMÜLLER: *Systemtheorie der elektrischen Nachrichtenübertragung*, Hirzel, Stuttgart, 1952, 2ª ed., 392 págs. in-8.

A. MOLES: *Métrologie et classification des appareils de mesure* — Annales des Télécommunications, Julho de 1953, pág. 250.

VOGEL e MOLES: *Usure localisée des fils de contact de trolleybus*, Revue Générale de l'Electricité, set. de 1951, T. 60, nº 9, págs. 349-352.

VON KARMAN and
M. BIOT: *Mathematical Methods in Engineering*, Mc Graw Hill, 1942, in-12, 280 págs.

R. MALAVARD: *La méthode rhéoélectrique*, Publ. Sc. Ministère Air, 1939, Gauthier Villars, nº 176 p., Sorbonne SXac 65 (153) 4º. Êsses dois livros dão excelentes exposições sôbre os métodos de analogia relativos aos campos laplacianos.

Ch. MAURAIN: *Les états physiques de la Matière*, Alcan, 1910, in-8, 280 págs. Sobre a noção de cristais líquidos consultar as págs. 197 e ss.

J. LHERMITTE: *Les mécanismes du cerveau*, N. R. F., 1937, in-12, 238 págs. Encontrar-se-á neste livro bastante acessível uma discussão das teses localizacionistas das estruturas cerebrais.

A. MOLES: Pourrons-nous un jour décupler la résistance mécanique des métaux?, *Science et vie*, nov. 1943, pág. 208. Encontrar-se-á nesta exposição uma discussão sobre a definição de um metal.

A. MATHIEU: *La Synthèse asymétrique*, Hermann, 1935, ASI 209, in-8, 65 págs.

R. BECKER: *Théorie des électrons*, Alcan, 1938, in-8, 441 págs.

L. DE BROGLIE: *Matière et Lumière*, Albin Michel, in-16, 1937, 200 págs.

G. GOUY: *Le mouvement brownien*, Revue Générale des Sciences, 1895, pág. 5 e ss.

E. DARMOIS: *Cours de Physique*, Electricité, Ed. Sedes, in-8, 400 págs., págs. 1-14.

E. DARMOIS: C. R. Ac. Sc., 226, 1948, pág. 882.

LE CORBUSIER e outros: La grille C.I.A.M. in *Oeuvres Complètes*, Zurique, 1938-1944, 13 21, Ed. d'Architecture, 200 págs.

I. PAVLOV: *Les réflexes conditionnels*, Alcan, Paris, in-8, 350 págs., 1928.

E. G. WEVER: *Theory of Hearing*, Wiley, N. Y., 1949, 480 págs. Encontrar-se-á nos capítulos V e VI uma exposição detalhada do fenômeno do recrutamento.

H. MACKER: *Elektrische Bogen mit hohen Leistungen*, A. für Physik, 1949, nº 4.

W. G. BURGERS: *Représentation schématique de la croissance des noyaux dans les métaux déformés*, Physica IX, Dez. 1952, págs. 987--995.

U. R. EVANS: *Lois régissant l'expansion des cercles et sphères*, Trans. Faraday Soc. nº 28, vol. XLI, parte 7, julho de 1945, págs. 365-374.

A. MOLES: *La fonction de lissage et ses applications*, Revue Mesures, nº 208, 1954, set., págs. 553-559.

A. MOLES: *Information et Cybernétique*, Onde Electrique, nov. 1953, págs. 637-651.

A. MOLES: *Pourquoi deux violons font-ils plus de bruit qu'un seul?* — J. de Physique, 1949, série VIII, T. X, págs. 194-198.

288   A CRIAÇÃO CIENTÍFICA

S. I. TOMKEIEFF: *Three dimensional periodic table of elements*, Chapman and Hall, Londres, 1950, in-8.

J. A. R. NEWLANDS: *The periodical law* — Chemical News, ag. 1865. A primeira idéia da tabela de Mendeleiev.

A. MOLES: *Sur la caractérisation des discours et de la diction*, Annales des Télécommunications, T. 12, nº 2, jan. 1957, págs. 21-32.

H. DUDLEY and   *The speaking machine of Wolfgang von*
T. H. TARNOCZY: *Kempelen*, J. of Acoust. As. Am., 22, 1951, 66, 1950.

P. SCHAFFER e   *À la recherche d'une musique concrète*,
A. MOLES: Ed. du Seuil, 1952, 230 págs., formato 14 x 19.

H. STAFFORD   *The inventor and his world*, Pelican A
HATFIELD: 178, Harmondsworth, 1948.

W. HUGGINS: *As informational Theory of hearing* — J. Ac. Soc. of America, 1954.

J. BERNHART: *Traité de prise de son*, Eyrolles, 1950, 382 págs. in-8.

P. LÉVY: *Les fondements du calcul des probabilités* — Conférences polytechniques, 17 nov. 1953, 20ª série, 16 págs.

K. PALUEV: *How collective genius contributes to industrial progress* — General Electric Review, maio 1941, págs. 254-261.

L. KOWARSKI: *Psychologie de l'organisation des grands centres de recherches physiques* — Atomes, out. 1949, pág. 335.

COGGESHALL: *Télé-Tech.*, abril 1949, pág. 250.

J BERNAL: *New Frontiers of the Mind* — New Statesman and Nation, 18 ag. 1945, pág. 104.

S. GOUDSMIT: *L'Allemagne et le secret atomique*, Paris, Fayard, in-12, 280 págs., 1948.

MILLS: *The organization of scientific research in Great Britain* — British Science News — vol. 1, nº 9, 1948, págs. 2-10.

ROSSMAN: *The psychology of the inventor*, 1931.

J. C. CROWTHER: *Social relations in Science*, Londres, 1941.

ERIC ASHBY: *Scientist in Russia*, Pelican, in-12, 1948.

A. DUBOIS-REYMOND: *Erfindung und Erfinder*, Berlim, 1906.

OGBURN e outros: *Technology and International Relations*, Harris Foundation Lectures, University of Chicago Press, 1949, 200 págs.

V. KOSTITZIN: *Biologie mathématique*, A. Colin ed., Paris, 1939, in-16, 200 págs.

A. TUSTIN: *The mechanism of economic system*, W. Heineman, Londres, 1953, in-8, 250 págs. Exemplo de emprego de modelos racionalizantes.

F. H. ALLPORT: *Theories of perception and the concept of Structure*, Wiley and Sons, N. Y., in-8, 709 págs., 1955. Atualização substancial dos problemas de percepção das estruturas.

M. MERLEAU-PONTY: *Phénoménologie de la perception*, N.R.F.. 1945. Obra básica, bibliografia extensa dos trabalhos alemães sobre a psicologia da forma.

R. S. WOODSWORTH: *Experimental Psychology*, Holt, N. Y., 1942, 4ª ed., 850 págs.

P. NAVILLE: *La psychologie, science du comportement*. N.R.F., 1942, in-12, 253 págs., parte 3.

M. GINSBERG: Sociology: Oxford University Press, 280 págs., in-16, 1942.

G. GURVITCH: *La sociologie au XXᵉ siècle*, P.U.F.. 1948, in-8. Dois trabalhos clássicos sobre a definição da classe social.

W. R. STAGNER: *Psychology of Personality*, Mc Graw Hill. 2ª ed., 1948, 485 págs. in-8.

CRAFTS e SCHNEIRLA: *Recents experiments in psychology*, Mc Graw Hill, 1952, Cap. 18, 19 e 23 (compilação de alguns grupos de experiências importantes, especialmente as de Maïer).

H. FRANKFORT, WILSON, JACOBSEN: *Before Philosophy*, Pelican A 158, 275 págs. 1951. Ver especialmente as págs. 15--70, lógica mitopoéica.

A. MOLES: *Peut-on baser une caractérologie objective sur la méthode des corrélations*, Etudes Philosophiques, nº 3/4, julho-dez. 1949. pág. 387.

J. STOETZEL: *Théorie des opinions*, P.U.F., 1943, in-8. 450 págs.

G. POYER: *Les sept univers de la Pensée*, Cahiers Internationaux de Sociologie, vol. V, 1948. pág. 38.

Ch. BLONDEL: *Introduction à la Psychologie*, col. Armand Colin, nº 102, Paris, 1946, in-12, 211 págs.

M. MEAD: *Coming of age in Samoa*, Pelican Publ. Harmondsworth.

M. GRIAULE: *L'image du monde chez une population du Soudan* — J. de la Soc. des Africanistes. 1949.

M. GRIAULE: *Dieu d'eau*, Editions du Chêne, Paris, 1948. 263 págs. in-16.

M. GRIAULE: *Réflexions sur des symboles soudanais,* Cahiers Internationaux de Sociologie, pág. 6, vol. XIII, 1952.

A. REY: Encyclopédie française — T. I., cap. 10.

H. SEROUYA: *La Kabbale,* Grasset, in-4, 500 págs., 1949.

G. BERGER: *Traité pratique d'analyse du caractère,* P.U.F., 1950, in-12, XX- 251 págs.

D. BAYROFF: *   J. of Comparative psychology, 1931, págs. 77-94.

TOLMAN: Psychological Review, 1948, 55, págs. 189--208.

COX and TERMAN: *Genetic Studies of Genius,* vol. III, Early mental traits of 300 geniuses, Stanford University Press, 1926, 842 págs. in-8.

F. BRESSON: *Quelques aspects de la psychologie de la pensée* — J. de Psychologie, nº 1/2, jan./ /junho 1954, pág. 109.

H. J. EYSENCK: *Uses and abuses of Psychology,* Pelican A 281, 1954, in-12.

P. GRIEGER: *L'intelligence et l'éducation intellectuelle,* P.U.F., 1952, in-12, 250 págs.

R. LESENNE: *Traité de caractérologie,* 3ª ed., P.U.F., 1950, in-8.

P. MAUCORPS: *Psychologie des mouvements sociaux,* Que sais-je?, P.U.F., nº 425, Paris, 160 págs., in-16.

WOODWORTH, MARQUIS: *Psychology,* Methuen, Londres, 20ª ed., 1949, in-12.

S. HUTIN: *L'alchimie,* P.U.F., Que sais-je?, 150 págs. in-16.
Pequena introdução muito clara que orienta a leitura das obras mais substanciais.

BERTHELOT ET RUELLE: *Collection des anciens alchimistes grecs,* Steinheil, Paris, 1885, in-4.

BERTHELOT: *Les origines de l'alchimie,* Steinheil, Paris, 1885, in-4.

C. G. JUNG: *Psychologie und Alchemie,* Rascher Verlag, 1944, Zurique, in-8, 686 págs., Sorbonne L 3050 8º.

C. G. JUNG: *Symbolik des Geistes,* Rascher Verlag, Zurique, in-8, 500 págs. 1948.

CURT SACHS: *The history of musical instrument,* Norton Co, N.Y., 1948, in-8, 400 págs.

CURT SACHS: *Geist und Werden der Musikinstrumente,* Berlim, 1929.

R. SMYTH: *Atomic energy for military purposes* — Review of Modern Physics, set. 1945.

P. GRIMAL: *Dictionnaire de la Mythologie grecque et romaine*, P.U.F., Paris, 1951.

E. HAMILTON: *Mythology*, Little Brown and Co., N. Y., 1940, 335 págs. in-8.

B. LAUFER: *The prehistory of aviation* — Field Museum anthropological series, vol. XVIII, Chicago, 1928.
Esta obra descreve o mito do vôo nas diversas civilizações: chinesa, hindu e clássica.

R. A. COHEN: *Everyman's Talmud*, Dent Dutton, 1929.

G. SCHOLEM: *Encyclopedia Judaica*, Eschkal Verlag, Berlim, 1931, art. Golem.

N. AUSUBEL: *The Golem of Prague*, Treasury of Jewish Folklore Crown, N.Y., 740 págs. in-8, 1948.

Mary W. SHELLEY: *Frankenstein*, Everyman's Library, N.Y., 250 págs. in-12.
Essas quatro obras apresentam as formas antigas e modernas do mito do Golem.

A. MOLES: *Fiction scientifique et Utopie* — a ser publicado — Cahiers d'Etudes Radiophoniques, 1957.

H. PIERON: *Les échelles d'intensité sensorielle* — Année Psychologique, 1948, pág. 385.

N. SPENCER: *Principles of Psychology*, N.Y., 1910, T. I.

I. KANT: *Physiologische Prinzipien von Absichts Empfindungen*. Gesammelte Werken, 1890, Leipzig.

P. VALÉRY: *Mauvaises pensées*, N. R. F., Paris, in-12, 223 págs., cf. pág. 10, 26, 43.

D. WOLFLE: *Comparisons between Psychologists and other professional groups* — The American Psychologist, págs. 231-237, vol. 10, nº 6, junho 1955.

J. L. MORENO: *Who shall survive?*, Beacon House, N.Y., in-8.

J. L. MORENO: *Sociometry*, Beacon House, N.Y., 1953, 250 págs. in-8.
Essas duas obras definem os fundamentos da Sociometria dos grupos criativos.

E. J. HOLMYARD: *L'alchimie en Islam médiéval*, Endeavour, vol. XIV, nº 55, 1955, pág. 117.

G. BERGER: *Cours d'esthétique*, 1950 (não publ.) — Faculté des Lettres d'Aix.

P. VALÉRY: *Morceaux choisis*, N.R.F., in-12, 1930, 332 págs.

J. ROSTAND: *Pensées d'un biologiste*, N.R.F., in-16, 200 págs.

J. H. NEWMAN: *La pensée de J. H. Newman,* par F. Delattre, Payot, in-12, 306 págs., 1914.

L. DA VINCI: *Carnets,* editados por Mc Curdy, N.R.F.. 1942, in-8, 2 vols. (568 e 306 págs.).

GOETHE: 1º *Fausto,* ato II (Epígrafe do cap. IX), v. 870.

R. QUENEAU: *Bâtons, chiffres et lettres,* N.R.F., 1950, in-12.

R. QUENEAU: *Exercice de style,* N.R.F., 1948, in-12.

C. R. ROGERS: *A personal view of some issues facing Psychologists* — The American psychologist, vol. 10, nº 6, junho 1955, págs. 247--250.

B. GHISELIN: *The Creative Process,* University of California Press, 251 págs. in-12.

FILOSOFIA DA CIÊNCIA NA PERSPECTIVA

COLEÇÃO ESTUDOS
(Últimos Lançamentos)

Impresso nas oficinas da
Orgrafic Gráfica e Editora
em setembro de 2010